中國學術思想 研究輯刊

初 編

林 慶 彰 主編

第 28 冊

康有爲經學述評

丁 亞 傑 著

花木蘭文化出版社

國家圖書館出版品預行編目資料

康有為經學述評／丁亞傑 著 — 初版 — 台北縣永和市：花木蘭文化出版社，2008〔民 97〕

目 2+180 面；19×26 公分

（中國學術思想研究輯刊 初編：第 28 冊）

ISBN：978-986-6528-00-2（精裝）

1. 康有爲 2. 學術思想 3. 經學 4. 研究考訂

128.2　　　　　　　　　　　　　　　　97016354

ISBN - 978-986-6528-00-2

9 789866 528002

中國學術思想研究輯刊
初 編 第二八冊　　　　　　　　ISBN：978-986-6528-00-2

康有爲經學述評

作　　者 丁亞傑
主　　編 林慶彰
總 編 輯 杜潔祥
出　　版 花木蘭文化出版社
發 行 所 花木蘭文化出版社
發 行 人 高小娟
聯絡地址 台北縣永和市中正路五九五號七樓之三
　　　　 電話：02-2923-1455／傳眞：02-2923-1452
網　　址 http://www.huamulan.tw 信箱 sut81518@ms59.hinet.net
印　　刷 普羅文化出版廣告事業
封面設計 劉開工作室
初　　版 2008 年 9 月
定　　價 初編 28 冊（精裝）新台幣 46,000 元

康有爲經學述評

丁亞傑　著

作者簡介

丁亞傑，祖籍安微省合肥縣，1960 年出生於臺北，東吳大學中文系博士。曾任元培科技大學通識教育中心副教授，現任中央大學中文系助理教授。專長為《公羊》學、中國近代經學史。著有《清末民初公羊學——皮錫瑞、廖平、康有為》、〈士大夫生命的自我投射——方苞朱子詩義補正的女性認知〉、〈乾嘉漢學的前緣——方苞春秋通論的經義形式研究〉、〈方苞學問的形成與轉折〉、〈方苞述朱之學：詩經的歷史想像與文化建構〉、〈方法論下的春秋觀：朱子的春秋學〉等論文二十餘篇。

提　要

　　康有為是近代史重要人物，其重要性含蓋政治與學術，政治上開變法之先，學術上啟經學今古之爭，二者之間又相互聯結，主要是以經學面對時代。以學術領導政治，研究康氏可以知道近代經學與政治的關連，更可探究康氏如何以經學面對文化巨變的時代，從而得知傳統在現代的價值。康氏的整體表現，可供我們參考。

　　本文是將康氏置於清代經學史下觀察，亦即在傳統發展下探討康氏經學思想，與一般研究著重時代背景稍異，更與採取西方衝擊理念不同，但並不是置歷史背景於不顧，而是指出專家研究，除了須注意歷史背景外，還要注意傳統發展，時代不同，對傳統解釋也不同，也須對其經學思想作一研究。

　　本文第一章從歷史背景開始，反省解釋清代經學史的四個意見：王學反動、清廷高壓、西力衝擊、階級利益，說明四種說法均有其局限，未能從學術內部探討清代經學發展。清代經學承二千年發展，而有一自覺性反省，是從晚明上溯至西漢，並以重新解釋孔子為目標。第二章探討康氏學術淵源，朱次琦以理學經世，廖平以制度分別經今古學，前者予康氏強烈的社會關懷，後者予康氏重視社會制度，康氏結合二者發展其新說。第三章指出康氏經學發展方向，是由理學轉向經學，由古文轉向今文，最後重解孔子，以孔子為教主。第四章分析康氏建立經學的理論基礎，以天為理論根源，以仁為天的內容，以性為仁的開展，以禮為性的完成。第五章析述康氏以經學改革社會，以制度救國、物質救國、文化救國為主，開啟民國以後救國理論的先聲。第六章比較康氏與同時諸家爭論異同，焦點在對孔子性格認定有異，康氏始終以孔子為教主，諸家則以宗教是迷信，孔子之聖在傳播歷史文化。

目次

緒　論 ……………………………………………………………… 1
第一章　清代經學史的反省和結構 ……………………………… 9
　第一節　清代經學史的反省 …………………………………… 9
　第二節　清代經學史的結構 …………………………………… 14
第二章　康有為與朱次琦、廖平 ………………………………… 19
　第一節　朱次琦的經世理學 …………………………………… 19
　　一、從自治到治人 …………………………………………… 20
　　二、從宗族到社會 …………………………………………… 22
　第二節　廖平的經學六變 ……………………………………… 23
　　一、今古之學 ………………………………………………… 25
　　二、天人之學 ………………………………………………… 28
　第三節　康有爲與朱次琦、廖平的異同 ……………………… 29
第三章　傳統經學的批評 ………………………………………… 35
　第一節　從理學轉向經學 ……………………………………… 35
　第二節　從古文轉向今文 ……………………………………… 40
　　一、早期的經學立場 ………………………………………… 40
　　二、返回原典 ………………………………………………… 43
　第三節　探討《春秋》本義 …………………………………… 49
　　一、《春秋》的歷史意義 …………………………………… 49
　　二、《春秋》的義例 ………………………………………… 52
　　三、康有爲《公羊》學的理論 ……………………………… 54

　　（一）宇宙觀 …………………………………………… 55
　　（二）三世說 …………………………………………… 58
　第四節　重定孔子地位 …………………………………… 61
第四章　新經學的建立 ……………………………………… 65
　第一節　孔門傳承及宋儒規模 …………………………… 66
　第二節　經學思想探究 …………………………………… 71
　　一、通變與實踐：探究孔學的方法 …………………… 71
　　二、天：理論的根源 …………………………………… 73
　　三、仁：天的內涵 ……………………………………… 76
　　四、性：仁的開展 ……………………………………… 79
　　五、禮：性的完成 ……………………………………… 81
　第三節　三世說與小康大同 ……………………………… 83
　　一、《禮運注》的著作年代 …………………………… 83
　　二、三世說的各種模式 ………………………………… 85
　　三、三世、小康大同的理據、次序與方法 …………… 87
　第四節　孔教的世俗化 …………………………………… 89
第五章　經學與社會改革 …………………………………… 93
　第一節　變法總綱 ………………………………………… 93
　第二節　制度救國 ………………………………………… 97
　第三節　物質救國 ………………………………………… 100
　第四節　文化救國 ………………………………………… 102
第六章　時人對康氏的批評 ………………………………… 107
　第一節　對康氏經說的批評 ……………………………… 107
　第二節　對康氏孔教說的批評 …………………………… 115
　第三節　對康氏政治立場的批評 ………………………… 118
結　論 ………………………………………………………… 123

參考書目 ……………………………………………………… 127
附錄一：顧頡剛的疑古思想：漢儒、孔子與經典 ………… 135
附錄二：從經學到史學──顧頡剛春秋學初探 …………… 161

緒　論

康有爲一名祖詒，字廣廈，號長素，一號更生，丁巳復辟失敗，改號更
牲，晚年自號天游化人。廣東省南海縣人。清咸豐八年（1858）生，民國十
六年（1927）卒。綜觀康氏一生，可分爲青年時期、長興講學、戊戌前後、
海外流亡、民國成立五個階段。

康氏青年時期大約在三十歲（光緒十三年，1887）之前。少年時代泰半
隨其祖父讀書，以舉業爲重。十九歲至二二歲從朱次琦受學，朱氏予其巨大
影響，康氏曾說師事九江先生（案：朱氏弟子稱其爲九江先生）後，才知聖
賢大道之傳。並與張鼎華（字延秋）交遊，得知京朝風氣、各種新書、道咸
同三朝掌故等新知。二二歲至三十歲，潛心學問，並應科舉考試，同時也遊
歷香港、上海。科考履次不第，苦學卻有所成。其中也有若干曲折，二二歲
時潛心道佛之書，旋即中斷，二三歲著《何氏糾謬》，二九歲撰《康子內外篇》、
《教學通議》等書，從《何氏糾謬》、《教學通議》等書，可知其經學仍爲古
文經立場，並未強分今古。香港、上海之行，則拓展其視野，從此不以夷狄
視洋人，並開始閱讀西書。

長興講學時期約在三一歲至三七歲（光緒十四年，1888；光緒二十年，
1894）。三一歲北上赴京鄉試不售，遊京師各地。第一次向光緒帝上書，惟未
能達於內宮。三二歲康氏南返，與廖平在廣州會面，自是之後，康氏經由古
文學轉向經今文學，並懷疑古文經眞僞，曾著《毛詩僞證》、《周禮僞證》、《爾
雅僞證》、《說文僞證》等書，三四歲講學廣州長興里，先後著《長興學記》、
《新學僞經考》，指出劉歆僞造古文經，今文經才是經學眞傳，今文又以《春
秋公羊傳》爲主，孔學大義重在變法改制，此一理念康氏一生未變。梁啓超

也於此時從學康氏。並開始作《孔子改制考》。三六歲中鄉試，次年入京會試，到京後因受傷南歸。康說過於激烈，清廷查禁其書，《新學僞經考》遭毀版，三七歲避謗桂林，著《桂學答問》，目的是導引桂省弟子治學問徑，而其內容，一如長興講學。康氏一生經學思想，大抵奠定於此時，日後也以此爲本，發揮其說。

戊戌前後時期約在三八歲至四一歲（光緒二一年，1895；光緒二四年，1898）。三八歲再度赴京會試。此時甲午戰敗，中日議和，割遼東、臺灣，人心激憤，康氏聯合各省在京舉人聯名上書（即公車上書），但也未達光緒帝前。中進士，授工部主事，但不願到職。第三次上書，終於爲光緒所見，命軍機處抄存。旋第四次上書，未達光緒前。在京建立強學會，並至上海立分會，集結士大夫，開啓風氣，介紹新知。一時精英雲集，但不爲清廷所容，終被封禁。康氏出京。

三九歲命梁氏在上海辦時務報，繼續強學會未竟志業。返萬木草堂講學。作《日本書目志》，透過日本譯著，介紹西方新知，續撰《孔子改制考》、並作《春秋董氏學》賡續長興講學經學思想。四十歲北上入京，第五次上書，奉旨交總理衙門審議。梁氏則入湖南長沙時務學堂講學，遵行康氏思想，推動湖南新政。

四一歲康接連上書（第六次、第七次），並在京成立保國會。光緒召見康氏，未幾下詔變法，開始百日維新。然而梁氏在湖南新政，已爲湖南士紳葉德輝、王先謙等攻擊，湖廣總督張之洞也改變支持態度，新政諸措施在政變前即已近停頓，是爲政變先兆。康氏此時作《俄彼得變政記》、《日本變政考》，以作爲中國變法參考。《孔子改制考》正式刊行。政變發生，六君子殉難，康獲英人協助，逃往香港，轉赴日本，梁則得日人之助，東渡日本。

康至香港後，從此流亡海外十六年，是爲海外流亡時期，四一歲至五六歲（光緒二四年，1898；民國二年，1913）。四二歲至加拿大成立保皇會。四三歲抵新加坡接受英人保護，長住檳榔嶼。四四歲遊印度，作《春秋筆削大義微言考》、《中庸注》，次年作《論語注》、《孟子微》、《大學注》，長興講學時期，康氏經學重在五經，此時以之前思想，注解四書。發表〈答南北美洲諸華僑論中國只可行立憲不可行革命書〉，顯現其反對革命立場，直至民國成立未變。四七歲始遊歐洲，撰寫各國遊記，觀察各國政治文化。此後三度遊歐洲（四九歲、五一歲、五二歲），體認中國不如歐洲，是在物價不在道德。

四八歲作《物質救國論》、五一歲作《金主幣救國論》，均是此一觀點，指出中國應發展物質建設，改革貨幣制度，更反對以革命爲救中國的方法。民國元年五五歲，作《中華救國論》、《理財救國論》，以物質與道德爲中國未來之路，並抨擊民國政治。指責革命並未帶來美好社會，反而加深國家災難。

民國二年康氏五六歲，回歸故國，定居上海，政體已變，人事全非。康氏創辦《不忍》雜誌，組織孔教會，期以孔教救國，並繼續批評民國。對革命的憂懼、民國的不滿，終於導致民國六年（1917）的復辟，然時移世異，其弟子梁啓超也不能贊同其師政治態度，復辟豈能成功？而康此時已六十歲矣。往後十年，康也關心國是，但在政治上已無力量，六九歲辦天游學院於上海，講論天人哲學，逍遙俗世之上，最後學術著作《諸天講》即於此時完成。次年逝於青島。

康氏一生著述頗多，惟未結集出版，民國六五年康氏弟子蔣貴麟編《康南海先生遺著彙刊》（台北，宏業書局），六七年蔣氏再編《萬木草堂遺稿》、《萬木草堂遺稿外編》（台北，成文出版社），六八年蔣氏輯康氏各國遊記爲《康南海先生遊記彙編》（台北，文史哲出版社），同年又輯得未刊稿編《康南海先生未刊遺稿》（台北，文史哲出版社），《大同書》也於本年出版（台北，龍田出版社），民國七六年蔣氏再輯《康南海先生口說》（台北，台灣商務印書館），康氏學術著作，大抵完備。

大陸方面以筆者所知，有一九五六年《新學僞經考》（北京，中華書局），一九五八年《孔子改制考》（北京，中華書局），一九八二年樓宇烈編《康有爲學術著作選》，其選目爲：《論語注》、《孟子微》、《中庸注》、《禮運注》、《春秋董氏學》、《諸天講》、《康子內外篇》、《長興學記》、《桂學答問》、《萬木草堂口說》，筆者蒐得《論語注》（北京，中華書局，1984 年），《孟子微、禮運注、中庸注》合刊本（北京，中華書局，1987 年），《長興學記、桂學答問、萬木草堂口說》合刊本（北京，中華書局，1988），《康子內外篇》（北京，中華書局，1988 年），《春秋董氏學》（北京，中華書局，1990）。一九八四年姜義華、吳根樑編《康有爲全集》，一九八七年出版第一集，一九九〇年出版第二集（均由上海古籍出版社出版）。

本文所用版本，如爲宏業書局則注明宏業本，爲北京中華書局則注明中華本，爲上海古籍出版社則注明上海古籍本。

康氏爲近代史重要人物，研究者頗多，本文重在探討其經學，所蒐集前

人研究成果，以與本題相關者爲限，可分爲傳記、年譜、綜論、經學、思想、康、章合論：

傳　記

梁啓超於光緒二七年（1901）作《康南海傳》（收入《飲冰室文集》冊二，台北，台灣中華書局，民國七二年），民國四七年沈雲龍作《康有爲評傳》（台北，傳記文學出版社，民國六七年），馬洪林《康有爲大傳》（瀋陽，遼寧人民出版社，1988 年）。

年　譜

康氏曾自定《康南海自編年譜》，至戊戌政變止，其女康文珮於民國四七年續編《康南海先生年譜續編》（均收入蔣編《康南海先生遺著彙刊》），民國二五年趙豐田編《康長素先生年譜稿》（燕京大學《史學年報》第二卷，第一期），民國二七年楊克己作《民國康長素先生有爲、梁任公先生啓超師生合譜》（台北，台灣商務印書館，民國七一年），一九八八年鍾賢培編《康有爲年譜新編》（收入《康有爲思想研究》，廣東高等教育出版社，1988 年）。

綜　論

蕭公權《康有爲思想研究》（台北，聯經出版事業公司，民國七七年），鍾賢培《康有爲思想研究》（廣東高等教育出版社，1988 年），何朋《論康有爲文學》（香港中文大學崇基學院書店，1968 年）。

經　學

吳康有三篇論文：〈晚清今文經學及其代表康有爲之思想〉、〈晚清今文經學代表康有爲之改制大同思想〉、〈今文學家康有爲之孔子改制學說提要〉（均收入《經學研究論集》，台北，黎明文化事業公司，民國七十年），楊向奎〈康有爲與今文經學〉（《中國哲學史研究》一九八三年一期，天津人民出版社，1983 年一月），湯志鈞〈重論康有爲與今古文問題〉、〈康有爲和今文經學〉、〈試論康有爲的新學僞經考〉（均收入《康有爲與戊戌變法》，北京，中華書局，1984 年）。

探討康氏《公羊》三世說者有吳澤〈康有爲公羊三世說的歷史進化觀點研究〉（收入《中華文史論叢》第一輯，北京，中華書局，1962 年八月），許冠三〈康南海的三世進化史觀〉（收入《近代中國思想人物

論──晚清思想》，台北，時報文化出版事業公司，民國六九年）。
論述《禮運注》著作年代者有許冠三〈多元史絡分析法在史料考證上
的運用：有關大同書、禮運注撰述年代的幾層分析〉（收入《香港中
文大學學報》第三卷，第一期，1975 年十二月），湯志鈞〈康有爲禮
運注成書年代考〉（收入《戊戌變法史論叢》，台北，谷風出版社，民
國 75 年）。

思　想

探討康氏早期思想者有李三寶〈康子內外篇初步分析──康南海現存
最早作品〉（收入《清華學報》新十一卷一、二期合刊，民國六四年
十二月），〈經世傳統中的新契機──康有爲早期思想研究之一〉（收
入《近世中國經世思想研討會論文集》，台北，中央研究院，民國七
三年四月），蘇雲峰〈康有爲主持下的萬木草堂〉（收入《近代史研究
所集刊》第三期下，台北，中央研究院，民國六一年十二月）。論述
戊戌後的康氏思想者有徐高阮〈戊戌後的康有爲──思想的研究大
綱〉（收入《大陸雜誌》第四二卷，第七期，民國六十年四月）。研究
康氏對西方及傳統看法者有黃俊傑〈從孟子微看康有爲對中西思想的
調融〉（收入《近世中國經世思想研討會論文集》），羅久蓉〈康有爲
的歷史觀及其對時局與傳統的看法〉（收入《近代史研究所集刊》第
十四期，民國 74 年六月）。抉發康氏孔教精神者有陸寶千〈民國初年
康有爲之孔教運動〉（收入《近代史研究所集刊》第十二期，民國七
二年六月）。分析康氏貨幣思想者有王樹槐〈康有爲改革貨幣的思想〉
（收入《近世中國經世思想研討會論文集》）。討論康氏人性論者有林
正珍〈舊傳統的新發展──康有爲人性論初探〉（收入《亞洲文化》
第十三期，1989 年八月）。

康章合論

汪榮祖《康章合論》（台北，聯經出版事業公司，民國七七年），湯志
均《改良與革命的中國情懷──康有爲與章太炎》（香港，香港商務
印書館，1990 年）。

康氏處於鉅變時代，研究康氏或可理解其時知識分子如何自處。康氏七
十大壽，其弟子梁啓超曾作一聯祝壽：「述先聖之玄意，整百家之不齊，入此
歲來已七十矣；奉觴豆於國叟，致歡懷於春酒，親受業者蓋三千焉。」康氏

以孔子自任，以教主自命，於此聯中一見無遺，是以探討康氏學術，應以經學爲核心，晚年所辦天遊學院，經部教學除十三經注疏外，即爲其所著《新學僞經考》、《孔子改制考》、《春秋董氏學》、《孟子微》、《禮運注》等書（蔣貴麟〈追憶天遊學院〉，見《康南海先生未刊遺稿》，頁 229），本文即以此爲範圍，綜論康氏經學思想。

研究康氏著作，大多從時代背景論述，較忽略歷史傳承，尤其是經學史的發展，本文則將康氏經學置於清代經學史中觀察，以說明康氏經學，其來有自，是整個清代經學史發展的結果，康氏是在傳統中建構其新說。

錢穆曾說漢代經學精神是創制立法，與民更始，將經學變成當代興王致治之學（《兩漢經學今古文平議》，頁 256、257），綜觀康氏經學，正有此意，然而晚清是一傳統崩潰、中西交會的時代，康氏如何以經學面對時代，是本文所欲研究的主題，所以重在探討康氏何以如此解釋經學；其次從康氏變法理論中，探討經學與政治社會的關係；最後比較康氏與諸家異同，期能了解其中爭論。

本文結構即本此而來：第一章清代經學史的反省和結構，探討各家對清代經學史的解釋，並描述清代經學史大略架構。第二章康有爲與朱次琦、廖平，說明康氏與朱、廖異同。第三章傳統經學的批判，研究康氏何以批判傳統經學，又如何批判。第四章新經學的建立，承第三章而來，分析康氏經學的理論基礎。第五章經學與社會改革，論述康氏經學思想與政治社會的關係。第六章時人對康氏的批評，比較康氏與同時諸家爭論異同，分析得失利弊，期能更深入理解康氏。

所以如此安排，是立基於人與歷史的理解上：康氏確有反傳統傾向，然而康所根據的資源，卻是更古的傳統──西漢經今文學，可是康氏所理解的經今文學，又與西漢不同，顯現人與歷史的複雜關係。人在理解歷史之時，歷史已先於我們存在，由歷史所構成的傳統，也先於我們存在，所以我們是在傳統中理解歷史，人與傳統是一互動型態，傳統賦予我們理解的根據，我們所處的時代又可予傳統新義（張汝倫《意義的探究》，頁 122～129）。康氏經學思想，就顯現了這一過程，一方面根據西漢經今文學創制立法，與民更始的傳統，重解經學；一方面又深受時代刺激，賦經學予新義；並據此從事變法改制之業，且引發重估歷史之風。作爲傳統學術核心的經學，不會因此而結束，仍有待我們抉發其在國史上的意義與價值。

　　至於本文的限制，第一在清代經學史乾嘉、常州、桐城、浙東等學派，
其中異同，仍有待全面研究，本文僅能參考前輩學者之說，略微描述其發展
架構，而未能深入探討何以如此之故，諸學派關心的問題，也未能分析其中
差異。其次是康氏經學涉及經今古文問題，錢穆、黃彰健諸先生研究極精，
此一問題，本文只能省略，著重康氏經學思想的探討。第三是康氏參與戊戌
變法，其間歷程，至爲複雜，本文只就康氏經學思想與社會改革作一論述，
不在研究戊戌變法。第四是時人對康氏批評，如全面比較康氏與諸家異同，
研究工作極爲龐大，也與本文主旨不同，所以只提出點的討論，無法顧及面
的比較。

第一章　清代經學史的反省和結構

　　本文將康有爲經學置於清代經學史中觀察，本章即對清代經學史的解釋作一反省，並略微描述清代經學史發展結構，以作爲康氏經學研究發端。

第一節　清代經學史的反省

　　解釋清代經學歷史背景，概有四說：王學反動；清廷高壓；西力衝擊；階級利益。以下分別論述。〔註1〕

　　章太炎首先指出「清世理學之言竭而無餘華」（《章氏叢書·檢論·清儒》，頁561）致使學者趨於說經。章氏並未說明理學如何竭而無餘華，理學衰竭和經學又有何關係。梁啓超則有較具體的論述，認爲王學末流「束書不觀，游談無根，理學家不復能繫社會之信仰。」所以顧炎武起而矯之，直接反求古經（《梁啓超學術論叢·通論類（一）·清代學術概論》，頁611），又說清初是清代學術的「啓蒙期」，其定義是「對舊思潮初起反動之期也」，而舊思潮正指王學（同上，頁610。又《中國近三百年學術史》，頁235）。本田成之、馬宗霍均承此觀點，本田成之以爲朱子、陽明學派末流空疏不學，學者不知有經學、歷史、政治、社會（《中國經學史》，頁262），馬氏云：「懲空談心性之足以亡國，思以徵實之學挽末俗。雖無救於宗邦之淪，實開清學風氣之始。」（《中國經學史》，頁140）錢穆則說：「東林承王學末流空疏之弊，早有避虛歸實之意。」東林講學目標，依錢氏意見，大致有二：一在矯王學末流，一在抨彈政治現狀（《中國近三百年學術史》，頁199）。「王學反動」說的問題，

在於清初諸儒顧炎武、黃宗羲、王夫之，誠有鑒於王學末流之弊，但顧氏宗程朱，黃氏為陽明學後勁，王氏崇周、張。理學和經學的關係，由此看來，可能有二種型態：（一）清代經學，純粹是反抗理學而來。（二）清代經學，是由理學變化而來。不論是「反抗」或「變化」，均涉及學術方法、理論及目標，因此先要分析這些論點的意義，才能明瞭理學和經學的異同。但上述學說，並未臻此。而反王學的目標也有二：（一）矯正王學末流空虛。（二）挽救社會風氣。學術內容空虛是一事，學術發用是另一事。學術發用與否，是否能證明學術本身的價值？反之，學術價值是否要依其發用而定？可以矯空虛之弊，未必能救社會風氣；可以救社會風氣，未必對學術有重大貢獻。兩者各有其價值，也各有其判斷標準。此一支理論，並沒有區別，混學術和政治不分。這種混同的現象，主「清廷高壓」說者，更是明顯。

　　章太炎曾分別漢儒與清儒的異同，後者「不以經術明治亂，故短於諷議，不以陰陽斷人事，故長於求是」，究其所短，自是與政治有關。但章氏此說甚為持平，其斷語「短長雖異，要之皆徵其通雅」，確為漢、清儒的特色（章太炎，前引書，頁 561）。〔註2〕劉師培則不然，其分別明儒與清儒云：「明儒之學，用以應世；清儒之學，用以保身。明儒直而愚，清儒智而譎。明儒尊而喬，清儒棄而濕。」清儒在其眼中，位已甚卑。推論其故，一在科舉：「士之朴者，惟知誦習帖括，以期弋獲。」二在政治：「才智之士，憚於文網，迫於飢寒，全身畏害之不暇，而用世之念，泪於無形。」三在道德：「加以廉恥道喪，清議蕩然，流俗沈昏，無復重道崇儒。」（《劉申叔先生遺書・左盦外集・清儒得失論》，頁 1778）三項原因，確能影響學術，但「影響」有多重意義，是指思想、意念、世界觀？〔註3〕劉氏均未分析。梁啓超以文字獄、雍正猜忌刻薄、乾隆發布禁書，說明清儒何以轉向考據（《中國近三百年學術史》，頁 245～249），錢穆則說清儒在異族嚴厲統治下，被迫走上考據訓詁之路（《中國學術思想史論業〔八〕・前期清儒思想之新天地》，頁 1）。徐復觀綜合諸家，批判清儒憚於異族政治迫害、厭惡科舉而無法對當時政治社會負責（《中國思

〔註2〕 章氏對強調經世的常州學派，則立足於民族主義，抨擊魏源「所主非人」，這已涉及政治立場，見《章氏叢書・檢論・學隱》頁 565，世界，民國 71 年。大體而言，此說與階級利益說均與個人政治意識有密切關係。

〔註3〕 文學作品的相互影響，有形式：文體、意象、人物、主題、技巧，內容：思想、意念、世界觀。經學與文學雖異，但內容應可相通，故借以說明經學的相互影響。參考《比較文學導論》頁 97，蒲公英，民國 75 年。

想史論集續編・清代漢學論衡》，頁 541）。評論清儒，從學術問題發展到科舉、政治、道德、種族，乃至於牟宗三提出「軍事統治」，並說清代三百年間的學問，「看了令人討厭」（《中國哲學十九講》，頁 418）。原本較量得失，裨以補偏，孰知入室操戈，全盤否定。此一路向批判的焦點集中在經世之學上，然而和前一說同，不談經世，學問即無價值？經世之學在此成爲惟一且最高的學問；其次，避免政治迫害的方向甚多，不必集中在考據，前者無法導出後者，亦即二者之間沒有必然關係；第三，其時反乾嘉漢學者甚多，桐城、常州外，尚有章學誠浙東史學一派，其後則有曾國藩湘鄉派。考據如被政治逼出，桐城、常州、浙東爲何反考據？第四，清世理學及經世思想也並未斷絕。〔註4〕最嚴重的是，此一路向所討論的全爲外緣問題，清代經學史漢宋之爭、今古之爭、中西之爭，在此理論下，全部消失。「西力衝擊」說亦然。

　　前述兩支理論還在中國傳統之中，「西力衝擊」說則跳出此傳統，將中西對比，顯現兩者文化異同，並以此說明清代經學的變遷。其起點始於道光二十年（1840）中英鴉片戰爭。自此以後，中國進入了一個新的世代，此世代和傳統中國最大的不同是：西方文化的衝擊。同治三年（1864）自強運動展開，光緒二十年（1894）甲午戰敗，中國不但沒有自強，屈辱反而一次比一次加深，當此之際，「變局」之說大盛，如何應變，成爲知識分子關注的焦點。康有爲就曾說：「近者洋人智學之興、器藝之奇、地利之闢，日新月異。今海外略地，已竟合而伺我，眞非常之變局也。」（《七次上書彙編・上清帝第一書》，頁 2，宏業本）。〔註5〕西力衝擊與中國應變，爲理解清中期到末期的重要觀念。〔註6〕但此一觀念，卻演變成西方文化決定中國文化的變遷，王爾敏說：「晚清政治思想的轉變是循著接受西化的道路向前推進。」雖然王氏也認爲「實質上絕不是單純的西化問題」，且「思想的形成，則是出於中國學者內在的感悟」，但西方知識畢竟是「提供刺激的泉源」（《晚清政治思想史論》，頁 1）。張灝更說：「什麼是使中國固有文化內部本身的發展演變成爲一個思想

〔註4〕此點可參考陸寶千《清代思想史》，第三章、第八章，廣文，民國 72 年。

〔註5〕據王爾敏統計，其時發「變局」感歎者，不下六十六人，時代從 1844 至 1902 年，經學家有王先謙、皮錫瑞、康有爲，見《中國近代思想史論》，頁 384～440，華世，民國 71 年。

〔註6〕如郭廷以《近代中國史綱》即曾列專章（兩章）討論「西力衝擊」，香港，中文大學，1989 年。其論文集名稱即爲《近代中國的變局》，聯經，民國 76 年。張灝收錄於《劍橋中國史・晚清篇》的論文〈思想的轉變和改革運動〉，背景即是「西力衝擊」，南天，民國 76 年。

變動？是西方武力的擴張和文化刺激所造成的。」（《劍橋中國史‧晚清篇》下冊，頁 301）原本是中西文化的互動、比較，但至此時，中國傳統本身，已是一靜態體，不能也不想改變，只是坐在原地，等待他人的刺激、挑戰，而帶動本身的反省、回應。看不見中國傳統內部的衝擊。侯外廬在解釋經今文學家興起時，即有此現象。侯氏先論述常州學派的大概，接著就論魏源與龔自珍，前者憂於外患，後者痛斥清政，都從時局出發，但對常州公羊學和龔、魏的關係，卻沒有提及（《近代中國思想學說史》，第十二章），自也容易形成一個結論：強調改革的知識分子，只襲取傳統的外表或形式，內容已完全不同，採取這種方法的原因，只是爲了避免反對者的攻擊（湯志鈞《近代經學與政治》，第五章第四節）。

　　「西方」成爲衡定的標準、眞理的象徵，擁抱西方者爲進步，固守傳統者爲保守，進步與保守之間，又有價值判斷存在。此二分法看似清楚簡單，且合乎歷史事實，但歷數晚清學者：康有爲、章太炎、劉師培、嚴復、王國維等，無不是「前期進步、後期保守」，這種情況又該如何解釋？輕忽了傳統如何選擇、消融西方文化，是此一理論的第一個缺點；其次，中西之爭演變爲傳統、現代之爭，中國爲傳統，西方爲現代，橫向對比變爲縱向進化，西方文化成爲一典範，堪爲中國學習、模仿，從而引發了「現代化」問題。現代化這一命題，其實有濃厚的決定論色彩：傳統社會必須也必然進到現代社會，才算有價值。任何自外於此一「潮流」者，不是「自卑感作祟」，就是「優越感過高」，要不就是「知識認知不足」（金耀基《從傳統到現代》，頁 167～182）。西力衝擊誠然導致近代中國變遷，但正如卡爾‧巴柏（Karl Popper）所說：「歷史定論主義者本身似乎也缺乏想像力，因爲他們無法想像『導致變遷之情況』的改變。」（《歷史定論主義的窮困》，頁 108）此一初起情況的改變，我們是否還會大聲疾呼「現代化」？就其內容論，現代化有下述四種理論：（一）目的價值理論，以西方文化爲惟一判準，並視此爲進步的、必然的歸趨，其過程則是傳統‧過渡‧現代。（二）工具價值理論，不認爲西方文化是惟一的判準，現仍存在傳統社會的地區，且享有高度的自主性，此一過程也非必然的，回應成功則邁向現代化，反之則面臨崩潰的危機。（三）實踐理論，認爲應從道德層面，去探究社會與人民的存在價值。（四）發展理論，認爲現代化即社會的持續發展，又分爲政治發展優先論、經濟發展優先論、社會文化發展優先論，討論現代化過程中，何者居於優先地位（陳

秉璋、陳信木合著《邁向現代化》，第一章至第六章）。現代化理論如此複雜，我們何去何從？屏除上述不論，現代化爲我們追求的目標，此一理論也難令人接受：「中國的『現代化』不是起於一種『內發的力量』，而是源於一種『外發的壓力』。」中國文化在接觸西方之前，是一「自足系統」與「隱士王國」，在西方挑戰下，逐漸被打破（金耀基，前引書，頁 153）。詳究其實，西方侵略使中國參與世界、邁向現代，打破了中國封閉、封建的型態。如此理論，有爲帝國主義張目之嫌。階級利益說則是另一種形式的帝國主義。

　　階級利益說是大陸學者的理論，視經學爲「封建文化」的主體，經學學者爲「封建階級」，經學研究的目的是維護「本階級利益」。清代中期至末期的轉變，則視爲「封建階級」和「資產階級」的對抗，二者均用經學的形式鬥爭，不同的是經學內容。經學今古文之爭、晚清變法之爭，已轉變成階級之爭。湯志鈞評論曾國藩〈討粵匪檄〉：「把大清危亡和名教之奇變聯在一起，恰恰說明，傳統的儒學，是封建地主階級維護統治的精神支柱。」（湯志鈞，前引書，頁 129）如果經學確是封建地主階級的精神支柱，康有爲以經今文學變法，引起經古文學家批駁，該如何解釋？既然都是擁護統治者，豈不自相矛盾？但是不然，湯氏云：「民族危機的嚴重、封建統治的腐朽，促使『先進的中國人』，開始向西方尋找眞理；爲了維新改革，還將封建的經學進行改造，其代表人物，就是康有爲。」（同上，頁 153）康有爲被定性爲「資產階級改良派」，他們：「主張學習西方，提倡新學，要使封建的中國經過政治改良逐步變成資本主義的中國。」他們：「也尊崇聖教，但他們尊奉的孔子，是資產階級化的孔子，是維新變法的孔子。」這是湯氏所稱傳統經學的改造部分，至於西方眞理，則是議會、憲法、民主等（同上，頁 224）。視學術之爭爲階級之爭，此涉及中共的歷史解釋。

　　中共奉馬克斯主義爲經典，歷史從原始共產制、奴隸社會制、封建社會制、資本主義制到共產主義社會。此五階段論特色是：前一階段必然進到次一階段；下一階段必然比上一階段進步；是人類社會的共同歷程。簡言之，是決定論、進步史觀、普通史的揉和。既是人類社會共同的規則，自也適用於國史研究。將國史分成上述五階段，但爭議頗多。此處僅就封建社會與資本主義作一略論。大陸學者認爲秦、漢至清是封建社會，但封建社會到共產社會，根據上述理論，必須經過資本主義。中國顯然沒有資本主義，「資本主義萌芽」問題於焉出現，或曰萌芽於宋、明，或曰萌芽於明、清，或曰萌芽

於清中葉。不論萌芽於何時，其前必須是封建社會。康有爲不是封建地主階級，其變法和此階級衝突；也決不是無產階級代言人，此時尚未經過資本主義社會，何來無產階級？所以康氏必須是資產階級，張之洞、蘇輿等保守派則是封建統治擁護者。康、梁等資產階級改良派雖在戊戌變法失敗，卻在辛亥革命成功，最後是無產階級大勝利。清楚顯現封建階級（張之洞、蘇輿）、資產階級（康有爲）、無產階級（中共）的歷史解釋。〔註7〕經學今、古之爭，成爲馬克斯主義歷史解釋的注腳；經學也僅是政爭的工具，在其達到目的後，「功成身退」而「告終」。經學至此完全消失。

　　上述四種理論，經學隨著政治、經濟、社會而變化，在這些脈絡中，經學研究逐漸隱晦消失。余英時嘗提出「內在理路」的方法，以「道問學」與「尊德性」之爭，說明乾嘉漢學何以走向考據學（《歷史與思想》，頁 123～156）。此種理路，確能顧及學術內部規律，不爲外在力量決定，證明學術獨立與尊嚴。乾嘉漢學即爲清代學術主流，也不能忽略反乾嘉漢學的學派（桐城、常州、浙東），乾嘉漢學內部也有不同派別（吳、皖）其中異同究竟爲何，尚待全面研究，余氏理論並未能說明。其次，上述四種理論，前二說在說明乾嘉學風，後二說在說明道咸以降學風，清代經學史從中攔爲兩截，無法解決清代經學史由宋學上溯至西漢的整體結構。

第二節　清代經學史的結構

　　經學研究，依經今文學派立場，是基於「孔子 —— 儒家 —— 經典」這一構成而來，對經典理解不同，影響對孔子、儒家的理解；對孔子認識有異，自也影響對儒家和經典的定位。探討清代經學史發展，即應考慮此一結構，如此才能就經學論經學，擺脫外在的糾葛，直探經學本身。

　　黃宗羲對儒學的定位，開啓儒學變遷的先聲：

> 儒者之學，經緯天地，而後世乃以語錄爲究竟，僅附答問一二條於
> 伊洛門下，使廁儒者之列，假其名以欺世。治財賦者則目爲聚斂；
> 開閫扞邊者則目爲粗材；讀書作文者，則目爲玩物喪志；留心政事

〔註7〕有關中共史學理論，詳可參考逯耀東《中共史學的發展與演變》，時報，民國
　　　　68 年。此種理論的「副產品」是建立中共政權的歷史必然性與合理性。周予
　　　　同在 1961 年以後也是如此，參考《周予同經學史論著選集》，上海人民出版
　　　　社，1983 年。

者則目爲俗吏。(《南雷文定・贈編修幷玉吳君墓誌銘》後集，卷三，
頁1，《梨洲遺著彙刊》本)

儒者應有經天緯地之能，至少要包含財賦、軍事、文學、政治四種專長。與
宋明理學家重心性本體之說，規模、格局不大相同。黃氏著作尙有《金石要
例》、《深衣考》、《時憲曆法解》、《勾股圖說》等，經、史、禮制、算學、曆
法、金石，無所不窺，乾嘉學者之博雅，正從此而來。〔註8〕顧炎武門人潘耒
序《日知錄》也說：

事關民生國命者，必窮源溯本，討論其所以然。……凡經義、史學、
官方吏治、財賦、典禮、輿地、藝文之屬，一一疏通其源流，考證
其謬誤。(《日知錄・原序》)

顧氏重通經致用，其方法則是前述的經、史、吏治等。其理論實已蘊含典章
制度的疏通考證，爲通經致用的本源。乾嘉諸儒也於此中用力甚深。

　黃宗羲、顧炎武所以被推爲清代學術之祖，就在於學術路向的廣闊；對
儒學的判定，也不限於心性情理，從哲學形上本體的探究，轉變爲人事制度
的關懷；二人也不標舉宗派門戶。降至吳、皖兩派，已有不同，江藩的自述，
說明其中變化：

藩縮髮讀書，授經於吳郡通儒余古農、同宗江艮庭二先生，明象數
制度之原、聲音訓詁之學。乃知經術一壞於東西晉之清談，再壞於
南北宋之道學，元明以來，此道益晦。至本朝，三惠之學盛於吳中，
江永、戴震諸君繼起於歙。從此「漢學」昌明，千載沉霾，一朝復
旦。(《漢學師承記・序》頁15～16，周予同注本)

漢學之名正式提出。學術上的宗派門戶，絕非僅是人事網絡、利益結合，往
往是思想的互異而形成的。漢學派的意見，一是宋、元、明之學，不能明經
學；二是經學大本在象數制度、聲音訓詁。這是自覺性的提出，並非外在力
量使然。戴震也說：「聖人之理義非他，存乎典章制度者是也。」(《戴震集・
題惠定宇先生授經圖》，頁214)宋儒義理之學重心性辨析，戴震義理之學重
典制研究，經學與理學在此處分歧；其研究方法亦復不同：

由文字以通乎語言，由語言以通乎古聖賢之心志。(《戴震集・古經

〔註8〕章學誠云：「浙東貴專家，浙西尚博雅。」(《文史通義・浙東學術》頁53，華
　　　世，民國69年)前者指黃宗羲，後者指顧炎武。但就此段而論，並徵以黃氏
　　　著作，浙東、浙西甚難分別，須再作研究。

解鉤沉序》，頁 193）

語言文字與聖賢心志的關係，有兩種存在的形式：一是語言文字爲工具，借之以理解聖賢心志，二是聖賢心志就在語言文字之中。戴震的路向是後者：

> 經之至者道也，所以明道者其詞也，所以成詞者字也。由字以通其詞，由詞以通其道，必有漸。（《戴震集・與是仲明論學書》，頁 138）

戴氏之《孟子字義疏證》即以此爲方法，重詁《孟子》。視文字爲工具者，忽略了人類非生活在物質宇宙中，直接面對世界。人將自己包裹在語言形式、藝術形象、神話符號、宗教儀式之中，並借此認識世界，所以人生活在符號的宇宙之內。我們是透過語言文字而理解世界，語言文字之更易，世界即隨之改變。語文研究其重要性在此。〔註9〕這一時期的經學推重兩漢經師，蔑棄唐宋經學，標榜漢學宗派，論究語文典制。

但經學研究的終極目的，仍在明道，語文典制的研究，是否能達到此目的，啓人疑慮。常州學派即質疑此點。魏源之說，最能代表此派見解，他說：

> 西京微言大義之學，墜於東京；東京典章制度之學，絕於隋唐；兩漢故訓聲音之學，熄於魏晉。其道果孰隆替哉？（《魏源集・兩漢經師今古文家法考》，頁 152）

聲音訓詁、典章制度、微言大義是經學研究的三個核心，兼含三者，經學研究才算完全，而最後目的是微言大義，亦即聖賢心志與道。魏源將之區分爲三，看似不相關聯，其實不然，魏氏接著說：

> 今日復古之要，由訓詁聲音以進於東京典章制度，此齊一變至於魯也；由典章制度以進於西漢微言大義，貫經術、政事、文章於一，此魯一變至於道也。（《魏源集・兩漢經師今古文家法考》，頁 152）

語言文字與義理的關係，猶如典章制度與義理的關係；語文與典制並非了解義理的工具，而是義理就在語文與典制之中。語文理解不同，義理亦復不同，典制有別，大義亦隨之而異。經學家研究典制，不僅是呈現客觀歷史眞實，更是作爲立論根據，本之以規畫將來。戴震所說聖人義理存乎典章制度，應從此處了解。方苞、戴震以降之詞章、義理、考據之學，至此已結合爲一。與宋明理學相較，有兩點不同：（一）終極關懷不再是形上本體的探究，而是人事制度的安排；從個人生命轉向群眾生命。（二）其方法也不再是道德實踐

〔註9〕 參考卡西勒（Cassirer Ernst）《論人》，頁 37～38，劉述先中譯本，文星，民國 48 年。卡氏之名言是：人乃是符號的動物。

與體悟，而是探索語言文字、典章制度所蘊含的聖人義理。綜合言之，群體性格超越個體性格，歷史研究超越哲學研究。其路向則是由明上溯至宋，由宋上溯至東漢，由東漢上溯至西漢，再由西漢直探孔子。

總結本章所論，解釋清代經學史的四種理論，無論是王學反動、清廷高壓、西方衝擊、階級利益，經學都隨著政治、經濟、社會而變化，獨立存在的價值隱晦不彰。清代經學史的發展，是從宋學上溯至西漢，再直探孔子。朱次琦、廖平、康有為則是晚清此一路向代表人物。

第二章　康有爲與朱次琦、廖平

　　康有爲是朱次琦弟子，其《新學僞經考》則有鈔襲廖平「經學二變」之嫌，本章即在論述朱次琦與廖平的學術，並且說明康氏與朱、廖二氏學術方向異同。

第一節　朱次琦的經世理學

　　朱次琦，字稚圭，一字子襄，廣東省南海縣人。嘉慶十二年（1807）生，光緒七年（1881）卒。三次赴鄉試不第，至道光十九年三三歲時，方舉鄉試。其後會試又經二次不第，道光二七年四一歲，始成進士。四三歲至四七歲在山西爲縣官，最爲人樂道者爲署理襄陵縣令，然僅一百九十日。

　　科舉和宦途，朱氏曾有親切而深刻的體會。初赴鄉試時，嘗言：「韓退之云，既爲之欲有所就。」（簡朝亮《朱九江先生年譜》，頁 4）欲有所成就，自非功名利祿，而是中國傳統知識分子經世致用思想，企圖借學問道德，開創一良好的社會生活空間。三三歲中鄉試前曾說：

> 天於此兆民之中，獨畀一二人才。蓋兆民苦樂皆寄之矣。……吉兇
> 與民同患，聖者出之安，賢者體之勉，當官舉其事，下士盡其心。（《年
> 譜》，頁 8）

惟有知識分子才能領導人民走向安樂之路，聖人賢者對知識、道德的追求，轉變爲對政治、社會的關懷。聖賢與民同患的思想，其意義和以往不同。中進士後又說：「科名適然耳，爲官譚何容易，而今而後何以宣上德，何以達下情？諸君子殷勤教誨，幸書紳，作活人經也。」（同上，頁 13～14）爲官則另

有一番心得，早在中進士前四年，朱氏即慨言：「學子百輩，終日卒卒，豈復有須臾暇邪？……萬一僥幸，此身遂非己有，爾時雖欲假片刻餘閑，補平生所未及，那可復得？」（《朱九江集·與家人書》卷七，頁4）仕宦之後的忙碌和辛勤，早有準備，在未及此之前，冀能博覽精閱，裨補所缺。然而宦途所需，又自不同：「弟自到晉以來，涉歷吏事，深知此事之難，且暗悼邇來講究此事之人之鮮，人人以一官樣作官，民生何以賴焉？」（《朱九江集·寄伯兄書》卷七，頁7）充分指出治學、作官的殊異性，但讀書又在所必須：「故於武備、倉儲、河渠、地利諸書，不得不重加搜索。」（同上）〔註1〕因爲從政所面臨的是另一套學問。

經世致用的理想，實用知識的講求，構成朱氏的學術方向。咸豐五年（1855），朱氏自晉南歸，次年居邑學尊經閣，越明年則居九江，「自構茅齋，求書萬卷，歌饗其中」，自此以後，「鄉居不入城市，蓋九江先生之稱，自斯始矣」（《年譜》，頁23～24）。朱氏論學宗旨，也於此時發揚明晰，直至其卒，二十餘年，講學弗輟，問題意識也始終相同。其弟子簡朝亮於其卒後所說，最能彰顯其生命關懷：「蓋先生之學，志於用世，始不欲以著述竟其才，即不可得，終無自逸，庶幾乎文章報國之衷。」（同上，頁41）〔註2〕

一、從自治到治人

朱氏對讀書治學的目的，曾有以下的說明：「讀書者何也？讀書以明理，明理以處事。先以自治其身心，隨而應天下國家之用。」（同上，頁29）讀書所以處事，其方法則是先自治而後治人。這兩個原則是朱氏一生論學宗旨所在。類似言論尚有：

（一）經義所以治事也。（《年譜》，頁28）

〔註1〕 在朱氏之前，曾國藩即有類似意見，曾氏將學問分經義、治事兩大類。經義有小學、理學、詞章、典禮；治事則有吏治、軍務、食貨、地理等十四項。曾氏爲程朱派理學家，理學至曾氏另有一番氣象，可與經學作一對比。曾氏說見《曾文正公全集·求闕齋日記類鈔·治道類·問學類》，文海，民國52年。

〔註2〕 此種生命型態，也可於其詩作中見出，如：「載誦隆棟篇，載望匡時良。」（《朱九江集·山長桂林夫子枉過》卷二，頁5，商務，民國62年）「語及時艱我心死」（《朱九江集·答廷光》卷二，頁9）。計其詩作，述兵事者有三首，述天災者有八首，自述志業，期能平定天下、消弭災亂之作有八首。憂世之心極爲強烈。

（二）然則通經將以致用也，……學之而無用者，非通經也。（《年譜》，頁30）

（三）讀書自克，吾學者之事也。（《年譜》，頁34）

（四）不自治而治人邪？（《年譜》，頁34）

（五）安能昌言正色，直己而直人邪？（《朱九江集‧抵山西寄兄弟書》卷七，頁5）

第一、二則均指讀書治學的目的在治事，第三至五則指出治事的方法是先要求個人道德，並深信個人能直，必能直人，這仍是宋明理學的傳統。但治事不能只作內向的反省，還亟須外向的考察，所以其學術路向，較近程朱一系：「讀書者，格物之事也。……既不讀書，何以致良知也，不讀書而致良知，宜姚江之以佛氏明心爲非也。」（《年譜》，頁26）格物之物已從外在事物轉成典籍研究，並企圖從典籍之中，獲得治事的原理，於是「讀書──格物──治事」揉而爲一。格物之物，一方面指讀書，一方面又指治事，二者借格物聯合，遂與良知說不同。本此也確立了朱子的地位：「漢之學，鄭康成集之；宋之學，朱子集之。」（同上，頁24）對陽明、乾嘉批評朱子，朱氏深表不滿：「有明姚江之學，以致良知爲宗，則攻朱子之格物；乾隆中葉至於今日，天下之學多尊漢而退宋，以考據爲宗，則攻朱子爲空疏。一朱子也，而攻之者乃相矛盾乎？」（同上，頁25）朱氏認爲，格物即讀書，而在書中不僅有治事的原理，也有氣節的講求，內外兼備，所以攻其空疏，實難爲朱氏接受。至於朱子備受推崇，則在其能彰顯孔子之道：「會同六經，權衡四書，使孔子之道大著於天下。」（同上，頁25）重新追尋、解釋孔子，不僅是朱氏個人的方向，也是清代經學史的目標。

　　強調社會關懷，標舉學術經世，推尊朱子地位，爲朱氏思想內容，其規模和方法是：

　　　孔子之學無漢學，無宋學。修身讀書，此其實也。（《年譜》，頁25）

據此將學術分爲修身、讀書兩大項，其項下又各有節目：

　　　修身：惇行孝悌、崇尚名節、變化氣質、檢攝威儀。

　　　讀書：經學、史學、掌故之學、性理之學、辭章之學。（《年譜》，頁25）

修身重個人精神修養，讀書則重知識理論，前者在直己以直人，後者在通經致用。前者是個人、家族之間，後者在經學、歷史、制度，亦即整體的文化

呈現。然而兩者又非裁然分途，個人、家族即在歷史、制度之中，而歷史、制度又須展露其價值精神，於是自我與文化交相綜攝，合而爲一。生命情調、論學宗旨、學術規模相互綰合聯結在一起。其具體實踐則在宗族。

二、從宗族到社會

朱氏以爲族譜能「探先王制作精意」(《朱九江集・南海九江朱氏家譜序》卷八，頁 1)，考其所以，仍從宋明理學中來。宋承唐末五代大亂，知識分子重建社會規範，以導引當時風俗，其法有二：一是導之以德，純從道德方面著手；一是齊之以禮，從禮制方面著手。而在具體實踐上，則以宗族爲思考對象。集中在宗族的原因，一在六朝士族以血統爲身分地位的象徵，與帝王權威平行，降至唐代，則以官爵代血緣，重定氏族高下：血緣須與官爵聯結，以維個人、家族聲望於不墜，官爵也須與血緣聯親，以提升個人、家族的聲望。兩者相抗相結，士族逐漸以政治權力維繫本身門望。二在此士族及政權的聯結，至安史亂後，不復以往，士族消散。宋代則以收聚族人的方式，建義學、義莊，患難相恤，以維社會安定。而在宋代知識分子以「復古爲開新」的思考模式下，上溯至周禮的封建宗法制度，乃極爲正常之事，但時移世易，封建宗法不可復，只能要求宗族與族譜有收合族的功能。其次，復古以明道又爲宋代知識分子的嚮往，道究竟爲何，首須探討。根據宋代理學家的討論，孝、仁爲治國理政之本，於是將之注入宗族之中，成爲一族群規範，並進而將此族群倫理關係擴充爲社會的普遍規約。〔註3〕

也惟有如此，才能明瞭朱氏何以將族譜與先王制作相提並論，並期望其族人能「咸喻於古者宗譜相維遺意，而使內外有別、長幼親疏有序、有無相賙、吉兇患難相恤、腰臘祭饗飲食相周旋，毋以財失義，毋以忿廢親。」(《朱九江集・南海九江朱氏家譜序》卷八，頁 2) 且族譜之意尚不止此，考其族譜體制有：宗支譜、恩榮譜、祠宇譜、墳塋譜、藝文譜、家傳譜、雜錄譜 (《朱九江集・南海九江朱氏家譜序例》卷八，頁 3)，合族人、官爵、祭祀、文獻爲一，是一具體的社會文化事業，在其〈朱氏捐產贍族斟酌范氏義莊章程損益變通規條〉中，有更詳密的規定，大體而言，首重社會福利保障：優耆老、恤惸嫠、收孤露、施棺槨、施墳地、籌意外、留推廣、建義倉；次重教育：

〔註3〕參考龔師鵬程〈唐宋族譜之變遷〉及〈宋代的族譜與理學〉，收入《思想與文化》，業強，民國 75 年。

端蒙養、教成材、廣登進；再次是管理族人：增祠祀、勸族居；最後則是防止舞弊：防虧空。家族和政府之間則借著政治權力（廣登進）與經濟義務（完國課）聯繫。綜合體制與條例，宗族有其政治、經濟、社會、文化功能。

從直己直人到宗族社會，固然是道德思考落實到社會結構思考，但特重社會福利，也可見到社會結構思考比例逐漸加重，更進一步，則是制度性思考。朱次琦面對晚清巨變，是根據傳統理論建構其社會文化事業，傳統在這裡有導引及規範意義。然而晚清畢竟不同於宋明，社會結構與思潮，都與以往大異：國內企業興起，國際貿易日盛，農業與工商業漸有衝突；傳播媒體崛起，打破地域性社團出現；政治、教育制度也與以前不同。龔師鵬程云：

> 周末是以族譜繼宗法之亡，逐漸重建一個士庶有別的社會；宋朝是以親族倫理規範政治倫理，以上復三代封建宗法之意；清末則廣泛反省宗法族譜與民主平等、個人主義、社會主義、現代化之間的關聯。（《文化、文學與美學·族譜與政權的關係》，頁346）

最能說明周末、唐宋、晚清的異同，所以想要以宗族組織完成世界大同，「純粹僅僅是個理想，也只能做爲理想而存在。」（同上）因此朱次琦在經世思想史上，是一將變而未變的人物，進一步的發展，有待廖平。

第二節　廖平的經學六變

廖平字季平，號四益，繼改四譯，晚年更號五譯，又更號六譯。四川省井研縣人。咸豐二年（1852）生，民國二一年（1932）卒。同治十三年（1874），廖氏二三歲時，張之洞調任四川學政，極爲欣賞廖氏文章。是年張氏在成都建尊經書院，次年廖平即入該院讀書。光緒四年（1876），四川總督丁寶楨力邀王闓運任書院主講，王氏主講期間，廖平常與同學請益，每至深夜不輟。光緒九年（1883）赴京會試不第，光緒十五年（1889）中進士，不願派署實缺，要求返鄉任教，入民國後曾任校長、教授等職務，終其一生，都在學校講學。

與其同時學者，前輩有俞樾、王闓運、張之洞；同輩有王先謙、皮錫瑞、康有爲；稍晚則有章太炎、王國維、劉師培。中國近代經學大師，都彙集於其時。這些學者也或多或少參與政治、社會活動，廖平和他們最大的不同，就是一生治學讀書，絕未參與類似活動，﹝註4﹞但並不表示，外在世界的激擾，

﹝註4﹞戊戌政變，廖平險受波及。其因有二：廖之經學影響康有爲，反對康者連帶

沒有影響到廖平。廖平的多變，正是外在世界的反映。廖氏並未投身政治、社會，而是關注學術本身，冀望統合經學流變，以應付世局變化。廖平這種性格，在經學六變之前即已呈現，廖氏自云：

> 予幼篤好宋五子書及八家文。丙子（按：光緒二年，1876，時年二五歲）從事訓詁文字之學，用功甚勤，博覽考據諸書。冬間偶讀唐宋人文，不覺嫌其空泛，不如訓詁書字字有意。蓋聰明心思至此一變矣。庚辰（按：光緒六年，1880，時二九歲）以後，厭惡破碎，專事求大義，以視考據諸書，則又以爲糟粕而無精華，枝葉而非根本。取莊、列、管、墨讀之，則乃喜其義實。是心思聰明，至此又一變矣。（廖幼平《廖季平年譜》，頁1）

在其經學初變之前（光緒九年，1883，時三二歲），學術上已有過變化，其變遷軌跡，是循著宋──→唐──→東漢──→西漢──→先秦，節節上溯。此時廖平尚在求學階段，北上赴試不售，返蜀講學後，正式展開學術研究生涯，日後很少談論東漢以下學問，而專從東漢以上論究，經學六變，於焉展開。

廖平經學六變大要如下：

六變	開　始　年　代	結　束　年　代	宗　旨	代　表　作　品
初變	光緒九年（1883）	光緒十二年（1886）	平分今古	《今古學考》
二變	光緒十三年（1887）	光緒二三年（1897）	尊今抑古	《知聖編》、《闢劉編》
三變	光緒二四年（1897）	光緒二七年（1901）	小統大統	《地球新義》、《王制集說》
四變	光緒三一年（1906）	民國六年（1917）	天人時期	《孔經發微》
五變	民國七年（1918）	民國七年（1918）	六書文字皆出孔子	《文字源流考》
六變	民國八年（1919）	民國二一年（1932）	以內經說《詩》、《易》	《易經經解》、《詩經經解》

綜合六變，前三變討論王制（今學）、周禮（古學），以制度的互異，分別今古學的不同，是今古之學的討論。後三變則超越今古之爭，討論天人問題，

攻擊廖平。六君子中，楊銳、劉光第均爲四川人，且楊銳與廖平等號稱「蜀中五少年」也因此而遭忌。結果是廖氏弟子焚毀《地球新義》一書。但廖並未參與變法。見廖幼平編《廖季平年譜》頁18、頁58～59，成都，巴蜀書社，1985年。

從制度的研究，進而探索人存在的終極意義。就其內容言，除經典外，尚含蓋制度、疆域、文字、讖緯等，規模之大，可以想見。廖平絕不排斥不同理論於其學說之外，相反的，是想建構一大系統以容納不同理論，這是廖平最特殊之處。廖平的多變，也可說明「傳統」並不單純，詳究其實，複雜萬端。

一、今古之學

　　廖平經學初變的代表作《今古學考》，主要處理三個問題：一是經典異同，二是禮制沿革，三是書目類聚。該書首列〈漢書藝文志今古學經傳師法表〉，判明今古學不同，使不相淆亂。經學何以有今古文之分，廖平云：

> 經在先秦已有二派，一主孔子，一主周公，如《三傳》是也。齊魯，今學；燕趙，古學。漢初儒生，達者皆齊魯，以古學爲異派，抑之故致微絕。（《今古學考》，頁 37）

二派雖分，俱名爲經，廖平欲建立一大系統以融攝經學流派，於此清晰可見。廖氏將韓愈以降的文武周孔一線相傳之道，析之爲二，成爲周公之學、孔子之學；同時將齊魯、燕趙之異，也解釋爲周孔之異，如此構成了含古學派別：周公爲古學，孔子爲今學；燕趙從周，齊魯從孔。今古學所根據的經典也有不同：

> 今古之分，魯篤守《王制》，于今學爲純。古學全用《周禮》，于古學爲純。齊學本由魯出，閒居兩大之間，不能不小用古學，如《公羊》是也。（《今古學考》，頁 60）

綜合前述，今古之分如下：

> 今學：孔子，《王制》，齊魯。
>
> 古學：周公，《周禮》，燕趙。

今古之分的另一標準是：「今，孔子晚年之說；古，孔子壯年主之。」（同上，頁 4）和前述似不相衝突，所以廖氏將之並存，但其分類上出現問題，兩種分法的結果是：

> 今學：孔子；古學：周公。
>
> 今學：孔子晚年；古學：孔子壯年。

第一說是孔子全爲今學，周公全爲古學；第二說則變爲孔子有今學、有古學，周公仍爲古學；第一說周、孔並列，第二說則以孔子爲中心，分壯年、晚年。

兩說其實有不同的重點。如要兼採甚爲困難。此一問題，廖平並未能解決。

今古之爭另一重點是禮制，對禮制異同，廖平云：

> 今異於古，皆孔子損因周制之事。今古相同，此孔子因仍周制不改
> 者也。（《今古學考》，頁46～47）

今學損益周制，古學全同周制。如此可有三點結論：（一）今古之分，全以孔子爲樞紐，周公只是孔子壯年所從。（二）今古之分以制度爲核心。（三）今古相襲，今學從古學變化而來。表面上廖平平列今古，實際上卻是直線相傳，只是有所修正改易。從而廖平再以此爲主，作〈今古學專門書目表〉，分今學書目、古學書目，包含經傳子史，依類而從，絕不混雜。至於兼有今古者，另作〈今古兼用雜同經史子集書目表〉，分爲四類：今多於古、古多於今、今古雜、今古同。從前一表言，今古學涇渭分明，從後一表言，卻相互混雜，且典籍頗多。今古之分，確如廖平所言？令人啓疑。廖平又說：

> 今古兩家所根據，又多同出孔子，於是倡爲法古、改制，初年、晚
> 年之說。（《初變記》，頁561）

周公的地位，根本消失，也無法解釋典籍的紛雜。可能的解釋是：經典來源本就不一，儒家內部理論也甚紛歧，所以有不同流派。且古代制度又因國別、地域不同，而互有差異，無法清晰說明。因此儒家自始至終不是單一的學派，日後的分途，即肇因於此。視儒學爲「一以貫之」者，都忽略了儒家的複雜性格。此性格一可表現於儒者，一可表現於經典解釋。

其後經學初變「歷經通人指摘，不能自堅其說」（《古學考》，頁115），廖平又更易前說，推測其因，很可能就是上述困難：以今古學二分法，統合所有古代典籍，其事不易。廖平此時採取的是橫截眾流的方式，指出古學乃劉歆僞造，今學是孔子眞傳。其主要的證據是師傳口授：「博士說經，皆有傳授，以師說爲主。」（同上，頁147），師傳口授是經今文學家與古文學家爭議立論的根據，廖平更說明其中差異：

> 古學無師承，專以難字見長，其書難讀，不得不專用訓詁；本無師
> 說，不得不以說字見長。師說多得本源實義，訓詁則望文生義。（《今
> 古學考》，頁138）

但無「師傳口授」和「劉歆作僞」是兩回事，前者的存在，並不能推論後者的存在。且今文學家也不是完全不講文字訓詁，只是不以之爲究竟而已。〔註5〕望

〔註5〕如龔自珍〈常州高材篇送丁若士〉：「易家人人本虞氏，毖緯戶戶知何休，聲

文生訓，今文家實較古文家爲甚。但廖平仍以此分判古今，且認爲「西漢無古學」，「古學全由今生，非古在今前也」（《古學考》，頁124）。與初變相較，初變是今出於古，二變是古出於今，論斷適相顛倒，而皆有文獻可資證明〔註6〕。其次，周公在初變時尚與孔子並列，但到二變：「西漢以前，言經學者，皆主孔子，並無周公。」（《二變記》，頁547）如此可解決前述經典的矛盾衝突。第三，「六藝皆爲新經，並非舊史」（同上），更確立了孔子的地位，以前是變法兼改制，現在則完全是改制。更明確的說，孔子是素王：

> 孔子受命制作，爲生知、爲素王，此經學微言、傳授大義。帝王見
> 諸事實，孔子徒託空言，六藝即其典章制度（《知聖篇》，頁175）

第四，改制的理論基礎在六經，經典與政治的關係益形密切，且經典不能視爲改制的工具，而是其根本。聖人微言大義，存於典章制度。較魏源的見解，更進一步。制度性思考，也較朱次琦爲多。廖平的社會關懷表現於此處，而非投入實際行動。〔註7〕

中西交會畢竟是時代大事，其時知識分子無不受影響，經學三變，即有此現象。經學至晚清一變，重鑄傳統以應新變，乃勢所必須，在二變中被揚棄的古學，回到了經學史領域內，並賦予新的意義：「《王制》專詳中國，《周禮》全球治法。」（《知聖續篇》，頁224）今學是「小統」，專治中國；古學是「大統」，專治全球。此即三變小大之說。廖平云：

> 小大即分，輕清者上浮爲天，重濁者下凝爲地，而後居中之人物，
> 得法天則地，以自成其業，孔子乃得爲全球之神聖，六藝乃得爲宇
> 宙之公言。（《三變記》，頁549）

孔子爲一政治性神聖人物，終告確立。

音文字各窔奧，大抵鐘鼎工冥搜，學徒不屑譚賈孔，文體不甚宗韓歐，人人妙擅小樂府，爾雅哀怨聲能道，近今算學乃大盛，泰西客到攻如讎。」固不以文字訓詁自限，但也絕未棄絕，且是傲人之學。見《龔自珍全集・詩集》，頁12〜13，新文豐，民國64年。

〔註 6〕 文獻與理論的關係，其實是理論選擇了文獻，而非文獻證明了理論，所以對文獻的解釋，已預設了理論。文獻的研究，就是理論的研究，因此考據、義理之間，並非截然對立。

〔註 7〕 美籍漢學家李文森（Joseph R. Levenson）認爲廖平思想荒謬玄虛，且與實際行動脫節，其實廖平的「行動」表現在經學的不斷擴大上，見〈廖平及其與儒家歷史的脫節〉，見《近代中國思想人物論——晚清思想》，頁487，時報，民國74年。

二、天人之學

廖平的學術歷程是「直追周秦，以達尊孔之旨。」（《孔經哲學發微》，頁301）就前三變言，的確達到了這一目的，孔子在其理論中，已成爲全球神聖。前三變的理論，重視制度，對人存在的價值根源，缺乏立體性分析；與孔子同時或之後的諸子百家，和孔子的關係，也待釐清。後三變即在處理這些問題。

「今以性道定靜，歸入天學，《大學》從修齊入手，方有餘力研究國家天下事理。一切玄妙空談，俟諸異日。」（同上，頁 300）性理歸入天學，治國從修齊入手，其方法是：

> 後儒言性言心，專就一身，百般穿鑿，棘端刺猴，徒勞無益。錢穀
>
> 刑名，乃爲實用，玩物喪志，正可借觀。（《孔經哲學發微》，頁 300）

修齊並非心性，而是錢穀刑名，亦即不再是個人道德修養，而是實際治民方法。廖平的思考，已從傳統個人道德修養，繫乎國家興衰的模式，轉爲直接面對社會結構，這仍是前三變制度之學的延伸。〔註8〕

人學指人類現實生活，但人又不可能僅止於此，經典的意義，就在提升人的存在價值，廖平推重《易》、《詩》，即在二經有人事、有天象，借此以說明人與自然界的關係。如此自會觸及人在自然界的定位，並進而彰顯人存在的根據。廖平以「六合以內」、「六合以外」分別人學和天學。人學是「人間制度」，其經典有《春秋》、《王制》、《周禮》、《大學》、《尚書》、《靈樞》、《素問》。天學是「諸天制度」，其經典有《緯》、《讖》、《中庸》、《詩》、《楚辭》、《列子》、《莊子》（《孔經哲學發微・四益館經學四變記》，頁 318～319）。諸子納入經學範圍之中，自可稱爲是孔子流派了。

人學與天學不同，人學以「祭祀通鬼神」，天學則「直接鬼神，上天入地」（同上），人學尚須借一禮儀與鬼神交通，天學則否。廖平最重制度，此時竟然要消除制度（祭祀），直接面對鬼神。人與鬼神的關係，由恐懼、敬畏，轉爲和諧狀態，更進一步，要在自然界有一絕對自由能力，肯定並完成自己的價值。但是「孔經人學爲事實，天學爲思想」（《孔經哲學發微》，頁 306），廖平深知天學虛幻，所以在經學五變指出其限制：

〔註 8〕 劉雨濤〈廖季平天人學探源〉云：「廖平之四變是天人分裂，五變是天人合一的過渡，六變是天人合一。」但是廖平的人學、天學分指人間、諸天制度而言，和傳統天人合一理論，名雖同而實已異，其中並無分裂、合一問題，只存在人學到天學的階段性問題。劉文見《社會科學研究》二期，1984 年。

必俟人學完備，世界進化統一後，人物雍熙，恬愉自得，無競爭、無恐怖，而各學業由漸進步，可以乘雲御風，遊行宇内。（黃鎔《經學五變記箋述》，頁590）

其歷程與《公羊》三世說類似，而其境界絕不相同，其弟子柏毓東云：

己未（1919），先生得中風，……優遊中得《詩》、《易》圓滿之樂，……獲大解脱。（《六變記》，頁619）

經學六變，由平分今古始，探討今古之異──典制的不同，爲第一階段（前三變）。其後則不限人事，探索人在天地間的地位，獲致和諧優遊的結論，此爲第二階段（四、五兩變）。最後則是個人生命，終能圓滿（第六變）。

廖平自始至終，視孔子爲一政治性神聖人物，垂法將來，遺範萬世，六經則是政教宏綱，貫穿其中是制度：「六經宗旨，以制度爲大綱。」（《知聖篇》，頁185）孔子是定制度的聖者，經典是政教制度，儒者是知此制度之義，並行此制度之人。廖平以一大系統說明此一理論。與朱次琦最大異處，是以結構性思考代替個人道德性思考。然而廖氏最終又回到個人生命層次，但此生命層次與社會制度的關係，廖氏並未詳細分析。

第三節　康有爲與朱次琦、廖平的異同

自中英鴉片戰爭後（道光二十年，1840），中國面臨文化的巨變，咸豐十年（1860）始，朝野均倡導自強運動，至同治三年（1864），自強運動已正式展開。「洋務」、「西學」等名詞出現。其時重要舉措如下：咸豐十一年設總理各國事務衙門，處理中國與外國之間的事務。同治元年（1862）於北京設同文館，次年設廣方言館於上海，培養外語人才，翻譯西方書籍；同治九年（1870）在上海設出洋局，派遣留學生赴美。同治四年（1865）於上海設江南製造局，次年設金陵製造局，同治六年（1867）又於天津設天津機器局，次年福州船政局正式開工，均著重於軍事工業。西方文化逐漸進入中國。

康有爲於同治十三年（時年十七歲）「始見《瀛寰志略》、地球圖，知萬國之故，地球之理。」（《自編年譜》，頁7）光緒五年（1879，二二歲）曾遊香港，知「西人治國有法度，不得以古舊之夷狄視之，乃復閱《海國圖志》、《瀛寰志略》等書。購求地圖，漸收西學之書，爲講求西學之基矣。」（同上，頁11）三年後「經上海睹市街之盛，益知西人治術有本，大購西書以歸，……自是大

講西學，盡釋故見。」（同上，頁12）梁啓超曾詳述其中情況：「乃悉購江南製造局及西教會所譯出各書盡讀之。彼時所譯者，皆初級普通學及工藝、兵法、醫學之書，否則耶穌經典論疏耳，於政治哲學毫無所及。而先生以天稟學識，別有會悟，能舉一及三，因小以知大，自是於其學力中別開一境界。」（《康南海傳》，見楊克己《康梁合譜》，頁41）西方文化，確對康氏有影響。湯志鈞稱康氏爲「先進的中國人，向西方尋找眞理」，並說康氏的《教學通議》「雖說的是周公、《周禮》，講的是傳統儒學，實際是康有爲學習西方後的撰著。」（《近代經學與政治》，頁152、161），是否如此，可從其學術淵源作一探究。

光緒二年（1876），康有爲時年十九，至禮山從朱次琦學，康氏對朱氏的學術路向，有清楚的掌握：「掃去漢宋之門戶，而歸宗於孔子。」（《自編年譜》，頁8）對朱氏治學目的則云：「先生壁立萬仞，而其學平實敦大，皆出躬行之餘，以末世俗污，特重氣節，而主濟人經世，不爲無用之高談空論。」（同上）康有爲日後重解孔子、改革社會、實踐經學，與朱氏之學有密切關係。在朱氏教導下，康有爲「乃洗心絕欲，一意歸依，以聖人爲必可期，以群書爲三十歲前必可盡讀，以一身爲必能有立，以天下爲必可爲。」（同上）康氏後來以教主自居，又曾說：「吾學三十歲已成，此後不復有進，亦不必求進。」（《梁啓超學術論叢·通論類〔一〕·清代學術概論》，頁638）戊戌政變後，亡命海外十六年（光緒二四年，1898，四一歲；民國二年，1912，五六歲），仍著書不輟，並力倡保皇，指陳時政。重履斯土，已入民國，組織孔教在先，從事復辟在後，對政治、社會的關懷從未中斷。這些與朱次琦的教導，也有莫大關連。

從學三年後，康有爲於光緒四年冬，辭別朱氏，歸而靜坐。其中原因，康氏也有說明：「日有新思，思考據家著書滿家如戴東原，究復何用？因棄之。而私心好求安心立命之所。」（《自編年譜》，頁10）著書滿家與安心立命，其中分別恐怕不是道德與知識的衝突，仍是知識能否濟世，「用」正指此點言。因爲安心立命不限道德，也不限於自我：「忽絕學捐書，閉戶謝有朋，靜坐養心。……靜坐時忽見天地萬物皆我一體，大放光明，自以爲聖人，則欣喜而笑，忽思蒼生困苦，則悶然而哭。」（同上）安心立命已從個人生命體踐，轉而關懷群體生命，亦即群體生命得以安頓，個人才得以安心。以往的思考，是從個人到群體，康氏的思考，則作一大逆轉，要從群體到個人。而朱次琦的路向，正是傳統模式，先正己再正人，其社會關懷也僅在宗族，但社會結

構不只有宗族，以宗族代社會，無法處理宗族以外的事務。其次，個人道德與社會價值也有所不同，其互動形式有三：（一）以個人道德導正社會價值；（二）個人道德與社會價值平行發展，沒有交集；（三）社會價值引領個人道德。第一種會產生嚴重的衝突，第二種則會產生個人對社會的疏離，第三種則是道德價值完全埋沒在群眾之中。朱氏的思考是第一種型態，與康有爲的思考模式顯然不同。康氏期望建立一良好的社會制度，而價值即在此制度之中，再由此制度中的價值，引導個人價值，個人與社會可完全融合。思考方法的異途，其結果自也不同，朱氏盼望回到自然，悠遊林泉，奉親安養，兄弟論學；康氏則要求變法改制，希冀一理想社會。〔註9〕

康氏講學，極重「學」字，甚至認爲人禽之別，就在人有意識作知識的探索，君子和小人的分別，也在於問學，這一路向，顯然是承朱次琦程朱之學而稍有變化。康氏說：

> 夫性者受天命之自然，至順者也，不獨人有之，禽獸有之，草木亦有之。……若名之曰人，性必不遠，故孔子曰性相近也。（《長興學記》，頁1，中華本）

對人性的見解，偏重於自然之性，與孟子價值之性、應然之性有異。〔註10〕若僅由此評析，自會將人陷於山川草木、飛禽走獸之界，對人的地位，是一大斫傷。然而人成長於自然環境，交通於社會結構，思考人的本質時，又豈能自限於人本身，而忽略了另外兩個環節？康氏提出學，以提升人的存在地位：

> 故有性無學，人人相等，同是食味、別聲、被色，無所謂小人，無所謂大人也。有性無學，則人與禽獸相等，同是視、聽、運動，無人禽之別也。（《長興學記》，頁2）

根據自然之性，人人平等，人禽無別，但有一學字，人我立判，人禽立別。何謂學？康氏云：「學者效也，有所不知，效人之所知，有所不能，效人之所能；若己知己能，共知共能，則不必學。」（同上，頁1）效人所知、所能，即已暗示人群結構的存在，人是一群人，而非單獨的存在，且此結構，不可

〔註9〕 個人固須自我控制，社會也須自我控制，兩者屬於不同範圍，前者並不能推至後者，但要求社會自我控制時，也要作自我改造計畫，此時之自我爲社會領袖。參考卡爾・曼海姆（Karl Mannheim）《變革時代的人與社會》，頁31～32，桂冠，民國79年。

〔註10〕 孟子之心性論爲應然義，透顯價值自覺，詳見勞思光《中國哲學史》卷一，頁97～98，坊間本。

能共知共能，也指出人與人之間的互動性格。透過學字，已將人與人斷裂的可能性彌平。人的思考，朱次琦在道德，康有爲在學問。

學極爲重要，但究竟學什麼，康氏的回答是仁：「夫所以能學者人也，人之所以爲人者仁也。」（同上，頁 4）如是似乎又回到人的本心，下述更可見到類似的思考：「天下未有去仁而能爲人者也。……人莫不愛其身，則知愛父母，其本也；推之天下，其流也。有遠近之別耳，其爲仁一也。」（同上）由己身及於父母，更擴及於家庭、宗族、鄉里、郡邑、國家、天下（同上，頁 4～5），這自是孟子仁心到仁政的思路，和朱次琦相較，仁不限於道德修養的本源，且更重其發用，亦即政治的意涵。仁不僅是人之所以爲人的價值基礎，也是社會存在的基礎。綜合上述，康有爲與朱次琦在思考方法、人性的理解以及仁的意涵，均有所差異，康氏辭別朱氏，應是這些不同所造成。但是康氏也並非完全與朱氏不同，在仁的理解上，就是從傳統而來，再加以具體化。康氏辭師靜坐，是從程朱轉向陸王，因而「同學大怪之，以先生尚躬行，惡禪學，無有爲之者。」（《自編年譜》，頁 10）康氏是接受傳統再解釋傳統，以創造一新傳統。此一路向，日後還會見到，且會擴大。

光緒十四年（1888）廖平刊行《知聖篇》、《闢制篇》，尊今抑古；次年廖平、康有爲會於廣州廣雅書院，廖平曾出示《知聖篇》、《闢劉篇》，後再會於廣州安徽會館，於是「康乃盡棄其學而學焉」（《廖季平年譜》，頁 15）。光緒十七年，康氏之《新學僞經考》刻成，其宗旨與廖平經學二變相似，遂引起學術界一大公案：康說有鈔襲廖說之嫌。康氏弟子梁啓超云：「有爲早年酷好《周禮》，嘗貫穴之著《政學通議》，後見廖平所著書，乃盡棄其舊說。」（《清代學術概論》，頁 664）由是此一公案漸成定論，章太炎、錢穆、蕭公權、湯志鈞等均認爲康氏承襲廖說。〔註 11〕諸家辨析甚詳，但此中仍有若干問題可供探討：第一，康氏「盡棄其舊說」之說爲何？第二，康氏爲何選擇廖平經學二變之說？第三，康氏與廖平關懷的問題是否相同？

考察康氏在光緒十五年（1889，三二歲）之前重要著作有：《實理公法》、《康子內外篇》、《教學通議》、《政學通議》等書（參考康保延編〈康有爲先

〔註11〕章太炎〈清故龍安府學教授廖君墓誌銘〉，收入廖幼平《廖季平年譜》，頁 95；錢穆《中國近三百年學術史》，頁 642～653，商務，民國 69 年；蕭公權《康有爲思想研究》，頁 62～66，聯經，民國 77 年；湯志鈞《近代經學與政治》，頁 188～192，北京中華，1989 年。

生著述繫年〉，收入楊克己《康梁合譜》），除《政學通議》未見，其餘俱存。《實理公法》及《康子內外篇》的思想，與康氏後來學說並未牴觸。再以《教學通議》的經學立場觀察，康氏在與廖平會晤之前，確主古文家之說（見第三章第二節），所以康氏盡棄其舊說，應是放棄經古文學立場。清代懷疑劉歆作僞計有：劉逢祿疑《左傳》書法及書中「君子曰」爲劉歆僞造；壁中本《逸書》十六篇係劉歆僞造；龔自珍疑《漢志》「中古文」是劉歆依託。魏源疑《毛詩》及《古文尚書》、邵懿辰疑《逸禮》爲僞作（黃彰健《經今古文學問題新論》，頁2）。並無疑劉歆僞造群經，謂劉歆僞造群經始於廖平。就放棄經古文學立場及劉歆僞造群經而論，康氏確有鈔襲廖平之嫌。

　　採取廖平經學二變之說，則與清代經學史結構及時代背景有關，清代經學史重點即在探討孔子地位，時代鉅變，又須更新文化以應變局，「孔子改制」正好符合康氏需要（見第一章及第三章），康氏經學於此時結合經學二變，發展其學說。但康、廖二人所關懷的問題大爲不同，廖平關心學術，時代的巨變表現在學術的多變上；康有爲則重視社會制度，一直以建立美好的社會爲目的。雖然廖平也重制度，但止於理論說明，與康有爲實際從事變法，相距甚遠。〔註12〕

　　總結本章所論，朱次琦的經世理學，是從自治到治人，所採取的方法是先直己而後直人；其學術實踐的對象，則是以宗族做爲其社會事業。然而宗族畢竟不能代替社會，宗族並不能處理所有社會問題，朱氏雖已有社會結構思考傾向，但仍嫌不足。廖平經學六變則不同，以制度分別古今周孔，制度性思考甚爲明顯，但廖氏重在經學思想發揮，實踐層面較爲缺乏。康有爲受教朱氏，社會關懷給予康氏極大影響；康氏又襲取廖氏經學二變之說，建立其經學思想，一方面直接面對社會，一方面強調實踐，前者與朱氏不同，後者與廖氏有別。康氏接受朱、廖二氏之說，並藉批判傳統經學，建立其新說。

〔註12〕蕭公權對康有爲、陸王學、廖平異同，有極精的論斷。陸王哲學有些思想對康氏毫無吸引力，其原因是「陸王的心學過分強調個人的道德，而忽略社會制度的探討」。康之哲學目標大不同於廖，「廖之興趣僅止於學術，而康則主要在實際變法」（《康有爲思想研究》，頁59、65）。

第三章　傳統經學的批判

　　康有爲青年時期的上海、香港之行，給予他極大的刺激，其時雖大講西學，但在此期間，也精讀《周禮》、《王制》、《太平經國書》、《文獻通考》、《經世文編》、《天下郡國利病書》、《讀史方輿記要》等書，「俛讀仰思，兼以筆記之，皆經緯宇宙之言」（《自編年譜》，頁 11）。其後朱次琦的教學規模、廖平的經學二變，都影響康氏，具體表現則在《長興學記》、《新學僞經考》等書中。因此不能僅以西學刺激說明其學術變化，〔註1〕康氏誠有懷疑、批判傳統之處，而有「反傳統」的現象，但我們必須探討，爲什麼要批判傳統？又如何批判？其目的又爲何？本章目的，即在試圖說明康有爲批判傳統經學的原因、方法及目的，並在清代經學史的結構下，觀察康氏經學發展方向。

第一節　從理學轉向經學

　　光緒十七年（1891），康有爲應梁啓超、陳千秋之請，於廣州省城之長興里講學，並著《長興學記》以爲學規，次年遷至衛邊街鄺氏祠，越明年又遷至府學宮仰高祠，始題曰「萬木草堂」，光緒二十年遊桂林，作《桂學答問》，以爲桂省學子治學門徑，課堂講說，弟子又筆記成《萬木草堂口說》，三部著作，均可見出康氏學術規模、路向及其對傳統經學的理解。

　　上章已說明康氏極重「學」字，並以之爲人禽之別，至於學的範圍是：

　　　同是學人也，博學則勝于陋學矣；同是博學，通于宙合則勝于一方

〔註 1〕 如李澤厚就認爲康有爲是因懷疑傳統而轉向講求西學，其原因是舊的一套已無法應付新局面。見《中國近代思想史論》，頁113，谷風，民國67年。

矣，通于百業則勝于一隅矣。通天人之故，極陰陽之變，則勝于循
常蹈故，拘文牽義者矣。(《長興學記》，頁 4)

康氏所稱學的範圍，甚爲廣大，朱次琦以直己直人爲教，以聚合宗族爲其社會
事業；廖平博收典籍，分判古今；前者範圍較狹，後者雖廣，但也未能達到通
於百業之境。就學字而言，實較朱、廖二氏爲廣，以學字判人禽，更爲朱、廖
二氏所未言。但也不表示康與朱、廖二氏截然不同，「夫所以能學者人也，人之
所以爲人者仁也」(同上，頁 4)，就直言此是先師朱先生所說。朱氏釋仁，著
重個人道德修養，康氏則著重從個人推至家族、鄉邑、國家、天下。問學的方
式是「尊德道學，由內及外」(同上，頁 6)，此與稱道朱次琦之說同：「朱九江
博實敦大，內之修身，外之講求經世，宋、漢學皆精。」(《萬木草堂口說·明、
國朝學派》，頁 287，中華本) 而治學的目的是：「始于爲士，終于爲聖。」(《長
興學記》，頁 6) 此是荀子的理論 (見《荀子·勸學》)。由此可見康氏治學，並
非全然反傳統，他所接受的傳統，遠較吾人想像爲多。蕭公權就說宋明理學對
康氏思想影響，遠比他自己承認的多 (《康有爲思想研究》，頁 57)。

至於治學的具體途徑，康氏云：「天下道術至衆，以孔子爲折衷；孔子言
論至多，以《論語》爲可尊；《論語》之義理至廣，以『至于道，據于德，依
于仁，游于藝』四言爲至該。」(同上，頁 6) 重新解釋孔子，一直是康氏的
職志，在此路向下，治學規模是：

志于道：格物　厲節　辨惑　愼獨
據于德：主靜出倪　養心不動　變化氣質　檢攝威儀
依于仁：敦行孝悌　崇尚任恤　廣宣教惠　同體飢溺
游于藝：義理之學　經世之學　考據之學　詞章之學
六藝之學：禮　樂　書　數　圖　鎗
科舉之學：經義　策問　詩賦　楷法
講學 (案：講說學術流派)
說經 (案：指陳經典價值)
讀書 (案：導引讀書門徑)
習禮 (案：學習古代禮樂)
論文 (案：熟練詞章作法)
日課：讀書　養心　治身　執事　接人　時事　夷務
四恥：恥無志　恥徇俗　恥鄙吝　恥懦弱

其中可分爲七大部分，第一是個人道德，第二是宗族事業，第三是學術類別，第四是實際技藝，第五是科舉之業，第六是學術派別，第七是日常功課。兼顧道德、學術、社會、仕途。此時並已指出劉歆僞造經學，六經爲孔子所作，孔學重在改制，大義則在《公》、《穀》：

> 孔子之爲萬世師，在于制作六經，其改制之意，著于《春秋》。（《長興學記・說經》，頁 18）

> 孔子經世之學，在于《春秋》。《春秋》改制之義，著于《公》、《穀》。
> （《長興學記・講學》，頁 17）

同時《新學僞經考》、《孔子改制考》也正在編著中，前書於長興講學同年（光緒十七年）七月出版，後書則於次年完成初稿。[註 2] 遊桂作《桂學答問》，經學有更確定的發展：

> 天下之所宗師者孔子也，義理制度皆出于孔子，故學者學孔子而已。
> 孔子去今三千年，其學何在？曰在「六經」，夫人知之，故經學尊焉。……然則孔子雖有六經，而大道萃於《春秋》。若學孔子而不學《春秋》，是欲入而閉之門也。學《春秋》當從何人？……曰上折之于孟子，下折之于董子，可乎？……《春秋》公羊之學，董子及胡毋生傳之。董子之學見于《繁露》，胡毋生之說傳于何休，故欲通《公羊》者，讀何休之注，董子之《春秋繁露》。……《春秋》所以宜獨尊者，爲孔子改制之蹟在也。（《桂學答問》，頁 29～30，中華本）

指出孔子爲宗師不足爲異，問題是如何認識孔子，《新學僞經考》是破斥「僞學」，《春秋董氏學》則指出孔學大義所在，《孔子改制考》則重定孔子地位。上述康氏之言，基本上已確立了此一路向。康氏雖承襲廖平之說，卻在廖氏基礎上，建立屬於自己的理論。

　　然而康氏又不如此拘狹，對經古文學，雖然極力攻擊，卻未全然抹煞，「注疏惟《公羊》何注、《儀禮》鄭注可讀。」（《萬木草堂口說・漢晉六朝唐宋學派》，頁 267）對於漢宋學異同，也有持平之論：「宋學本於《論語》，而《小戴》之

〔註 2〕錢穆認爲康氏此時仍尊《論語》，未專以《禮運》、《公羊》說教，錢說可能有誤。推尊《論語》甚爲正常，問題是如何解釋，以康氏此時理論而言，以《公羊》解釋《論語》，並非意外。光緒十九年康即作〈論語爲公羊學考〉、〈孟子爲公羊學考〉，系列著作，仍應視作康氏對孔子的重新理解，而非如錢氏所說其後乃專以《禮運》、《公羊》說孔教。錢說見《中國近三百年學術史》，頁 635，商務，民國 69 年。

《大學》、《中庸》及《孟子》佐之，朱子爲之嫡嗣。……漢學則本於《春秋》之《公羊》、《穀梁》，而《小戴》之《王制》及《荀子》輔之，而以董仲舒爲《公羊》嫡嗣，劉向爲《穀梁》嫡嗣。」（《長興學記·講學》，頁 16）也承認戴震集清朝漢學之大成，並認爲錢大昕、紀昀無法與之相比（《萬木草堂口說·明、國朝學派》，頁 282）。因此萬木草堂講學，除經今文學經典外，《說文》、《爾雅》、《廣韻》，諸史、考定、目錄、兵學諸書均在所必讀，同時西學也未忽略，法律、政俗、外交並列入治學範圍內。其弟子梁啓勳回憶說：「講學重今文學，謂古文是劉歆所僞造，……除中國古書外，還要讀許多西譯書，如江南製造局的有關聲光化電等科學著述數十種，皆所應讀。容閎、嚴復諸留學生先輩譯本及外國傳教士傅蘭雅、李提摩太等譯本皆讀之。」（轉引自鍾賢培《康有爲思想研究》，頁 10）如此博雜的學問，若非有一貫串其中的主線，則會零散不可復理，此主線即是《春秋》公羊學，而在證明其確爲孔子眞理前，又須證明其歷史合理性，此即著《新學僞經考》的主因。〔註3〕

綜合上述，康氏的學術思想，是由兩種傳統構成：一是理學傳統，一是經學傳統。就理學傳統而言，遠紹朱子，近承九江。〔註4〕朱子嘗編《小學》四卷，分內外兩篇，內篇有立教、明倫、敬身、稽古；外篇有嘉言、善行。著重在基本的道德修養。至其編《近思錄》，則可見出朱子的學問大要，該書計十四卷，綱目如下：論道體、論爲學大要、論格物窮理、論存養、論改過遷善，克己復禮、齊家之道、出處進退辭受之義、治國平天下之道、制度、君子處事之方、教學之道、改過及人心疵病、論異端之學、論聖賢氣象。含蓋形上本體、道德體踐、治學方法、治國之道。簡要而言，內以治身，外以治國，非專就心性主體講論。再以《朱子語類》次第與之相較，結構略近。如卷一至卷十三（理

〔註3〕 有關萬木草堂之大略，梁啓超有三篇文章可供參考：〈萬木草堂小學學記〉、〈三十自述〉、〈南海先生七十壽言〉，分別收入《飲冰室文集》冊二、冊四、冊十五，臺灣中華，民國 72 年。至於萬木草堂之沿革、組織、課程、師生概況，詳見蘇雲峰〈康有爲主持下的萬木草堂〉，收入中研院《近史所集刊》第三期下，民國 61 年 12 月。

〔註4〕 朱次琦是程朱派理學家，但鍾賢培云：「康有爲對朱次琦講的陸王心學，特別感興趣，認爲它直捷明誠，活潑有用。」（《康有爲思想研究》，頁 3，廣東高等教育出版社，1988 年），馮契則曰：「朱次琦治學，以程朱爲主，間採陸王。」（《中國近代哲學史》，頁 189，上海人民出版社，1989 年），均未能掌握朱氏學術性格。此點可參考錢穆《中國學術思想史論叢〔八〕·朱九江學述》，東大，民國 79 年。

氣、鬼神、性理、學）即上述之形上本體、道德體踐、治學方法，卷一百四至一百二十一爲朱子論治道、論取士、論兵刑、論民財、論官，則與上述治國之道相同。朱次琦經世致用之學，即從此處而來。康氏承之，範圍更爲廣大。康氏亦直言：「孔子以後，所謂博大精深者，朱子近之。」（《萬木草堂口說‧宋元學派》，頁274）梁啓超〈萬木草堂小學學記〉乃依《長興學記》演變而成，其綱目有：立志、養心、讀書、窮理、經世、傳教、學文、衛生（《飲冰室文集》冊二，頁33～35），仍可看出從朱子以降的傳統。〔註5〕較特殊者爲養心，其法有二：靜坐之養心，遇事之養心。顯然是結合陸王一派的理論，梁氏在〈三十自述〉也說：「請爲學方針，先生乃教以陸王心學而並及史學西學之梗概。」（《飲冰室文集》冊四，頁16～17）可見康氏雖從朱學，但也不廢王學。「但康氏畢竟難以盡同於陸王心學，因陸王之學過分強調個人的道德，而忽略了社會制度的探討。」（汪榮祖《康章合論》，頁28）

　　康氏又說：「漢以後《六經》之治；宋元以來，《四書》之治。」（《萬木草堂口說》，頁274）《六經》之治與《四書》之治有何不同？理學雖也重經濟，但性命畢竟是經濟的基礎，亦即性命是體，經濟是用，體的研討，自是遠過於用的探究。黃彰健將理學的結構分爲：人性論、天道論、治世論。然而天道論建立在人性論上，理學家討論理氣陰陽其目的是在解釋人性論。經世濟民也不能悖逆人性，所以治世論也須以人性論爲根據。因此人性論爲理學的理論結構重心（《經學理學文存》，頁112～113）。宋明理學的精采處，正在於辨析人性的精微。但有所重即有所失，康氏云：「凡言內學者，非無外學也；言外學者，亦非無內學也，但宗旨在是耳。」（《萬木草堂口說‧學術源流三》，頁78）轉向經學，即在合兩者爲一：

　　　　孔子制度在《春秋》，義理亦在《春秋》。（《萬木草堂口說‧學術源流二》，頁71）

六經之治即在制度兼義理，而非僅《四書》之治重在義理（人性論）。又云：

　　　　《春秋》治國，《孝經》治家。（《萬木草堂口說‧學術源流一》，頁67）

〔註5〕有關朱子的論述，係參考黃彰健《經學理學文存‧理學的定義、範圍及其理論結構》一文，商務，民國65年。侯外廬曾指出康氏之思想淵源爲宋明理學，承九江之學而變，又說康氏義理乃理學義理與公羊義理兩種玄學之結合（《近代中國思想學說史》，頁686、687，坊間本）。確有見識，但其批評經學與理學爲玄學，則有待討論。李澤厚僅指出康氏從學九江（《中國近代思想史論》，頁112），未能見到朱子以降的傳統。

《春秋》之制度義理在於治國，下一步即要追問《春秋》之義爲何？《春秋》之制又爲何？《春秋董氏學》、《孔子改制考》即在解答這些問題。康氏是有反傳統的傾向，但其反傳統的方式，卻非否定傳統，而是接受傳統，理解傳統，並重新解釋傳統。

第二節　從古文轉向今文

一、早期的經學立場

《新學僞經考》是爲了證明孔子學術的本義，以作爲探索《春秋》之義與《春秋》之制的基礎，但在此之前，康氏曾有一矛盾衝突的歷程，此歷程即「發古文經之僞，明今文學之正」的階段（《自編年譜》，頁 19）。康氏即在其中重鑄傳統，開創新學。

光緒十二年（1886）康氏著《教學通義》，重點在探討教育制度，試圖恢復古代教學精神。而其理論核心，卻圍繞經學展開，〔註 6〕此書開宗明義即指出：

> 善言古者，必切於今；善言教者，必通於治。……上推唐虞，中述周孔，下稱朱子，明教學之分，別師儒官學之條，舉「六藝」之意，條而理之，反古復始，創法立制。（《教學通義·序》，頁 81，《康有爲全集》本，上海古籍）

古與今並未分裂，亦即傳統與現代並非截然二分，相反的，借由唐虞、周孔、朱子緊密連結，經由此線索，開創新制，但此新卻非和舊對立，而是「反古復始」，表面上似是單純的復古論，實際上則是「創法立制」，以應新變。康氏的「古」是由分別「六藝」與「六經」開始：「六藝」是禮、樂、射、御、書、數，是普通教育，古代民眾無不學習：

> 「六藝」爲古凡民之通學，非待爲士而後能。（《教學通義·公學第三中》，頁 90）

康氏曾說明其理由：

> 不知禮則無以立；不知樂則無以言；不知射、御則不能酬酢；不通

〔註 6〕康氏的教育理論與經學密切相關，可作爲一專題研究。僅注意《大同書》中的教育改革，實嫌不足。

　　書、數則無以應世事。(《教學通義·國學第五》，頁 97)

禮是儀禮，樂是音樂，射是弓射，御是駕駛，書是文字，數是數學，「六藝」的規模，是由外在的制度，進入到個人的心性，又有實際的技能以應世。社會秩序、個人道德、實用技藝，三者在「六藝」中可完全實現，因此康氏以之為古代凡民之公學。〔註 7〕然而後代「六藝」銷亡，「六經」興起，康氏解釋其因有二：

　　然禮、樂、射、御、書、數，皆有名物度數之實，易廢難起。而《詩》、
　　《書》獨以空文易傳於後世。嗣是漢人言六藝，以《詩》、《書》、《禮》、
　　《樂》與《易》、《春秋》，與周時以禮、樂、射、御、書、數為六藝，
　　名舛甚矣。(《教學通義·國學第五》，頁 102)

「六藝」需要名物才能實踐，「六經」則不然，重在德行之教導，自不如「六藝」需要一些「教學設備」。但其原因又不止此：

　　原先王之教學，所以捨棄「六行」、「六藝」、百職與一切名物、度數、
　　方技，而專崇樂者，所以養德也。德成為上，行成次之，名物、度
　　數為下。(同上)

「六藝」是名物度數之學，與「六經」相較，其中顯然有價值高下之別，這與康氏欲全面恢復「六藝」之教，有所衝突。如欲說明其中原因，則須探索康氏對「六經」之見解。康氏曾說：

　　凡物，粗者先乎？精者先乎？曰：粗者先。得其粗，然後可以講其
　　精也。事物先乎？禮義先乎？曰：事物先。有事物，然後有禮義
　　也。……禮教倫理立，事物制作備，二者人道所由立也。禮教倫理，
　　德行也；事物制作，道藝也。後聖所教，教此也，所謂學，學此也。
　　(《教學通義·原教第一》，頁 83～84)

德行是「六德」(智、仁、聖、義、中、和)與「六行」(孝、友、睦、姻、任、卹)，道藝則是「六藝」(見《教學通義·公學第三上》，頁 86)，這些均無關乎「六經」之經典，而為民眾普遍學習的科目，所以康氏才說：「古之民，內則崇德厲行，外則修其道藝，以不失職。」(《教學通義·公學第三中》，頁 89)康氏是以德藝要求百姓，且其順序是藝先德後，亦即事物制作先，禮教

〔註 7〕「六藝」的教學理想，在《長興學記》中，射已改成圖(圖譜、圖學)，御已
　　　改成鎗(鎗炮、火器)，所以在康思想中，「傳統」並非固定不變，正好相反，
　　　傳統呈現一開放型態，可依時代修正、補充。

倫理後，與孔子富而後教、足食足兵之說相合。「六經」原先本是政典，且爲先民所遵從：

> 古人之治教，務使學者誦一王之典，以施於用而已。六經者皆王教之典籍也。……能守其業者曰官，能通其意者曰師儒，能肆其業者曰士，能知其法、守其法者曰民。（《教學通義·立學第十二》，頁128）

六經爲先王政教典籍，此是古文經說。〔註8〕至於六經之教的衰亡，其因是：

> 先王創法立制，公卿世官，士庶士業，皆以粗跡實器相傳。德義之精微，經緯之宏大則惟卿士之賢者講求辨析之，不遽以責天下之學子也。儒者不用於世，無官師之可藉，故捨器而言道。又從學之士多英才，講學日精，亦不能以尋常官學之科條爲限。於是儒學規模闊大，條目精詳，此眞王、公、卿、士、師儒之大學。（《教學通義·大學第六中》，頁108）

六藝以名物度數而微，所以六經興起；但六經又以德義精微而衰。康氏想先恢復六藝之教，繼則恢復六經之教。治國理政不以道德爲訴求，乃以粗跡實器爲要，六經之精義，並非第一序位。儒失其官，方才講求精義。其弊則是「捨器言道」，不能達到「家有衣食，國備兵農」（《教學通義·六經第九》，頁118）。六藝之教，正是器而非道，與宋明以來的重道輕器，適相對反。康氏吹合二者：由器而道，由粗而精，先事物而後禮教，其實就是義理貫串於制度之中。

然而康氏所解釋的傳統，豈可深信？政教合一理論，其實是一封閉型態：政典即教典、以吏爲師、民無異心、官無異學（《教學通義·公學第三下》，頁91），足可導向專制之理論基礎。〔註9〕周公與孔子地位平行，與後來之說大異：「今復周公教學之舊，則官守畢舉。……外王之治也。誦《詩》、《書》，行禮樂，法《論語》，一道德，以孔子之義學爲主，內聖之教也。」（《教學通義·六經第九》，頁122）周公之學在治世，孔子之學在教人，六藝是周公之教，六經是孔子之學，周孔並列，治世教人爲一，即政教合一論。但是這顯然與歷史實情不

〔註8〕 有關今古文經說之異同，最簡要的說明，可參考周予同《周予同經學史論著選集·經今古文學》，上海人民出版社，1983年。

〔註9〕 就此點而言，儒學易與封建專制合流，民國以來對儒家的批判，未始無見。但儒家另一傳統：革命，則甚少論及。所以儒學的內容，其實甚爲複雜，無法以一單線論述。又儒家的革命論，並非武裝暴力型態，而是一制度性的政權更易，詳見胡正之《漢儒革命思想研究》，頁8～14，淡江中文所碩士論文，民國80年。

符：周代文獻散亂，經典來源不一，同時諸子異說，後儒見解互異，在在難以統合成一系統理論。康氏欲以此經世濟民，自有其困難存在。

康有爲所理解的聖人是：「聖人之言，非必義理之至也，在矯世弊，期於有益而已」（《康子內外篇‧勢祖篇》，頁 26，中華本），《康子內外篇》與《教學通義》爲同時之作品，和前述相較，有其一貫的特色，均不重視精微的理論，而強調治世，聖人本於天以治人，「知欲之本於天也，故爲宮室、衣服、禮樂、妻妾、器物以事之。又慮其縱於人也，故爲之制度品節、訓誨砥礪以束之」（《康子內外篇‧人我篇》，頁 21），外在世界的開展，一直是康氏追求的目標，目的是在救世，而不是在說經（汪榮祖《康章合論》，頁 27）。周孔爲其典範，但一如上述，周孔合一，有其困難：

> 實則三古異時，周孔異制，諸經乖互，理不可從，後師附會，益加
> 駁雜，若定新制以宜民，則不假於是，若以古人爲可據，則經義各
> 殊，以何爲依歸乎？（《教學通義‧六藝上第十八》，頁 145）

康有爲此時面臨了選擇的困境，此情境與晚清文化變遷密邇相關。

二、返回原典

晚清是一文化劇變的時代，西方文化從外部衝擊中國，傳統的不斷重詁，則從內部衝擊中國，形成「意義危機」——對自己存在的迷失：首先是道德迷失，康氏對人性的界定，並不限制在傳統的道德人性論上，他擴充到「社會人性論」、「知識人性論」，前者不從個人看待社會，正好相反，是從社會看待人性，理想的社會制度，有助於道德的完成；後者是從學問的角度，區分人禽之別。傳統的道德價值，遭到挑戰，在康氏著作中，是徘徊在其間，而沒有確定之主線。其次是存在迷失，對自己生命的源頭、歷程、終結，有著無盡的焦慮，康氏是以孔爲教，欲以宗教精神解決此一問題，融個人生命於文化生命之中，以獲得永恆的延續。第三是形上迷失，是對世界的究竟原因作一解釋。〔註10〕世界究竟如何開展，文化如何傳承，是康氏中心問題。廖平是以孔子爲核心論證，康有爲最初並未如此確定：

> 平先儒之爭，先在辨今古之學。……古學者，周公之制；今學者，

〔註10〕清末民初的「意義危機」，係參考張灝〈新儒家與當代中國的思想危機〉，收入《近代中國思想人物論——保守主義》，頁 373〜374，時報，民國 74 年。但同處危機時代，卻有截然不同的反應，則涉及歷史性格問題，後文另有敘述。

> 孔子改制之作也。古學者，周公之制，以《周禮》爲宗，《左》、《國》
> 守之。孔子改制之作，《春秋》、《王制》爲宗，而《公》、《穀》守之。
> （《教學通義‧六藝上第十八》，頁 147）

從周從孔，尊古尊今，仍是一懸而未決的問題。亦即中國文化史之開創，屬性
未定。轉向今文經學，關乎康氏對「今古」的認識，古是周公所開創的禮樂典
制，乃承襲黃帝以來的傳統：「蓋黃帝相傳之制，至周公而極其美備，制度、典
章集大成而範天下，人士循之，道法俱舉」（《教學通義‧備學第二》，頁 85）。
然而禮樂制度不能一成不變，文化變遷固會帶動社會變遷，但是社會變遷也牽
連文化變遷，康有爲的歷史觀是變動的型態，對傳統的理解也是開放的模式：

> 後世不知守先王之道在於通變以宜民，而務講於古禮制度之微，絕
> 不爲經國化民之計，言而不行，學而不用。（《教學通義‧六藝上第
> 十八》，頁 150）

這正是康氏所處的時代，內憂外患，相繼而來，此時不變，更待何時？兼以
文化的危機意識，逼使康氏深入思考「變」的意義。康氏引朱子之言說：

> 朱子曰：古禮必不可行於今，如有大本領人出，必掃除更新之。至
> 哉是言也。（《教學通義‧從今第十三》，頁 137）

此一衝突矛盾的時代，回顧國史，春秋戰國可供思考借鏡之處正多。其時知識
分子，也處於傳統崩潰之下，思考文化問題，期能開創新方向。〔註 11〕康氏處
於周、孔之矛盾中，此時棄周從孔，轉法古爲尊今，正因孔子開創新學，與康
有爲時代相合。選擇孔子，其實是時代的投射，重解孔子，也與時代需要相關，
新局面自需新文化主導，康氏經典新注，正是新文化的產物。歷史與現實，於
此交映互射，存在的感受，賦予歷史新義，歷史新解，又給予現實導引，並從
而引發康氏實踐行動——變法改制。此一理解傳統之方法，不限於康有爲。章
太炎由諸子而佛學，由佛學而儒學、孔子；王國維《殷周制度論》以道德爲政
治之樞機，均是相同的理解方法。所以歷史的面相，極爲複雜，不同處境、不
同個人、不同問題，對歷史會有不同解釋，然而歷史就在此處顯現其價值與意
義——歷史反省就是思想拓展。歷史的複雜性格，給予我們各種思想內容，所
以同處於一時代背景下，可有不同的思想方向。〔註 12〕

〔註 11〕有關此問題，可參考錢穆《國史大綱》，頁 56～81，商務，民國 69 年；柳詒
徵《中國文化史》，第二七章、二八章，正中，民國 68 年。
〔註 12〕歷史先於我們存在，所以我們不可能與歷史分裂，「客觀」的理解歷史，參考

今指的是孔子之學，康氏又對東漢以來的傳統不滿：（一）非清談孔、孟即清談許、鄭；（二）經學瑣瑣，無當經世；（三）古今遞嬗，不知更易（分見《教學通義‧從今，六藝上》，頁 137、136、144），所以要「返回原典」——是康氏所理解的原典，合乎經世濟民、變法改制的原典。「吾采西漢之說以定孔子之本經，亦附新學之說以證劉歆之僞經」（《新學僞經考‧序目》，頁 4，作於光緒十七年（1891），中華本），使盡力氣「證明」古文經是劉歆僞造，今文經乃孔子眞經，但西漢經說與孔子本經眞義爲何？其實就是康氏所提出的理論：

> 秦火雖焚而六經無恙，博士之職不改，孔氏世世不絕，諸儒師師相受，微言大義至今具存。……且所謂「微言大義」，即孔子改制之學也。（《新學僞經考》，頁 48）

其制度內容爲何，並未說明，康氏所重視的是通變宜民，而通變需與時代配合，時代不同，制度即需修正，因此沒有一成不變的制度。康氏所建立的與其說是變的內容，不如說是變的哲學，「爲革新制度立下一哲學基礎」（蕭公權《康有爲思想研究》，頁 39），變有堅固的理論基礎，則變的內容自可隨時填塞。「微言大義」本是孔子不得不然：

> 《春秋》既改制度，戮及當世大人，自不能容於世，故以微文見義。……《春秋》之學，專以道名分，辨上下，以定民志，其大義也。（《教學通義‧春秋第十一》，頁 125）

至此時已成爲變法改制之義。而能合乎變的哲學之經典，正是《公羊傳》。早在光緒十二年（1886），康氏即以「三世說」解釋國史：

> 自晉至六朝爲一世，其大臣專權，世臣在位，猶有晉六卿、魯三家之遺風，其甚者則爲田常、趙無卹、魏罃矣。
>
> 自唐至宋爲一世，盡行《春秋》譏世卿之學，朝寡世臣，陰陽分，嫡庶辨，君臣定，篡弒寡，然大臣猶有專權者。
>
> 自明至本朝，天子當陽，絕出於上，百官靖共聽命於下，普天率土，

張汝倫《意義的探究》，頁 102，頁 122～129，谷風，民國 77 年。歷史須經解釋才有意義，且思想視界不同，歷史判斷即會修正，參考卡西勒《論人》，頁 204，劉述先譯本，文星，民國 48 年。一切歷史都是思想史，見柯林烏《歷史的理念》，頁 281～290，陳明福譯本，桂冠，民國 71 年。胡昌智認爲歷史對廖平、康有爲喪失意義，在於「例證式歷史思考方式」不能滿足廖、康思想。但國史著書方式是否全爲例證式，仍須探究，康氏也不僅是對史著方式不滿，而是對新文化的期待，因而重解歷史。胡氏說見《歷史知識與社會變遷》，頁 209，聯經，民國 77 年。

> 一命之微，一錢之小，皆決於天子。（《教學通義·春秋第十一》，頁
> 125）

此與何休釋三世爲所傳聞世、所聞世、所見世而分屬於隱、桓、莊、閔、僖，文、宣、成、襄，昭、定、哀大異（《公羊傳解詁》卷一，頁 7～8），但其中共同的特色是至所見世爲文化最整齊之時，背後的預設是歷史進步主義。根據這一理論，配合改制思想，國家可不斷進步，爲未來帶來了一線曙光與無窮希望。而且三世說可依據實際情況變換，解釋效力又甚爲龐大，康氏推崇《公羊》，貶抑《左傳》，殆非無故。微言大義再與三世說結合：

> ……于是孔子之微言絕、大義乖，大同太平之道闇塞而不明，孔經
> 雖未全亡，然變亂喪失亦已甚矣。（《新學僞經考》，頁 379）

微言大義、變法改制、三世說至此已密不可分。康氏宣稱這即是孔子眞義所在，也是經典眞義所在。孔子透過經典傳示此一眞理。二千年經學不彰，即在不知此一眞理：

> 夫新王改制，修定禮樂，本是常事，而二千年之中，不因創業之未
> 暇，則泥儒生之陋識，有王者作，掃除而更張之，亦何足異乎？（《教
> 學通義·六藝上第十八》，頁 144）

眞理之爲眞，除了解釋系統外，尚須有文獻證明，孔學之傳，在於《春秋》，《春秋》之傳，則在董子：

> 孔子改制，統於《春秋》，仲舒傳《公羊》，向傳《穀梁》，皆博極群
> 書，兼通六藝，得孔子之學者也。然考孔子眞經之學，必自董子爲
> 入門，考劉歆僞經之學，必以劉向爲親證，二子者各有宜焉。（《新
> 學僞經考》，頁 352）

董仲舒成爲孔學傳承一大關鍵，爲了證明董學之眞，康氏指稱東漢古文經之僞。其理論是：（一）六經未嘗亡缺；（二）六經爲孔子所作，七十子所記爲傳，各師仲尼，明一經之意；（三）孔學首在《春秋》，《春秋》傳在《公》、《穀》，劉歆欲奪《公》、《穀》之位，僞造《左傳》；（四）僞造《左傳》另一目的是佐王莽篡漢，另一佐莽之作則是《周禮》；（五）劉歆並僞造群經以證《左》、《周》之眞。第一、二項問題涉及六經文獻性質，第三、四、五項問題則涉及劉歆與王莽的關係。

六經究竟是「歷史文獻」抑或「孔門經典」，一直是經今古文爭論不休的問題。如六經爲歷史文獻，則歲歷數百，甚難證明其未殘缺。康氏以秦火至

漢興，爲時甚短，不能盡焚，且典籍藏於博士，傳承有自，民間無有，不能
證明六經殘缺。但就文獻而言，忽視秦火之前的傳承，即如其言，秦至漢不
可能殘缺，然其前豈能保證完全？如六經爲孔子所作，則康氏也承認諸經乖
互，理不可從，一人之作，相距何以若是之大？比較可信的說法是六經爲古
代遺留文獻，經過孔子整理並賦予文化意義，而成爲儒門經典。徐復觀對此
有精要的論述：

> 把貴族手上的文化及文化資料，通過他的「學不厭，教不倦」的精
> 神，既修之於己，且擴大之於來自社會各階層的三千弟子，成爲眞
> 正的文化搖籃，以宏揚於天下，成爲爾後兩千多年中國學統的骨幹。

> 孔子說「興於《詩》，立於《禮》，成於《樂》」，把《詩》、《禮》、《樂》
> 當作人生教養進昇中的歷程，這是來自實踐成熟後的深刻反省，所
> 達到的有機體的有秩序的統一。

他對《詩》、《書》、《禮》、《樂》及《易》，作了整理和價值轉換的工作，……
因而也形成了比較確定的內容與形式。（《中國經學史的基礎》，頁7～8）

　　六經經過戰國演化，經各異說，無法回復有機統一體，康氏以六經爲孔
子所作，解決此一問題。康氏對經典的信念是經學不僅有助教化，又是政治
準則，進而是整體文化精神所在。康所欲回復的原典，即是此型態：

> 今之學者，尊聖人之經而不求之經緯天人、體察倫物之際，而但講
> 六書，動成習氣，偶涉名物，自負蒼雅，叩以經典大義，茫乎未之
> 聞也。（《新學僞經考》，頁142）

康氏重經學，實欲恢復漢朝通經致用，以經義治國的傳統，侯外廬云：「《新
學僞經考》，此書十四篇，其意圖在另尋一種新道統。」（《近代中國思想學說
史》，頁692）而新道統與舊道統之間，卻有著迂曲的過程。

> 孔子之教何在？在六經，內之窮理盡性以至於命，外之修身以至家
> 國天下，及於鬼神、山川、草木咸得其所，故學者莫不宜爲經學。（《新
> 學僞經考》，頁378）

孔學即經學，六經不再是歷史文獻，而是孔子手定之至言。但問題並不因此
而結束。經各異說，依然存在，今古之爭正集中在此。焦點則是《公羊》、《穀
梁》與《左傳》。康氏對《左傳》的批評是：

> 《左傳》多傷教害義之說，不可條舉，言其大者，無人能爲之回
> 護。……是孔子貴媚權臣而抑公室也。凡此皆劉歆借經說以佐莽之

篡而抑孺子嬰、翟義之倫者。(《新學僞經考》，頁 91)

又引朱子之言說：

> 《朱子語類》謂：要知左氏是箇曉了識利害底人，趨炎赴勢；大率
> 《左傳》只道得禍福利害底說話，於義理上全然理會不得。(《新學
> 僞經考》，頁 227)

《公》、《左》之異，除了三世說外，另一重點可從賈逵條奏中見出：

> 臣謹摘出《左氏》三十事尤著明者，斯皆君臣之正義，父子之紀
> 綱。……《左氏》義深於君父，《公羊》多任於權變，其相殊絕，固
> 以甚遠，而冤抑積久，莫肯分明。(《後漢書》本傳，頁 1236，鼎文
> 本)

《公羊》並非不重上下之別，康氏也以此爲大義所在，但在通權達變的觀念下，易於導向重新思考已凝固的政治社會秩序。三世與權變構成《公羊》核心，但畢竟與《左傳》衝突，不同的價值觀念，再度面臨選擇。

至於劉歆與古文經的關係，李師威熊以四點說明：(一) 言孔壁古文經，首見於《漢書》，其說出自劉歆；(二) 班固云河間獻王德，得古文經典，說亦本劉歆；(三) 整理《左傳》，並宣揚於世者，當始於劉歆；(四) 今古文的爭端，由劉歆所引起 (《中國經學發展史論》，頁 130〜133)。劉歆確與古文經有密切關連。但劉歆是否爲協助王莽而僞造群經？黃彰健說秦始皇統一天下，「書同文」，「罷與秦文不合者」，於是六國文字遂成古文，漢代學者欲了解古代歷史文化，自須重視用古文寫的典籍，所以劉歆認爲《古文尚書》、《逸禮》、《春秋左氏傳》較《今文尚書》、《儀禮》、《公羊》、《穀梁》爲佳。而王莽則是利用《古文尚書》經師對〈康誥〉的解釋，周公居攝稱王，以作爲自己居攝即眞的根據，並利用《左傳》隱公攝位稱公以爲旁證。所以劉歆議立古文經學是學術立場，王莽則是利用古文經學實現其政治野心 (《經今古文學問題新論》，頁 76，123〜125)。

錢穆則從文化發展觀點，說明西漢中葉以後，有一復古更始的要求，其時學者分爲兩派，一言災異，一言禮制；前者本天意推斷漢世已衰，後者重民生而倡導教化；前者喜言符命，後者則欲恢復古禮；王莽篡漢，是在此風氣下造成 (《兩漢經學今古文平議》，頁 9、22〜24、28、37、39、44、49、53、61)。劉歆不過是諸多學者之一，否則僞造群經助莽篡漢，在當時就會爲其餘學者攻擊，不必留待後世。

其實經學重在經世，以王莽當時聲望，劉歆即使佐莽，也不足爲過。康氏是以考據的方法達成義理的使命，指責劉歆佐莽篡位，以證明《左傳》之僞，進而證明《公羊》之眞。在其背後，其實是一思想過程，選擇與解釋，甚爲明顯。康氏反傳統是以更古的傳統，反對其時傳統，其目的則是開創新傳統。但更古的傳統，仍有矛盾衝突的現象，於是選擇一主線，期能貫串群經，建立新經學，更新文化。此一歷程又與其存在感受不可分割，經學已不是客觀研究的對象，而是在經學中實踐個人生命與文化生命。〔註13〕

第三節　探討《春秋》本義

一、《春秋》的歷史意義

康氏選擇《春秋》爲主線貫串群經，而《春秋》學又以《公羊》爲要，這一理論可從光緒二二年（1896）出版的《春秋董氏學》及光緒二七年（1901）出版的《春秋筆削大義微言考》中得見：

> 道教何從？從聖人；聖人何從？從孔子；孔子之道何在？在六經。
> 六經粲然深美，浩然繁博，將何統乎？統一於《春秋》。……《春秋》
> 三傳何從乎？從公羊氏。……惟公羊氏詳素王改制之義，故《春秋》
> 之傳在《公羊》也。……然則欲學《公羊》者，舍董生安歸？……
> 因董子以通《公羊》，因《公羊》以通《春秋》，因《春秋》以通六
> 經，而窺孔子之道。（《春秋董氏學・序》，頁 1～2，中華本）

康氏的《春秋》學，是綜合《公羊傳》、董仲舒《春秋繁露》及何休《春秋公羊傳解詁》而來，其路向是由董仲舒上溯《公羊》，由《公羊》上溯《春秋》、《六經》，最後要明孔子之道，其目的則是改制。與清代經學史節節上溯並重新解釋孔子，完全相符。而重解孔子的原因又與時代需要相關。康氏的另一段話更清楚的表明此一意義：

〔註13〕因此新文化運動不始於五四，必須上溯至晚清經學，尤其是經今文學，影響尤大。康氏之「新考證」與五四、古史辨運動相較，只有程度之別。前者尚有一「更古」的傳統，後者則並此「更古」的傳統也欲拋棄。經學實與近代文化思潮終始。又本節所論，旨在抉發康氏經學思想歷程，對今古文問題，未有能力深入分析。對此問題的了解，均來自錢穆《兩漢經學今古文平議》，東大，民國 67 年；黃彰健《經今古文學問題新論》，中研院史語所專刊之七九，民國 71 年。

> 其傳《春秋》改制，當新王繼周之義，乃見孔子爲教主之證，尤要
> 者據亂、升平、太平三世之義幸賴董、何傳之，口說之未絕，今得
> 一線之僅明者，此乎今治大地升平太平之世，孔子之道猶能範圍之，
> 若無董、何口說之傳，則布於諸經率多據亂之義，孔子之道不能通
> 於今世矣。(《春秋筆削大義微言考》，頁 17，宏業本)

康氏整體學術的目的是「通今」，而其方法卻是「返古」，古與今之間存在著
微妙的關係，我們是在古代的基礎上，擴展了我們的世界觀，亦即古代並非
一封閉的型態，透過對古代的理解，我們的視野也隨之開闊。且在學習另一
個世界觀之時(西方)，又增加了新的內容，原有的世界觀和以往也有所不同。

六經之中，除《樂經》有爭議不論，康氏何以特重《春秋》？這就與春秋
的歷史意義有關。司馬遷《史記·太史公自序》即云：「《春秋》辨是非，故長
於治人。」《春秋》一書的性質，至遲至司馬遷已有確定的意義，而在司馬遷之
前的董仲舒，也有詳細的發揮，《莊子·齊物論》也有：「《春秋》經世，先王之
志。」的說明。《春秋》爲經世濟民之書，殆無疑義。而中國傳統知識分子，向
來不以在書齋內治學爲最高目標，治學的目的是直接面對政治社會，期望能改
變政治社會，使之能達到理想的境界。西方哲學是解釋世界，中國思想的主流
卻是安排世界秩序(余英時《歷史與思想》，頁 138)。中國知識分子的生命型
態和《春秋》的性質結合，以達到經世致用的目的，實屬自然。〔註14〕

《春秋》又爲史書，是否爲一標準史著容有爭論，但從歷史出發則可確
定。歷史著作和哲學著作不同之處在於前者是個別的、具體的事件之敘述與
分析，後者則是抽象的、理論的建構。就中國傳統的思考方式而言，較擅於
具體的思考，「傾向於以過去的慣例和週期性發生的事實中，建立一套基準法
則，即以先例作爲先決模式。」(中村元《東方民族的思維方法》，頁 135)一
套系統理論雖然精采，但在規範事實時，對於逸出此理論旳事件，無法處理，
而具體思考方法則可透過比附援引、正反並立而解決，其優點是可以「具體
形式表現複雜的多樣性。」(同上，頁 150)但其缺點正在於附會。《春秋》就
是從義例出發，去探討「微言大義」，得失一如上述。但可與中國傳統思考方

〔註14〕徐復觀曾論經學與政治社會的關係：「五經及《論語》，在政治上的基本立足
點，是一切爲了人民。」(《中國經學史的基礎》，頁239，學生，民國71年)
一則指出經學與政治的關聯，二則說明古代知識分子的經世要求，三則不也
是徐氏本身的生命型態嗎？所以直接面對政治社會，不僅「古代」知識分子
如此，「現代」知識分子依然如此。

式配合，也是後代知識分子言經世時，喜談《春秋》的原因。

　　清代學者不滿宋明理學空言義理，無益經世，於是轉向實學，然而實學末流，同樣無補經世，學術又開始轉向，觸及《公羊》學，「是學也，亦爲漢學，而無訓詁之瑣碎；亦言義理，而無理學之空疏。」（陸寶千《清代思想史》，頁 223）康有爲比較《春秋》與《論語》之異：「《春秋》爲律法，功罪當得其平，非如《論語》空言義理也。」（《春秋筆削大義微言考》，頁 825）言義理而不空疏，則需與制度配合：

> 《春秋》爲文數萬，其旨數千，孔子竊取其義，託《春秋》改制而
> 立法，故不在史文而在義制。（《春秋筆削大義微言考》，頁 928）

義理需貫串於制度之中，才不流於空談，晚清學術的轉向即在於此。

> 必當有仁政，乃能達其仁心。（《春秋筆削大義微言考》，頁 556）

以往是由仁心推及仁政，現在則成爲推行仁政，才能完成仁心。兩者的思考方向相反，一是由內推及外，一是由外推及內。個人道德是在社會結構內完成，而不是憑藉個人道德改善社會，惟有良好的社會，個人道德才有實踐的可能。康氏雖然作了思考的轉向，但並非脫離傳統，仁政的建構，仍本於仁心。只是著重點有所不同。《春秋》在康氏看來，即能達到寓義理於制度的目的，從而消融漢宋之爭，並進而經世濟民。

　　晚清又當鉅變的時代，各方面都需要改變，《公羊傳》的三世說提供了改制變法的理論基礎，「禮時爲大」的觀念和三世說配合，指出不同時代，需要不同政治社會制度，中國應勇於變革，不應停留原地，停止的後果是中國一直在「據亂世」，無法進步：

> 漢世家行孔學，君臣士庶，劬躬從化，《春秋》之義深入人心。撥亂
> 之道既昌，若推行至於隋唐，應進化至升平之世，至今千載，中國
> 可先大地而太平矣。（《春秋筆削大義微言考》，頁 7）

對此康氏也充滿歎惜：「於是中國之治教，遂以據亂終，絕流斷港，無由入於升平太平之域。」（同上，頁 19）歎惜之外又有沈痛的指責：

> 若無僞古學之變，《公羊》不微，則魏晉十六國之時即可進至升平，
> 則今或至太平久矣。……觀於大地列國之變，日新進而愈上，而中
> 國忽諸，不能不歎惜痛恨賊歆之作僞，而禍我二千年之中國也。（《春
> 秋筆削大義微言考》，頁 56）

其實《新學僞經考》的目的，只在證明《公羊傳》之眞，而證明《公羊傳》

之眞，則在證明變法改制之眞。康氏在戊戌變法的「急進」，與此信念有關。同時中西交會的結果，中國不再是惟我獨尊的局面，列強交侵的狀況，使中國必須改變其世界觀，春秋時代之諸侯並列，也給予當時反省素材。〔註15〕康氏即借此說明中西政治、法律、外交的異同，以作爲未來改制的張本。

　　從《春秋》的性質，思考的方式，思想的變遷，變法的企盼，時代的背景，可以了解康氏何以撰擇《春秋公羊傳》爲其理論主線，貫串群經，改革政治社會。加上中國傳統知識分子的生命型態，雖經過湖南改革、戊戌變法的挫折，辛亥革命的鉅變，其志至晚年未改，創辦《不忍雜誌》，籌建「孔教會」，繼續爲中國奔走呼號。

二、《春秋》的義例

　　梁啓超曾比較康有爲治《公羊》與前代學者的不同：「疇昔治《公羊》者皆言例，南海則言義。惟牽於例，故還珠而買櫝，惟究於義，故藏往而知來。以改制言《春秋》，以三世言《春秋》，自南海始也。」（《梁啓超學術論叢·通論類〔二〕·中國學術思想變遷之大勢》，頁 787）義與例的關係爲何，康氏如何理解《春秋公羊傳》，都是在探討其《春秋》學理論內容之前，所需研究的問題。

　　董仲舒《春秋繁露·精華》：「《春秋》無達辭」（辭或作例），何休《公羊解詁·序》：「往者略依胡毋生條例，多得其正。」自是之後，學者多謂以例治《春秋》始自漢儒，如朱彝尊《經義考》論崔子方《本例》（蔣伯潛《十三經概論》，頁 463），阮芝生《從公羊學論春秋的性質》（頁 161），王熙元《穀梁范注發微》（頁 494），徐復觀則認爲「以條例言著作，乃出現於西漢末期，非漢初所能有」（《中國經學史的基礎》，頁 180），不同處只在時代的早晚，惟朱彝尊所引各家言例之著作，均出於東漢，無怪乎徐復觀氏以爲在兩《漢書》〈儒林傳〉、《漢書·藝文志》及何休之前的文獻，無跡可尋。以三傳條例言，《公羊》始於何休，《左傳》始於鄭興、賈徽，至杜預而大昌，《穀梁》則至范寧發明甚多，條例出現的時代，很可能如徐氏所言。康有爲則上推至董仲舒：「言《春秋》以董子爲宗，則學《春秋》例亦以董子爲宗。」（《春秋董氏

〔註15〕據王爾敏統計，至光緒二十年（1894）以春秋戰國形勢解釋當時國際現狀者，不下十數人之多。王氏並說當時知識分子「以古史的鏡子，重新思考中國所面對的新世界。」（《中國近代思想史論》，頁 27，華世，民國 71 年）歷史在此處再度呈現其拓展視野的意義。

學》，頁 26）綜合董氏《春秋繁露》論《公羊》，並不始於康氏，魏源即以例言《春秋繁露》（見《魏源集・董子春秋發微序》，頁 135），但和孔廣森《公羊通義》、劉逢祿《公羊釋例》專以何休爲主，已有顯著的不同，再度證明康氏反傳統，其實是以更古的傳統代替。其次康氏加入了自己的見解：「孔子改制，舉其大綱，其餘條目皆任弟子之推補。故孔門後學皆有推補之權。」（《春秋董氏學》，頁 39）傳統的再解釋在康氏認爲是合法的，也因此傳統和現代並不在康氏學術中衝突。康氏入民國後的「退步」，也並非是趨於保守，而是在根本上，康氏並未逸出中國的大傳統，此時面對另一傳統──西方的挑戰，在「西化」的浪潮中，被貼上「沈淪」的標誌。

　　例的另一問題是與義的關係。例，簡言之即是歸納《春秋》書法的異同，「事同而辭同者，所謂『正例』也；事同而辭異者，所謂『變例』也；《春秋》之義，皆於變例見之。」（王熙元，前引書，頁 493）「正例」與「變例」相互比較，以得《春秋》之意義。例與義的從屬關係，有不同的說法，一是義在例先：「《春秋》有義有例，然例從義起，非義從例生。」（阮芝生，前引書，頁 169），一是例在義先：「大義何所見乎？必於屬辭比事、詳略異同之例有以見之。」（王熙元，前引書，頁 495）兩說的衝突，可用「作者、作品、讀者」的三角關係解決。就作者言，是先有義，再以例來表現，就讀者言，則須從例來探求作者之義，例則表現在作品的書法中。因此義要從例中探索。康有爲即先言例再言義。梁啓超稱康氏言義，其實是從例探義，只是康氏並不如劉逢祿等，止於歸納《公羊》之例，更著重發揮例背後的義。

　　《公羊》的意義，可分爲「微言」與「大義」。大義指對歷史事件的價值判斷，微言是所寄託的政治理想。這樣的區分，可能是後來的見解，如皮錫瑞云：「《春秋》有大義，有微言。所謂大義者，誅討亂賊以戒後世是也；所謂微言者，改立法制以致太平是也。」（《經學通論》卷四，頁 1）熊十力則曰：「《春秋》有大義，有微言。大義者，如於當時行事，一裁之以禮義。……微言者，即夫子所以制萬世法，而不便於時主者也。」（《讀經示要》卷三，頁 139）皮書成於光緒三三年（1907），熊書成於民國三四年（1945），均晚於康氏之作，且二氏之說，又與康氏類似。「微言大義」最早出於劉歆〈讓太常博士書〉，但劉氏並未解釋其意義。司馬遷和班固曾述及《春秋》所以微婉的原因：

　　　爲有所刺譏褒諱挹損之文辭，不可以書見也。（《史記・十二諸侯年表序》，頁 509，鼎文本）

《春秋》所貶損大人當世君臣有威權勢力，其事實皆形於傳，是以隱
其書而不宣，所以免時難也。（《漢書‧藝文志》，頁 1715，鼎文本）

《春秋》微辭，固有其政治理想，但最主要的原因，卻是避免觸怒當道。與
康氏等所說，並不全同。康氏很清楚的分別二者：

《漢書‧藝文志》：《春秋》貶損大人當世君臣有威權勢力者，有所
褒諱貶損，不可書見，口授弟子。（《春秋筆削大義微言考》，頁 13）

乃至《公》、《穀》先師寫傳，亦只能將其據亂大義寫之，其升平太
平異義，實爲非常可怪，不能寫出也，只得口傳弟子。（《春秋筆削
大義微言考》，頁 18）

將微言之因，一歸之於時政的禁忌，二歸之於理想不易爲人了解，已較前代
周延。康氏《大同書》於長興講學時代即已寫作，但不准弟子宣揚，其因即
理想不易了解，恐引起巨大的代價，而堅持三世理論的循序漸進，也是欲以
最小的社會變動，獲致最大的改革成果。在辛亥之前與「保守派」的衝突，
辛亥之後與「革命派」的矛盾，都肇因於《春秋公羊傳》的理論建構。

三、康有爲《公羊》學的理論

康有爲《公羊》學的著作，一是《春秋董氏學》，一是《春秋筆削微言大
義考》，二書的著作體例甚爲奇特。前書是將董仲舒《春秋繁露》各篇內容予
以分割，並重新編排，再賦予新的篇名。每篇有一總名，其下有小標題。如
〈春秋恉第一〉，下有「作經總恉」、「奉天」等，「作經總恉」是分割且綜合
《春秋繁露》之〈俞序〉、〈玉杯〉等篇而成；其間插入康氏的評論。董仲舒、
康有爲是二而爲一，是一而實二，是否也表示康有爲從董仲舒獲得新生命，
一如反傳統也從傳統中獲得新生命。後書則展現康氏強悍的自信心，將《春
秋》分爲三部：「一不修之《春秋》也，只有史文及齊桓晉文之事而無義焉，
此魯史之原文也。一孔子已修之《春秋》也，因其文而筆削之，因文以見義
焉，此大義之《春秋》也，《公》、《穀》二傳多傳之。一代數之《春秋》也，
但以其文爲微言大義之記號，而與時事絕無關，此微言之《春秋》也，《公羊》、
董、何所傳爲多，而失絕者蓋不知凡幾矣。……若《春秋》所以可尊者，則
在微言矣。」（《春秋筆削大義微言考》，頁 40）該書之作即將《春秋》經文分
爲「魯史原文」爲第一條，「大義春秋」爲第二條，「微言春秋」爲第三條，
其下或引何休，或引《穀梁》，或引董仲舒，以解釋經文意義。

（一）宇宙觀

　　「宇宙觀」是對世界及人生的本質、起源、價值、意義和目的的整體看法。其內容可分為有神論、泛神論及無神論（項退結譯《西洋哲學辭典》頁 448～449）。但康有為建構的宇宙觀，並不涉及神，而是一文化的理論，[註16] 其理論架構可見《春秋董氏學》之〈春秋微言大義第六〉上、下各小標題中。如「元」、「陰陽五行」、「天」等是對天的解釋，「人繼天」、「命」、「性」是對天人關係的說明，「仁」、「義」是回到人本身的價值論證，「名分」、「綱統」、「王道」則是文化世界的開展。所以康氏說：「自元氣陰陽之本，天人性命之故，三統三綱之義，仁義中和之德，治化養生之法，皆窮極元始，探本混茫。」（《春秋董氏學》，頁 123）

　　「元」是萬物之本，且在天之前，「孔子之道，運本於元，以統天地，故謂為萬物本終始天地。」（同上，頁 124）而元的形狀是「無臭無聲，至精至奧」（同上），似是一不可知論，詳究其實，元是「氣」，「孔子繫萬物而統之於元，以立其一，又散元以為天地、陰陽、五行與人，以之共十，而後萬物生焉。」（同上，頁 125）。這即是「氣化宇宙論」，人與天地萬物俱從氣化出，人文現象也在氣的流轉中開展，突顯文化的流動性。在流動同時，又求其確定性，所以人與天雖同出於元，但只是「神氣之本由於元，溯其未分，則在天地之前矣。」（同上，頁 126）如此可確保「元——天——人」的秩序結構：

> 蓋性命知覺之生，本於天也，人類形體之模，本於祖父也。若但生於天，不定其必為人類形體也，若但生於祖父，則無以有此性命知覺也。（《春秋董氏學》，頁 129）

氣的改變，其下的天人關係及人文現象也隨之變易，但卻借著天穩定了秩序，在變之中有不變，在不變之中，又有變的可能。康氏即在不可變的道中求變，不可變的道是中國文化的傳統，可變的則是對此傳統的極限之解釋。康氏屢言「孔子之言夷狄，非論其地，非論其人，惟在其德，文明者則進之，野蠻者則退之。」（《春秋筆削大義微言考》，頁 356）即是此義。天與地相對，兩者交互，可注進新的文化內容：

[註16] 勞思光說中國哲學是由宇宙論、形上學到心性論的過程，宇宙論為最幼稚的思想，一切歸之於天。但中國宇宙論思想是由宇宙通向文化，對天的規定其實就是對人的規定。我們不應將西方宇宙論中的宇宙源起解釋、神學思想加諸中國宇宙論上。勞說見《中國哲學史》三上，頁 3～5，香港，友聯，1980年。

> 天道本下，親親而節省；地道敬上，尊尊而文煩。故王者始起，先
> 本天道以治天下，質質而親親，及其衰弊，其失也親親而不尊；故
> 後王起，法地道以治天下，文文而尊尊，及其衰弊，其失也尊尊而
> 不親，故反之於質也。(《春秋筆削大義微言考》，頁 146)

天文地質的另一義是對中國歷史的判斷：

> 漢文而晉質，唐文而宋質，明文而國朝質，然皆升平世質家也。至
> 太平世，乃大文耳。後有萬年可以孔子此道推之。(《春秋董氏學》，
> 頁 122)

國史雖文質交替，但其實只是升平世的大質，必須進到太平世的大文，文質
的含義是：

> 質家右宗廟而尚親親，文家右社稷而尚尊尊。(《春秋筆削大義微言
> 考》，頁 108)

由宗族轉向國家，由道德的考慮轉向制度的建立。但這並非不思考宗族及道
德，而是在國家體制及社會結構下，考慮宗族與道德的意義。

　　居於其中關鍵是聖人，「以仁爲天心，孔子疾時世之不仁，故作《春秋》。
明王道重仁而愛人，思患而豫防，反覆於仁不仁之間，此《春秋》全書之旨
也。」(《春秋董氏學》，頁 2) 天心即人心，宇宙的意義即人類的意義，「宇宙
秩序和個人秩序不過是同一個根源的原理的不同表現和不同闡發而已」(卡西
勒《論人》，頁 7)，涉及秩序，就不僅僅是個人或宗族，而是全體人群：

> 若大地只有我，而無他人，則仁可廢矣。(《春秋董氏學》，頁 159)

仁是直接面對人群思考，而非由個人通向人群的思考。《大同書》去國界、去
級界、去種界、去形界、去家界，是此思考推至極端的結果。康氏也深知此
理想不可驟行，所以仍強調儒家的階層體制：

> 人人爲天所生，人人皆爲天之子。但聖人姑別其名稱，獨以王者爲
> 天之子，而庶人爲母之子。其實人人皆爲天之子也，孔子慮人以天
> 爲父，則不事其父，故曰：天者，萬物之祖也。父者，子之天也，
> 天者，父之天也，則以天爲祖矣。所以存父子之倫也。(《春秋董氏
> 學》，頁 129)

除了存父子之倫外，天人之間，還存在著聖人與王者的問題。聖人也是本於
天：

> 孔子本天，以天爲仁，人受命於天，取仁於天，凡天施、天時、天

數、天道、天志皆歸之於天。(《春秋董氏學》,頁 130)

孔子之創制立義,皆起自天數,蓋天不能言,使孔子代發之。故孔子之言,非孔子之言也,天之言也,孔子之制與義,非孔子也,天之制與義也。(《春秋董氏學》,頁 111)

孔子創制,皆本權勢。明善至美不本爲制,以權勢者,天也,氣也。聖人受形於氣,受理於天,斟之酌之,因其大小多少以爲宜也。吾故曰:勢生道,道生理,理生禮。勢者道之父,而禮之曾祖也。(《春秋董氏學》,頁 169)

仁是天心,孔子之仁即是天心的呈現;仁又直接面對人群,所以須不斷反省仁的呈現形式,此形式即是孔子的義制,而此義制也是根據天而來;反省的原因是權勢的不同(康氏權勢即是環境),反省的內容又斟酌天理而來。形成一個天的循環,然而天乎、人乎,在此處不能分別。

王者則是在現實世界中治理人民,君臣的關係也是天定:「君臣之道,法於天地」(同上,頁 177),新王改制,是根據天道,而非繼承前王。對王者也有極爲理想化的規定:「王者,往也,群也。能合人者,皆君王哉,此孔子之大義也。」(同上,頁 184)王者的興起,並不是憑藉權力,以強制性力量統合人民,而是能自然的讓人民生起嚮往之情,仁政當然是其中關鍵因素。王者有聖人的內含,所以是政治結構中的樞紐。時當據亂,在在也需君王統治。

爲天下主者天也,繼天者君也。君之所存者命也。(《春秋筆削大義微言考》,頁 551)

不敢有君民之心,蓋聖人以爲吾亦一民,偶然在位,但欲爲民除患,非以爲尊利也。(《春秋董氏學》,頁 181)

蓋亂世以天統君,以君統民,故有尊卑之隔。(《春秋筆削大義微言考》,頁 186)

分別從宇宙秩序、聖王思想、三世之義說明君王的必要性。從宇宙秩序落實到政治社會秩序,仍然是一傳統的階層制度,戊戌變法以光緒帝爲核心,在辛亥革命之後,力主復辟,都是此一思想的產物。革命派視其爲退步,正是不知王者在康氏《公羊》理論的地位。〔註17〕

〔註17〕中國傳統的聖王思想,原是以聖爲主,但會出現逆轉現象:聖者才有資格爲王,既爲王者,顯然具備聖者資格,於是變成王者爲聖。「王聖」加上天命,

（二）三世說

今文經爲眞，古文經爲僞，劉歆僞造古文經，孔子改制，都是保守派攻擊康氏的重心。本章已說明上述理論都是「證明」今文經學爲孔子眞傳的基礎。今文經學以《公羊》爲中心，《公羊》又以「三世」爲重點。《公羊傳》隱公元年經文：「公子益師卒」，傳文：「何以不日？遠也。所見異辭，所聞異辭，所傳聞異辭。」其原義可能是年湮代遠，無法清楚記載，何休則據此將春秋十二公分爲三世，對春秋十二公作歷史判斷，此一判斷表現在書法上，其次將時間配合空間，〔註18〕並賦予政治理想，成爲原始的三世學說：

> 所傳聞之世，見治起於衰亂之中，用心尚麤觕，故內其國而外諸夏，先詳內而後治外。
>
> 所聞之世，見治升平，內諸夏而外夷狄。
>
> 所見之世，著治太平，夷狄進至於爵，天下遠近大小若一。（何休《春秋公羊傳解詁》卷一，頁7～8）

康氏以三世說爲《公羊》的核心，認爲不通三世即不能理解《公羊》；其次，繁複三世模式；第三，擴大三世內容；〔註19〕第四，將〈禮運〉小康、大同比附升平、太平。

康氏以三世大義該括《春秋》全經，是孔子非常異義，其目的是「變通宜民」，支持三世的動力則是仁心，「孔子之道無定，但以仁民爲主」，不同時世會有不同問題，「各因其時世以施之，至其窮則又變」（俱見《春秋筆削大義微言考》，頁50～51）。方法可變，目的不變，方法可變是因時移世異，採取何種方法，繫於三世之異，當時中國屬於何世，成爲首要問題。康氏認爲若無「僞古學」，中國於魏晉或隋唐可進於升平世，晚清可入太平世（同上，頁7，頁56），由此推論，晚清應是升平世，但與康氏所說升平世內容不合，且因「僞古學」行，中國治教「遂以據亂終」（同上，頁19），晚清顯然介於

皇帝遂不可動搖。然而儒家原意卻不如此，後儒不斷以聖王要求現實政權，形成理想與現實的緊張關係，所以知識分子從來以現實政權爲批判對象，歌頌、擁護現實政權者，往往被視爲「御用學者」。

〔註18〕李新霖以時、空、褒貶論《公羊》價值取向，但時、空與褒貶是不同標準，不能同時並列。應是褒貶寓於時空之中，時空不同，判斷即不同。見《春秋公羊傳要義》，頁31，文津，民國78年。

〔註19〕三世說的各種內容，詳見孫春在《清末的公羊思想》第二章至第五章，商務，民國74年。

據亂與升平之間，明確的說是擺脫據亂，走向升平。改革方式應以升平世內容為主，此是康氏改革理論的主要線索，終其一生未變。

但介於據亂與升平，三世模式不能清楚畫分國史，於是繁複三世出現：「一世之中有三世，……三世可重為九世，……由九世可變通之至八十一世，由八十一世可推至無量數，不可思議之世。」（同上，頁 52～53）如此分法，在時間上並不具有實際效力，也未以此畫分國史，轉以空間及鳥獸草木為其理想：

> 據亂之中又有升平太平，如中國之中有苗猺番黎，為據亂之據亂；蒙古、西藏、青海為據亂之升平；內地行省為據亂之太平。此又各因其地而施其義法。……進治鳥獸則為頌平之據亂；進治昆蟲則為頌平之升平；進治草木則為頌平之太平。（《春秋筆削大義微言考》，頁 928）

太平之三世並未論及，且歷史分期在此處完全消失。分期既已不見，則據以改革的方法，也喪失根據。繁複三世模式最大漏洞在此顯現無遺，太平世的理想也更遙遠不可及。以大義屬小康，微言屬太平（《春秋董氏學》，頁 29）是另一方式。此時中國是小康，不能遽進於大同（《禮運注》，頁 1、16）但和三世進步史觀不同：

> 太平世，大同之道也；三代之英，升平世，小康之道也。孔子生據亂世，而志則常在太平世，必進化至大同，乃孚素志。（《禮運注》，頁 10）

> 若堯舜大同太平之法，後之君子，必樂道之。（《春秋筆削大義微言考》，頁 928）

大同（太平，堯舜）、小康（升平，三代）、據亂（孔子之時），由小康至大同是一回溯過程，與三世說向前發展有異，當然也可說回溯的過程即向前的發展，但和三世內容牴觸。「堯舜時代」也是孔子理想化的時代，所以也不是返回堯舜時代，而是返回孔子所說的堯舜時代，否則即和孔子為萬世立法之說衝突。小康大同與三世是不同的模式，本身即有矛盾。

康有為最大的貢獻是擴大三世的內容，傳統的三世說寓政治理想於褒貶中，並未注意政治社會結構，康氏所論甚多，以下即分類列表說明。〔註20〕

〔註20〕孫春在曾詳列一表說明康有為三世說的各種內容，見注十九所引書，頁 185

	據　亂　世	升　平　世	太　平　世
政治制度	人王總攬事權	人主垂拱無爲	無王可言
	譏大夫	刺諸侯	貶天子
	大夫不世	諸侯不世	天子不世
	去大夫	去諸侯	去天子
社會結構	大農之世	大工之世	大商之世
	愛種族	爭種族合種族	種族不分
	一夫數妻	一夫一妻	無夫婦可言
	男女有別	男女權漸平	男女平等
文化狀況	道之以政，齊之以刑		道之以德，齊之以禮
	少神教	一神教	無神教
	野蠻亂文明	文明兼野蠻	無復文明野蠻之別

　　就政治制度言，除了行共和爲新義外，其餘皆爲本有之說；但社會結構則完全與傳統不合；文化狀況則是宗教與傳統不合。對傳統的極限解釋，超過了當時所能容受的程度，即以現在而言，婚姻與宗教觀念也非現代能承認，所以康氏雖從傳統出發，仍會受到保守派攻訐；堅持階段性改革，不容躐等，尤其是君主立憲，更不爲革命派所容忍。金耀基認爲中國現代化的歷程是：器物技能層次的現代化，是曾、左、李、胡的洋務運動；制度層次的現代化，康梁變法及辛亥革命；思想行爲的現代化，由胡適領導的五四運動推動（《從傳統到現代》，頁 162～167）。理論甚爲完整，但卻無法範圍康有爲，無論如何評論康氏，也不能限定其觀念及行動僅及於制度本身，尤其又僅是政治制度。不論是制度或思想層次的現代化，根本忽略社會結構，康氏所以謹愼小心，正因政治制度可以更改，但若無與之相配合的社會結構，政治改革極易失敗。

　　康有爲最特殊之處，即提出工商社會結構，近代西方社會是以資本主義爲主的工業社會，傳統中國的農業社會不能與之匹敵，要從農業社會轉變爲工業社會，首先需有資本主義制度，據韋伯（Max Weber）研究，有六項先決條件：占有一切物質的生產手段（土地、設備、機器、工具等）；自由市

場；合理技術（機械化）；可以計算的法律；自由勞動力；經濟生活商業化
（《經濟與歷史》，頁 152～153）。當時中國並未具備這些條件，只是從事政
治革命或文化革命，中國富強之途仍然遙遠。其見識至今仍有啓發性。康有
爲更言：

> 病無窮而方亦無窮，大同小康，不過神人之一二方哉！（《禮運注》，
> 頁 5）

農業社會有其問題，工業社會也有其問題；傳統社會有其問題，現代化社會
也有其問題，並不是到現代化社會以後，一切問題迎刃而解。社會不斷在變
遷，問題也不斷產生，我們應作的是回到歷史，尋求答案。

第四節　重定孔子地位

返回歷史的過程，自不會止於《公羊》，而是再由《公羊》上探諸子，由
諸子直探孔子。「經典 —— 儒學 —— 孔子」至此時已有一確定面貌，此一面
貌即是以孔爲教，託古改制則是其目的。康有爲首先指出上古范昧無稽，歷
史無法考究，諸子於文化萌芽之時，紛紛創教，「思立教以範圍天下」，具體
表現在「改制立度」（俱見《孔子改制考》，頁 17，宏業本）。「教」在諸子只
有「學說」的意義，宗教性格並不濃厚，學說與政治則有密切的關聯。改制
的方法是託古，「榮古而虐今，賤近而貴遠，人之情哉！耳目所聞睹則遺忽之，
耳目所不睹聞則敬異之，人之情哉！」（同上，頁 80）古代是一權威象徵，諸
子據此權威象徵立說。立說（改制）的內容有：行政制度、軍事制度、禮制
（葬禮、婚禮、服飾、祭祀）、法律制度、學術思想等（同上，頁 57～78）。「制
度」的含蓋面極廣，也不限於政治，可說是一文化更新。用康氏的話說是義
理與制度合而爲一。既不空言義理，義理能貫串制度中；也不滑落到現實層
面，制度中又有義理。創教的目的是改制，改制的方法是託古；義理貫於制
度之中，構成了諸子學說的內涵。

孔子「創教」，大致與諸子相同，也是經由改制託古。但孔子有一神聖地
位則爲諸子所無：

> 迺上古昔，尚勇競力，亂萌慘黷，天閔振救，不救一世，而救百世，
> 乃生神明聖王，不爲人主而爲制法主，天下從之，民萌歸之。（《孔
> 子改制考》，頁 312）

此一神聖地位是天所賦予，《春秋》「西狩獲麟，受命之符」即是最佳明證。
根據此一神聖性格，又可以各種符瑞判斷未來之事。與諸子不同的第二點是
孔子創作六經，如六經爲先王舊典，孔子不過是鄭玄、朱子之流：

> 以孔子脩述六經，僅博雅高行，如後世鄭玄、朱子之流，安得爲大
> 聖哉！（《孔子改制考》，頁 264）

> 若《詩》、《書》、《禮》、《樂》、《易》皆伏羲夏商文王周公之舊典，
> 于孔子無與，則孔子僅爲後世之賢士大夫，比之康成、朱子尚未及
> 也，豈足爲生民未有，範圍萬世之至聖哉！（《孔子改制考》，頁 391）

今文家堅持孔子創作六經，背後是孔子地位之爭。所以考證六經究竟是否孔子
所作，其實並不重要，對孔子性格的認定，才是關鍵所在。創作六經的目的自
是改制，而改制的方法其一是託古──針對人性的貴遠賤近，其二則是託寓：

> 孔子以布衣而改亂制，加王心達王事，不得不託諸行事，以明其義。

> 《春秋》以新王受命，而文王爲受命之王，故假之以爲王法，一切
> 制度皆從此出。

> 改制者孔子之隱志，法先王者孔子之託詞，在當時莫知其故。（《孔
> 子改制考》，頁 432～436）

第一是避免觸忌，以褒貶時事寓大義所在；第二是借此大義，表明一己的政
治理想；第三是此政治理想不易爲時人理解，所以借託古說明。與單純的託
古不同，此是孔子與諸子第三點差異。改制的內容有：儒服、親迎、立嗣、
喪葬、大一統、授時、籍田、選舉、定姓、禮樂（同上，頁 367～386）。含蓋
服制、族制、禮制、官制、田制及其所寓之政治理想。諸子是合諸人之力創
制，孔子則是一人之力創立各項文化制度，這是孔子與諸子不同的第四點。
改制的終極目標也與諸子不同：

> 孔子撥亂升平，託文王以行君主之仁政，尤注意太平，託堯舜以行
> 民主之太平。（《孔子改制考》，頁 460）

諸子改制，僅針對現實層面，孔子改制，則有民主太平理想；第六，孔子創
定「衣因魯制，冠因宋制」的「儒服」（同上，頁 285）；第七，儒者自有一套
以《禮記‧儒行》爲主的行爲標準，一如佛教的法門、法規（同上，頁 269）。

　　從神聖性格、創作六經、改制方法、改制內容、改制目標、儒者服制、
儒者規範，康氏重新訂定孔子地位，認爲前朝學者論定孔子，不過一偏之見：

> 人性萬品，而以一律限之，自謂析理於秋毫，豈知聖人之理廣博無
> 量，不可以一端盡之哉！（《孔子改制考》，頁 269）
>
> 後世以《論語》見孔子，僅見其庸行；以《春秋》見孔子，僅見其
> 據亂之制；以心學家論孔子，僅見其本數之端倪；以考據家論孔子，
> 僅見其末度之一二。（《孔子改制考》，頁 427）

重解孔子一直是清代經學的方向，發展至康氏，有一新的地位，即孔子是教
主兼聖王。就教主言，「儒」是孔子教號，《詩》、《書》、《禮》、《樂》、《易》、
《春秋》是經典，「儒者傳道，不為其國，但以教為主，……務欲人國之行其
教也」（同上，頁 275）。教不僅有學說的意味，且有宗教的意涵。就聖王言，
孔子是新王，以《春秋》寓政治理想；是素王，為弟子尊稱，示與人主無異；
是文王，改質統為文統；是聖王，乃孔子之道；是先王，孔子借其表明制度；
是後王，即孔子本人（同上，頁 318～331）。對孔子「祇為師統，而不為君統」
（同上，頁 312）深表不滿，行其教即是治其國，合師統與君統為一。

　　作為一宗教，需有四項因素：超越的神、教義經典、崇拜儀式、聚會場
所。社會學者涂爾幹（Emile Durkheim）有較具體的說明：聖物、信仰、儀式、
團體。聖物可以是一種超自然的事物或力量，也可以是一種道德原則；聖物
的存在必須假定某種信仰；儀式是宗教象徵性的表達方式；具有共同信仰與
儀式的人群組成團體（林義男譯《社會學》，頁 658～663）。孔子並非超越的
神，儒家的道德原則是一價值系統，是否能成為神，有待討論；在價值系統
與信仰之間，也無法明確區分，且孔子與儒家的定位，各時代各學派顯現其
差異性；祭孔是一儀式，而儀式不一定是宗教性質，政治、文化、社團均有
其儀式；儒者確有一團體，但沒有明確的組織、規章、紀律，也沒有共同的
現世目標；儒者在朝為官，在野任教，甚或遁世隱居，也不存在固定聚會場
所（教會）。即以康氏理論言，孔子具有神聖性格，但神聖性格與神畢竟有別，
仍在世間行其理想；聖與王，師統與君統的結合，與其說是宗教，不如說是
中國傳統的文化現象。以孔為教，仍與一般宗教有異。

　　總結本章所論，康有為重新理解傳統的原因，在於清代經學的發展，是
內在的對孔子或儒家不斷詮釋，康氏是承此路向而來；反省傳統之時，又遇
時代的激盪，並不是時代的激盪逼使反省傳統，而是傳統反省與時代激盪合
流，外在環境是一助緣，加劇對傳統的反省而成為批判的型態。批判的方法
不是如民國新文化派——以另一傳統（西方）代替原來傳統，而是深入傳統

的源頭，重新尋找新的力量。這一過程處處顯現選擇與解釋之跡：由理學轉向經學，由古文轉向今文，今文經則以《春秋公羊傳》爲主，進而說明孔子是教主兼聖王。期望由此更新文化，並達到政治社會改革的目的。

而與清代經學史結構相較，康氏也呈現節節上溯的型態，從理學轉向經學，即是由宋學轉向漢學；從古文轉向今文，即是由西漢轉向東漢；以《公羊》爲孔子眞傳，定孔子爲教主，即是直探孔子。與清代經學史不同的是，清代歷經各學派（學者）逐漸向此一方向發展，而康氏則集中於一身（廖平也是如此）。以古文經爲僞，主要是定《公羊》之眞，定《公羊》之眞目的是以三世說作爲政治社會改革的依據。康氏三世說的貢獻是提出社會結構，且以工商社會爲未來的方向。以孔爲教，一則確立康氏學說的正確性，二則以孔學爲政治社會文化的最高準則。

但康氏指出古文經爲劉歆僞造，並不可信，他自己就說過三古異時，周孔異制，諸經乖互，理不可從，如是劉歆一人僞造，豈會如此？繁複三世模式，致使歷史分期模糊，改革的依據也因此喪失。尊孔子是教主，但又缺乏宗教形式與組織。他對四書的解釋，仍然一本對五經的解釋，繼續加以發揮。

第四章　新經學的建立

　　康有爲批判傳統經學之時，就已建立經學新解，從傳統之中尋求新義，以更新文化。其時是以《公羊》學爲核心，貫串經學思想。經歷戊戌政變，康氏流亡海外，繼續其經典新注的工作：光緒二七年（1901）作《中庸注》，次年作《論語注》、《孟子微》、《大學注》。惟有《禮運注》的著作年代有爭議，康氏自稱作於光緒十年（1884），但根據錢穆推測，應與四書新注同時（詳本章第三節）。〔註1〕至於《大學注》似已亡佚，只存序文，無法深論。〔註2〕康氏四書新注，是承繼其前的學說而來，將「自己的觀點加諸這些經書，使其與《春秋》相呼應。」（蕭公權《康有爲思想研究》，頁74）但康氏在其中仍有與之前不同的見解：重新定訂孔門傳承，賦經學以理論基礎，《禮運》大同與《公羊》三世混合，孔教世俗化。本章即在說明上述內容，並賡續上章所論，探討康氏新說與傳統的關聯。〔註3〕

〔註 1〕 本文所使用版本爲樓宇烈點校《孟子微、禮運注、中庸注》合刊本，北京中華，1987年。以下引用只注出書名，頁數則爲該書總頁碼。

〔註 2〕 筆者所見有關康有爲研究著作，均只論及康氏曾作《大學注》並引用其序文，但並無引用原文者，翻查林師慶彰編《經學研究論著目錄》也僅存序文，載於《不忍》雜誌六期，原書不得見。

〔註 3〕 陸寶千認爲康氏以《禮運》爲中心，貫穿《四書》（《清代思想史》，頁259，廣文，民國72年），《禮運》誠爲康氏重要理論根據，但並非惟一內容。蕭公權歸納康氏經典新注爲四部分：進化、政制、人倫、經濟（《康有爲思想研究》，頁79～87，聯經，民國77年），彼此之間彷彿各自發展，並無關聯。本章嘗試指出其不同內容及相互關係。

第一節　孔門傳承及宋儒規模

本文曾指出，經學研究的目的，最終是導向孔子，康有爲歷經各種變化，在《孔子改制考》中，康氏已初步達成其目標，在四書新注中，則以此爲起點，評判孔門弟子及孔學傳承，如果說之前是逆向上探至孔子，現在則是以孔子爲中心，順向分析孔學發展，並評論其中得失。此一問題涉及孔門傳承與宋學規模。康有爲批評孔門弟子云：

> 自顏子爲孔子具體，子貢傳孔子性與天道，子木傳孔子陰陽，子游
> 傳孔子大同，子思傳孔子中庸，公孫龍傳孔子堅白，子張則高材奇
> 偉，……子弓則荀子以比仲尼者。……今以《莊子》考子貢之學，
> 以《易》說考子木、商瞿之學，以《禮運》考子游之學，以《中庸》
> 考子思之學，以《春秋》考孟子之學，以正名考公孫龍之學，以《荀
> 子》考子弓之學，其精深瑰博，窮極人物，本末大小精粗無乎不在，
> 何其偉也。(《論語注・序》頁 1，中華本)

弟子分傳孔子之學，一則見孔子學問精博、完整，弟子只能得其一二，二則必須綜合這些學問才能一窺孔學究竟，三則以孔子統合先秦諸子，四則可知孔學內容。以孔子爲中心分別各個學說，並認爲均出自孔子，明白可見。廖平經學五變，也是以諸子出於孔子，康氏當不致連廖氏經學五變也鈔襲，二氏說之相近，豈不說明清代經學史的發展，有一共同內在的動力——對孔子不斷的解釋。在不斷解釋中，也表現了自己的思想，論述對象與論述主體，融而爲一。這種性格在對孔門弟子評述中，更可清楚見到。康氏盛贊顏子，認爲孔子所心印者惟顏子一人 (同上，頁 137)，且孔學中絕，正在顏子早逝：

> 蓋自顏子而後，孔子大道幾不盡傳者矣。(《論語注》，頁 162)

> 嗟夫！蓋顏子早歿，而孔子微言大義不能盡傳矣。(《孟子微・序一》
> 頁 1，中華本)

顏回所以有如此地位，就在他能得孔子全部，且孔學中絕與其有密切關係，和《新學僞經考》歸罪劉歆，顯有差異。對子貢則著墨不多，認爲傳孔子之文統 (《論語注》，頁 180)，文質代變，康氏不過借此發揮其三統思想。子路則是勇者，能行中庸 (《中庸注》，頁 193，中華本)，與子游、公西華相較：

> 先進謂先及門，如子路諸人，志於撥亂世者，於禮樂尚粗略也；後
> 進謂子游、公西華諸人，志在於太平者，於禮樂其彬彬也。(《論語
> 注》，頁 159)

已隱含孔子早年、晚年之異，這又與廖平經學一變之說相近，此種情況並不令人驚訝，經典來源不一，先秦儒家又分為八，確定何者為真儒家，何者為假儒家，本就極為困難，加以兩千年的發展，更使儒家理論內容甚為複雜，後儒所說，又豈能盡合孔子學說？理論本身即具有生命，會不斷演繹更替，一如傳統，並非封閉型態，而是開放型態，後人是和傳統不斷對話，在對話中發現新義，再以此新義回頭判斷所由來的傳統根源，早年、晚年，正統、歧出，就是在這種對話中產生。子張是「才高意廣」，子夏是「篤信謹守」（同上，頁165），所以前者能「因物付物」，後者則是「守約」（同上，頁286），其弊前者是「過中」，後者是「不及」（同上，頁 165）。其實子張、子夏是否如此，自有爭辯餘地，但學者應有才高意廣之能、篤信謹守之心，且無過中與不及之病，在康氏與傳統的對話中，表現甚為明顯。

在曾子、子游、子思、孟子的分別中，可見出康氏如何以自己的觀點，加諸在這些經書上。康氏認為子游傳孔子大同之學，子思則承子游，孟子又承子思：

> 子游嘗聞大同，……子思、孟子皆出於子游，故多能言大同之道。（《論語注》，頁260）

如此論斷，可謂游談無根，「在康之心目中，客觀並無了不起的學術價值，歷史也並無學術研究的實質意義。」（蕭公權《康有為思想研究》，頁 72）這樣作的用意，是在證明《公羊》學的傳承歷史：

> 《春秋》本仁，上本天心，下該人事，故兼據亂、升平、太平三世
> 之制。子游受孔子大同之道，傳之子思，而孟子受業於子思之門，
> 深得孔子《春秋》之學而神明之。（《孟子微‧序一》，頁 1）

所以孔子、子游、子思、孟子這一系統，是孔門正統，探索其因，康氏是以《春秋公羊傳》比附孟學，因而造出這一系統。合乎歷史真實與否，並不重要，重點是何以故？回想廖平經學六變，不也是運用各種方法，去解釋孔學的發展，並努力使之系統化。面對龐大的經學歷史，內部又彼此不同，甚至衝突，於是選擇若干理論，作為一主線，以發展有體系的理論，系統論的好處是清楚明白，其弊病是勢必割捨與之不同、矛盾的文獻，甚而指責這些文獻是歧出或是偽造。《新學偽經考》是用「偽造」的方法，四書新注則是用「歧出」的方法判斷經學的傳承。這種方法確有武斷、扭曲之處，但一可見出康氏（或其他研究者）學說所在，二可窺知傳統的複雜，可供後世不斷解釋，

創造新義。〔註4〕康氏這一系統，在孟、荀異同上，有極爲強烈的價値判斷。
康氏云：

> 荀卿傳《禮》，孟子傳《詩》、《書》及《春秋》。禮者防檢於外，行
> 於當時，故僅有小康據亂世之制。（《孟子微·序一》，頁 1）

> 傳孔子《春秋》之奧說，明大同太平之微言，發平等同民之公理，
> 著隸天獨立之偉義，以拯普天生民於卑下鉗制之中，莫如孟子矣。
> （《孟子微·序二》頁，5）

孟子能直承孔子，原因在於孟子承孔子之仁，推之彌廣（同上，頁 27、101），
其次是求禮之本，不在禮之末節（同上，頁 154），第三是承《春秋》之學，
與民同樂（同上，頁 28、100），最後是究心大同（同上，頁 159）。孟子雖不
全如康氏所釋，但康氏也並非無的放矢，除了大同說是康氏比附外，其餘均
可在孟學中獲得根源。尤其是孟學：

> 不在防守禮法之嚴，而在擴充善性之本，其道已極直捷，人人固有，
> 人人可學，人人可通。（《孟子微》，頁 144）

與康氏的治學態度、政治理想極相近，其治學方法就在擴充《公羊》理論，
政治理想就在人人直隸於天，人人平等，戊戌變法時的全變、速變，也是此
種生命型態的展現。在康氏之前陸王學派的「我注六經」，康氏之後譚嗣同的
「衝決網羅」，也都可從孟學中略窺端倪。康氏雖「推補」孟學，而確有所本。
對曾子、荀子、朱子的批判，也就不難理解。

康氏一再批判曾子只知「守約」而「擴充不足」（《論語注》，頁 167），甚
至認爲孔子大道不彰是因後學過尊曾子之故（同上，頁 6），本此對《論語》
價值也表示懷疑：

> 曾學既爲當時大宗，《論語》只爲曾門後學所輯纂，但傳守約之諸言，
> 少掩聖仁之大道，而孔教未宏矣。故夫《論語》之學實曾學也，不
> 足以盡孔子之學也。蓋當其時，六經之口說猶傳，《論語》不過附傳
> 記之末，不足大彰孔道也。（《論語注·序》，頁 2）

孔子之道就是康氏一再強調的微言大義，而以口說流傳，須在今文經典中探

〔註4〕勞思光《中國哲學史》論述荀子，就以「儒學的歧出」爲副題，而以孟子爲
孔門正統，在方法上和廖平、康有爲相同，所面臨的問題也相同：何者爲眞
儒學？不同時代、不同學派、不同個人會有不同答案，將某一學說視爲惟一
眞理，其餘是偏論、歪曲，易將學術研究窄化。視己說爲惟一眞理，更易形
成偏執心態。康氏就有這種窄化與偏執的傾向。

求，內容是三世理想、變法改制、以孔爲教，所以康氏是先「發明」其見解，再以此見解判斷四書，最後則據此判斷作爲其見解的「證據」，論證效果，不言可知。然而康氏並不理會，繼續發揮其說。爲《論語》作注最主要原因是本出今學，多有微言，且發大同之道（同上，頁 3）。擴充經學大義（三世與小康大同）是其思想基線，在內容上取於《公羊》，在方法與精神上，則借力於《孟子》，所以孟子「深得孔子《春秋》之學而神明之」（《孟子微・序一》，頁 1），曾子自是不能符合康氏理想。相形之下，荀子地位在康氏心目中有近乎相反的評價，長興講學時期，康氏甚爲稱贊荀子（見《萬木草堂口說・荀子》），此時荀子卻成爲孔學之罪魁：

> 始誤於荀學之拘陋，中亂於劉歆之僞謬，末割於朱子之偏安，於是素王之大道闇而不明，鬱而不發，令二千年之中國，安於小康，不得蒙大同之澤，耗矣哀哉！（《禮運注・敍》，頁 235）

荀學拘陋在於荀子重禮，康氏認爲：

> 蓋禮以防制爲主，荀子傳之，故禮經三百，威儀三千，事爲之防，曲爲之制。……傳小康據亂之道，蓋得孔子之粗末者也。（《孟子微・序》頁 2）

康氏重在文化更新，需要的是勇猛精進的精神，對「防制」之學自有貶抑的評價，孟、荀對照，更可看出其中脈絡：「蓋孟子之學在仁，而用力則在勇智，學之能事畢矣。」（同上，頁 27）其次是康氏從孟子人人性善之說，推出「人人得之，人人皆可平等自立」進而達到大同太平之世（同上，頁 7）。「將儒學傳統中哲學層次的『平等』觀念轉化爲政治層次的『平等』思想。」（黃俊傑〈從孟子微看康有爲對中西思想的調融〉，見中研院《近世中國經世思想研討會論文集》，頁 591）揚孟抑荀，根本原因仍在於其經學思想，取捨之際，端視能否配合其三世與改制理想。〔註 5〕孟子與朱子的比較，也可見出康氏取捨標準：

〔註 5〕蕭公權認爲荀子視法制與王權爲達成人類目的的工具，緊接專制政府的理論，所以康從孟子的立場發展儒學。（《康有爲思想研究》，頁 126）荀子思想如何是一事，康氏爲何取孟捨荀是另一事，兩者不能混淆，康氏在《長興學記》與《孟子微》中並未如此評論荀子。梁啓超論荀子爲小康一派，以法治國，以禮率民，傳據亂升平之義（見《梁啓超學術論叢・通論類〔二〕・中國學術思想變遷之大勢》，頁 708，南嶽，民國 67 年），可知康氏是以三世說判斷荀子，並不是荀子本身有可專制思想。

> 孔孟之學在仁，故推之而彌廣，朱子之學在義，故斂之而欲嗇。……
> 朱子何可議，然狹小削斫聖人之道，束縛疲弊生民之氣，則不能不
> 據孟子以矯之。但貴與民同，而不責以寡欲也。(《孟子微》，頁 101)

仍在擴充人人本有之性，性又非應然之善性，而是生之性，有人欲的意味，
一以求人人平等，二在同民之欲（同上）。康氏太平世的經濟結構就在工商社
會，而工商社會的人性論基礎則在視人欲爲合理，與宋儒人性論格格不入。
康氏是以三世說論孟子，再以孟子矯朱子，並擴及至宋儒。除了人性論外，
還有教化與富民之爭：

> 孔子雖重教化，而以富民爲先。管子所謂：治國之道，必先富民。
> 此與宋儒徒陳高義，但言餓死事小，失節事大者亦異矣。宋後之治
> 法，薄爲俸祿，而責吏之廉；未嘗養民，而期俗之善；遠爲期而責
> 不至，重爲任而責不勝，弱者爲僞，而強者爲亂。蓋未富而言教，
> 悖乎公理，紊乎行序也。(《論語注》，頁 194)

康氏所重者在經濟富裕，不在道德理想。其立場是政治、經濟、社會而不是
德性主體（黃俊傑，前引文，頁 582），但絕非專取前者而放棄後者，而是後
者過於高深，不宜人人從事：

> 子游後學有子思、孟子，爲孔道大宗，發明天命性道，直指本心，
> 豈非所謂得其本耶？……但小子則從事于淺近，若名物象數，誦詩
> 學樂之類。宋賢則欲小子皆從事于身心性命，是又過矣。(《論語注》，
> 頁 290)

所以康氏並不是輕視身心性命之學，正好相反，稱之爲孔道之本；只是治國
之法，不同於性命之學，以性命之學治國，只見陳義過高，無補實際，「以空
言令其居敬窮理，亦何補實事？」（同上，頁 25）康氏批判宋儒最後一點是宋
儒不知孔子三統三世之義（《中庸注・敘》，頁 188）。康氏從理學轉向經學，
再以經學批判宋儒。

康氏論究孔學發展，第一在造出「子游——子思——孟子」這一系統，
認爲傳孔子大道，得《春秋》本義；其次指出孔學衰微之因是：顏子早夭、
曾子過尊、荀學大盛、劉歆亂經、朱子偏安；第三是批評宋儒，集中在人性
論、富民爲先、治國理政與身心性命有異、三統三世之學。這些都是在其經
學思想形成之後，再重新整理儒學歷史，以作爲其經學思想的歷史根據。經
學史給予康氏思想啓發，康氏又以其思想重釋經學史；康氏認爲經學核心在

《公羊》，又以《公羊》分辨一切經典。人與歷史在循環，康氏在此循環中，繼續分析四書理論。

第二節　經學思想探究

一、通變與實踐：探究孔學的方法

　　康有為發揮孔學所運用的方法，首先指責文字訓詁的限制，認為不足以知孔子之道，「後世泥一二訓詁文字以求《詩》者，必不足與言《詩》矣；泥一二文字經典以求孔子者，必不足與知孔子矣。」（《論語注》，頁 14）然而康氏真的是反對訓詁或者是不用訓詁嗎？以其釋「格物」為例：格，扞格也；物，外物也。言為學之始，首在扞格外物也。對朱子訓格為至、物為事，認為訓至事為窮理，展轉乃能相通，教學首條，無此深強（《長興學記》，頁 6～7）。扞格外物與至事窮理，代表兩種不同見解，何者為格物本義，當然能再研究，甚或有其他解釋。但從其中可了解，訓詁的不同，亦即思想的不同，反過來說，思想不同，訓詁也隨之而異。黃侃云：「訓詁者用語言解釋語言之謂。」（黃焯《文字聲韻訓詁筆記》，頁 181），簡言之即用今語釋古語，而在解釋之時，會因文化、歷史、學派之不同，而有不同的解釋。而經學訓詁與小學訓詁又有不同，「小學家之說字，往往將一切義包括無遺。而經學家之解文，則只能取字義中之一部分。」（同上，頁 192）這中間就涉及認知與選擇的問題。

　　康有為指出孔子無所不備：「孔子兼備萬法，其運無乎不在，與時變通而得其中。」（《論語注》，頁 282）且能與時變通，後學沒有孔子的境界，只能得孔子一端，若以此一端視孔子，不能含蓋孔學全貌：「聖人之道，闊闊甚多。後賢之德狹小，僅知一節之美，……所謂一曲之士，不足以知神明之容，天地之美也，安能涵蓋天下哉！」（同上，頁 231）《論語》問答方式，也因各人材質、各種情境而異，學者不能執一言以定孔學，必須要隨時會通：「門人隨記聖人之言，皆有為而發，學者因事宜以施之，不得執一言而泥守之也。」（同上，頁 54）聖道廣大、後學狹小、門人隨記孔子之言，所以探究孔學，首重通變，康氏云：

> 聖人之道甚多，要權其時地、輕重、大小各有當也，學者宜盡心焉。
>
> （《論語注》，頁 206）

因此康氏並非不重訓詁，如果訓詁與其思想相合，康氏必會選擇「其當者也」，

其注《論語》，也沒有全出己意，廣引漢魏及宋人注解，再加以發揮。但康氏畢竟是以「公羊三世說」及「禮運小康大同說」釋四書，所以前代注解與其不合時，即斥爲不知孔學。前者如釋「天將以夫子爲木鐸」（《論語・八佾》），引孔安國注：「言天將命孔子制作法度以號令於天下。」（《論語注疏》頁 31，十三經注疏本）康氏則發揮說：「言孔子爲受命之教主，垂制作于萬世也。」（《論語注》，頁 43）孔安國只說孔子制作法度，康氏加上受命教主，二者合一，成爲康氏新說。後者如評管仲是否仁者（《論語・憲問》），朱子認爲管仲「雖未得爲仁人，而其利澤及人，則有仁之功矣。」程子則批評管仲不義，如果管仲自知不義，圖建功以求免過則可，如果爲求建功而事桓公，則不義之甚（《四書集注・憲問》）康氏則以進化說指責程朱，「文明教化乃公共進化所關，一亂則不可復。」而說：「宋賢妄攻管仲，宜至于中原陸沈也。」（《論語注》，頁 214）重通變的結果，會對經典作過當的解釋，自易引起他人攻擊。探究孔學，次重實踐：

> 凡可行者謂之道，不可行者謂之非道。故天下之言道甚多，不必辨
> 其道與非道，但問其可行與不可行。（《論語注》，頁 230）

道所以定是非，現在是非不由道定，而由可行與否定，將學術問題轉爲實踐問題。以實踐判定學術價值，這固然是經學傳統（經世致用），但以往是通經致用，先求通經，再求濟世；康氏則作一逆轉，濟世可以通經。康氏曾說治世之方無定，「豈有傳獨步單方，而可爲聖醫乎？」（《孟子微・序一》，頁 3）如此經典解釋自也無定，這也是康氏經說易引起爭議的原因。通變是因聖人之道甚多，需要衡量時間、空間的差異，發掘能與時空配合的精義與重點。其所謂實踐，也不是道德實踐，而是政治社會實踐，即重視孔學外王之道。通變與實踐相互爲用，通變的目的是實踐，欲實踐則勢須通變，此所以康氏要說泥一二文字以求經典者，必不能知孔子也。不論如何通變，其終極關懷仍是人：

> 身者，聖人之身也。既爲人身，故衣服、飲食、宮室，即因人身而
> 制之；器械、聲樂、禮文，皆因人耳目口鼻、四肢百體而制之。內
> 自性情之微，外及衡度之粗，皆以身爲之本。人身之宜，即人道之
> 宜也。（《中庸注》，頁 225）

人爲衡量一切制度的標準，視人性的自然需要爲合理。康氏說：

> 孔子之道本諸身，人身本有好貨、好色、好樂之欲，聖人不禁，但
> 欲其推以同人。（《孟子微》，頁 101）

對墨子尚儉、佛家絕欲、宋儒克己大表不滿，直指其「非孔子之道也」（同上，頁 101～102）。人性論的轉換，其理論根源在天。

二、天：理論的根源

康氏有「諸天」的思想，天不只有一個，天上有天，構成一諸天系統，統合此諸天的是「元」，所以元又是最高原起點：

> 蓋地生于日而拱日，日與諸恆星，凡一切星雲、星團、星氣皆拱北極而環之，是爲一天。此天之外，又有諸天，無量數天而拱一元。（《論語注》，頁 16）

此一描述似是說明宇宙的現象，而無涉於人事，〔註6〕但元和氣配合，則可見出康氏由宇宙開出文化的理論：

> 天地萬物同資始于乾元，本爲一氣，及變化而各正性命，但爲異形。
> （《論語注》，頁 86）

元是最高主宰，是以氣的狀態存在，氣散發而成爲天地萬物，具有不同形狀。氣究竟是什麼呢？康氏以「神氣」、「電氣」比擬，「雖無形聲，而含元吐精，至誠不息，引而申之，則自微而顯，不可抑捨也。」（《中庸注》，頁 202）只知氣是萬物生成之所本，實情爲何，甚難探究。氣是以陰陽對立變化的方式生發萬物：

> 天地陰陽，四時鬼神，皆元之分轉變化，萬物資始也。（《禮運注》，頁 259）

元是最高根本，以氣的狀態存在，因此氣又成爲萬物之本，它是以陰陽對立方式生成萬物，其過程是聚而復散，散而復聚。聚者爲元，散者爲氣。元爲一，

〔註 6〕所以韋政通說中國古代的天論，有一部分是對天體現象的描述，最近於科學（《中國哲學辭典》頁 106，大林，民國 72 年）。韋氏的理論仍是科學與人文分立下的想法，孔恩（Thomas Kuhn）指出常態科學是以過去科學成就爲基礎，繼續從事的研究。這些科學成就可能成爲學者共同接受的「聖經」，而具有兩個特徵：科學成就空前，而能從敵對學派中吸引歸附者；留下許多問題能讓後繼者研究。孔氏稱爲「典範」。當原先的典範無法探討某一自然現象時，典範開始轉移，產生新典範，繼續供後學研究，繼而揚棄舊典範，此即科學革命。造成革命的原因是科學家對世界的看法改變（見《科學革命的結構》第二、九、十章，新橋譯叢十五，遠流，民國 68 年）。科學與人文顯然並不如我們所想像是對立的。對天體的描述只存在與我們今日的科學相合與否，並不存在是否科學的問題。

氣爲殊（《論語注》，頁 229）。從中導出了變化理論，萬物是在氣的聚散中形成、消失，所以「乾道以變化爲義」（《孟子微》，頁 44）。既然變是乾道之義，變的具體方式又是什麼？康氏的回答是：三世之變（《中庸注》，頁 196）。氣化宇宙論與三世說連結在一起，以證明三世說的形上根源。宇宙間以變化生成萬物，但是否以三世爲惟一能完成此變的途徑？亦即變化的方式甚多，何以三世是必然之路？康氏並未回答。陰陽交互又有形上、形下之別，就形上言是陰陽二氣，就形下言產生夫婦、父子、兄弟、君臣、朋友的人倫關係（同上，頁 189）。從這裡開出人文現象，規定了人存在的意義，涉及元、天與人的分際。〔註7〕

　　依康氏理論，元氣既然化成天地萬物，顯然人也是氣化出，人應與天相同，俱由氣化。但康氏卻一再強調「人隸於天」，人和天又非平行，如：

　　　　蓋自天分氣，人己同體。（《論語注》，頁 57）

　　　　我受天之氣而生，眾生亦受天之氣而生。（《孟子微》，頁 11）

　　　　人身特天之分氣耳。（《中庸注》，頁 206）

人是受天之氣而成，所以人在天之下，這和康氏理論不合。康氏甚至說「天地者生之本也」（《孟子微》，頁 11），人是從天生出，所以他說「人人皆天所生而直隸焉」（《禮運注》，頁 240）。天生人的「生」，不是生理學上的生，而是氣化的生，康氏下述說明可清楚了解何謂氣化的生：

　　　　乾爲吾父，坤爲吾母，人身特天之分氣耳。……祖爲傳種，父爲傳
　　　　精，人身特祖父之分類耳。……如但天生，則有魂氣未必爲人身；
　　　　如但祖傳，則爲人身而未必有性。（《中庸注》，頁 206～207）

說明天分氣予人，祖則分類予人；分氣所以人有性，分類所以人有體。氣化的生是指出人之所以有魂靈氣性之故。元、天、人成爲上下層級系統，本來依據康氏說法，人與天俱屬於元（氣化而來），但人隸於天的結果，破壞了其

〔註7〕李澤厚說「氣」是一元論，以物質性存在（《康有爲思想研究》，見《中國近代思想史論》，頁 117～118，谷風，民國 76 年）；張錫勤則說康氏從唯物主義走向唯心主義（《中國近代思想》，頁 218，黑龍江人民出版社，1988 年）；馮契認爲康氏的「元」是客觀唯心主義，「心」是主觀唯心主義（《中國近代哲學史》，頁 223～224，上海人民出版社，1989 年）；陷入一元、多元，主觀、客觀的爭執，由此自會得出康氏思想模糊的結論。陳榮捷所說甚是：氣爲無形之理、爲神、爲天形上也。聚而有象，形下也（韋政通編《中國哲學辭典大全》，頁 430，水牛，民國 72 年）。問題核心在於中國哲學傳統究竟有無一元、多元，主觀、客觀兩相對立的觀念，而非以此分析中國哲學。

理論體系。康氏也自知，在《春秋董氏學》中就說過人的神氣本於元，在未分之前，與天地同（頁 126，另參本文第三章第三節），由此推論，已分之後則從天來。但終究是其理論的缺失。

康氏尊天，目的在對人作一限定。人受命於天，有其應盡的責任，不可逃避，且當盡爲人之道（《論語注》，頁 135）。人的責任是仁（《孟子微》，頁 13），仁即是天（《論語注》，頁 3）。所以人實踐仁，是天所賦予的責任。實踐仁的方法是成己而後成物，明德而後新民，以合聖人內外之道（同上，頁 57）。這顯然回到了由己及人，由內而外的傳統，和康氏所說的制度之學——建構一理想社會——不同。由此可知康氏並未完全脫離傳統，只是突顯了傳統所未注意之處。

這與其特殊的天人見解有關。從氣化理論而言，氣可化爲萬物，人只是萬物之一，因此人爲人身是偶然，所以他說「偶受人身」（同上，頁 135），但偶然之中有必然，即應盡天所賦予人的責任。由這個論點出發，康氏以魂魄說明人的存在：

> 蓋人生而有魄，陽曰魂，魂爲精爽，則神明；魄爲氣質，則粗濁凝滯。（《論語注》，頁 72）

康氏雖只說陽曰魂，而未說魄爲陰，但從其理論言，魂魄應是陰陽交感而來，亦即氣化而來。魂魄又有優劣之別，而俱爲人身要素，魂魄在宇宙中往復，「人死爲鬼，復生爲人，皆輪迴爲之。」（同上，頁 163）然而並不是人人皆可如此，需要人不斷的修養才能不礙輪迴，「盡人之事者，順受其正，素位自得，則魂魄不壞，即能輪迴無礙無盡。」（同上）人死不過是體魄、魂氣浮游在上，無所謂生死，只有「滅」的久暫。後天的修持愈固，不爲外物動搖，魂靈愈是光大，團聚不散（《禮運注》，頁 246～247）。最後境界是「上與天遊」：

> 諸天元元，無盡無方，無色無香，無音無塵，別有天造之世，不可思議，不可言說者，此神聖所游，而欲與群生同化於天天，此乃孔子之至道也。（《中庸注》，頁 232）

視人間窮通如幻化（《論語注》，頁 228），視人世如腥膻培塿（《孟子微》，頁 24），「超脫社會，進入沒有掙扎、鬥爭和失望的想像世界。」（蕭公權《康有爲思想研究》，頁 167）康氏認爲治世終究是粗跡：

> 然治世究爲粗跡，若養神明之粹精，乃爲人道太平之根。（《論語注》，頁 72）

社會改革，必須面對群眾，這就是康氏所說「若大地只有我而無他人，則仁

可廢矣。」(《春秋董氏學》，頁 159。另參本文第三章第三節) 然而人畢竟不能只面對他人，而不面對自己，一旦面對自己，康氏就回到了傳統中個人道德實踐之路。荀子曾說：「聖也者，盡倫者也；王也者，盡制者也。」(《荀子‧解蔽》) 若以此為儒學大綱，康氏變法改制是盡制，上與天遊則是盡倫。盡制超出傳統之外，盡倫則仍在傳統之內。

由於人人直隸於天，大同思想也可在其中獲得根源，「天下之人，本皆天生，同此天性，自同為兄弟也。……大同之義，亦出是也。」(《論語注》，頁 178) 不只是人，物也是天生，各生物都是同胞，都應相愛，但時世不同，不能驟然推及於物，有待三世進化，才能普天同樂，推仁及物 (《孟子微》，頁 11)。

人受天命，有共同天性，性與命異同何在？康氏所說的命有二義：一是人事所不能為，只能付諸天命，人世的窮達貴賤屬之，著重在人與環境的關係 (《中庸注》，頁 199)。二是命即性，性為天命，天命與天性相同，天性是仁義禮智，人應本之培養擴充。著重在人與天的關係 (《孟子微》，頁 43、48)。所以康氏說：「命雖自天，人當自修。」(同上，頁 58) 遭際境遇非人力所能改變，因此要知命；但性本自天，則應慎重將事。康氏並由命即性推出孔子之道本於性，性又出於天，所以孔教原於天而宜於人 (《中庸注》，頁 189)。孔教是天性人道，其具體內容是：

> 故孔子之道，因於人性有男女、飲食、倫常、日用而修治品節之。……
> 遠於人道，人情不堪，只可一二畸行為之，不能為人人共行者，即
> 不可為人人共行之道，孔子不以為教也。(《中庸注》，頁 197)

反映出康氏治人與治己的不同標準，治人在仁，治己在義，「仁之法在愛人，不在愛我；義之法在正我，不在正人。」(《春秋董氏學》頁 157) 批評宋儒「絕欲」(《孟子微》，頁 42)，正因宋儒未分人我，以絕欲之法治人。治人與治己之別，康氏曾以具體例子說明：

> 先飲食而後教誨，謂之治人也；……先其事，後其食，謂之治身也。
> (《春秋董氏學》，頁 158)

康氏的天論導出仁、性、變化、三世及孔教說，所以天是康氏理論的根源，對天的描述即對人的規定，並不是在說明宇宙的起源，而是在指陳人的價值。

三、仁：天的內涵

人「取仁於天」，人的定義就是仁 (《論語注》，頁 31)。仁既是天所命，「仁

者安于義理天命」（同上，頁 82），而天命不只是仁，還有人力不能控制的貧富壽夭，人要不斷的修持仁心，才是知命的表現（同上，頁 123）。天又藉陰陽二氣化成萬物，人也有陰陽之性，而懷好惡之情，人的好惡即好仁惡不仁，但患好惡誤施（同上，頁 48），須有智慮輔助。修持仁心的方法在擴充本心，判斷好惡的方法在以智輔仁。康氏說：

> 孟子之言仁義，非由外鑠，直指為人心人路，則無外之矣。鞭辟近
> 裡，直指現在，舍盡一切，專求本心，掃盡葛藤，蕩滌藪澤，獨得
> 直捷之大道也。（《孟子微》，頁 55）

仁就在人心中，不假外求，此即價值意識內在於自覺心（勞思光《中國哲學史》卷一，頁 97），人的存在以仁為主，仁是人不可逃避的責任，仁成為判斷是否為人的基礎。由於仁在人心中，所以要日事擴充，下手之法是「因人人之所固有而導之，因人人之所已能而拓之。」（《孟子微》，頁 55）目的在成為大人。是從最平易處著手，並不強人以難：

> 蓋以尊德性行仁為學者，日事擴充，不必防檢，而其道日大，蓋魂
> 自清而魄自禁也。以過惡欲守義為學者，日事防制，雖極力勉強，
> 而其道日隘。（《論語注》，頁 206）

康氏所尊的德性是仁，究竟人人所本有的仁是什麼，他首先指出：「仁者，從二人，為人偶，故其道皆與人交涉為多。」（同上，頁 261）康氏認為人與人交重在相愛，仁就是愛人（同上，頁 187），確切的說就是博愛（《孟子微》，頁 208）。除了人人相愛之外，還要愛及天下萬物，這自與其天論有關。日日所擴充的就是這一愛人愛物之心，擴充極致可普及天下萬物，所以康氏說其道日大。義在康氏理念中有「養心正己」之意（《春秋董氏學》，頁 159），推測其義，是規範自己行為，使之不逾距。和仁相較，仁在擴充，義在防制，日日防制的結果是其道日隘。下述可知其仁義異同：

> 蓋施仁大于守義，救人大于殉死。宋儒尚不知此義，動以死節責人，
> 而不以施仁望天下。（《論語注》，頁 214）

由仁義之別可知康氏並非不重視個人道德，但其目標始終不在個人道德，而在面對天下國家，使民眾過著美好的生活。而這兩個理念又結合在一起，成為一順序關係：

> 孔子志在《春秋》以經世，行在《孝經》以崇本。蓋人道非天不生，
> 非父母不生，三合而後生。本仁於父母而孝弟，本仁於天而仁民愛

> 物，皆人性之次弟也。父母兄弟之親親，乃不忍之起點。仁雖同，
>
> 而親親爲大，仁雖普，而孝弟爲先。(《孟子微》，頁 16)

仁謂博愛，愛及天下萬物，其始點仍從親親開始，以本身爲核心，漸及於他
人外物。康氏又說：

> 故聖人之愛其國人也，尤愛其家人。公爾忘私，國爾忘家，乃後世
>
> 矯激之說，反於聖人之道矣。(《孟子微》，頁 16)

這就是康氏所說的人人可行之道，以欲望爲合理的見解。人欲莫不私其家人，
莫不愛其家人，此即聖人之道。康氏在《大同書》曾說要破家界，看似其思
想矛盾，但康氏也說過大同理想是在太平世才能實現，在此之前，仍須遵從
各國文化規範。康氏理想極爲高遠，甚至是烏托邦理想，但其下手處卻極平
易。下述尤可見其平易處：

> 至謂人人可爲堯舜，乃孟子特義；令人人自立平等，乃太平大同之
>
> 義，納人人於太平世者也。(《孟子微》，頁 16)

堯舜是中國傳統道德事功的典範，堯舜時代代表著儒家文化理想的極致，康
氏三世說也以其爲大同之世的表徵，但康氏究不以人人爲堯舜爲目標，而求
人人自立平等。此時仁不在個人身上，而是面對天下。聖人所爲，乃爲天下，
是其理想所在，其次爲國，其次爲家(同上，頁 121)，面對天下，首在立制：

> 孔子之道本仁，以親戚徒屬立教，故曰非斯人之徒與，而誰與。因
>
> 人而立制，非立制以絕人，故重人倫，立君子，備宮室宗廟之美，
>
> 外有諸侯之邦交，內有百官之祿宴，稱義以立事，因禮以宣賦，非
>
> 好爲苛難，但薄取於民而已。(《孟子微》，頁 173)

制度因人而立，不在強人所難，更不在絕人，即破除人世苦難，使人人歡樂。
最美好的制度當然是大同太平之世。從仁心發爲仁政，到太平世應是完美的
結束，但天心即仁心，「天即人，人即天」(同上，頁 217)，人間世在天之下，
天有諸天，統諸天者爲元；仁之所及，天只是其中之一，更何況人世，所以
仁是無限的，博愛是仁的普及面，仁還要層層上升，與統諸天的元合一：

> 以元元爲己，以天天爲身，以萬物爲體。(《孟子微》，頁 217)

仁具有無限的廣度和深度，而廣度和深度又相互交融，仁愈能普及，愈不只
限於人世；愈不限於人世，愈能普及，形成一「境界形態」的仁學。〔註8〕

〔註 8〕「境界形態」一詞取自牟宗三《中國哲學十九講》，頁 103，學生，民國 75
　　　　年。牟氏謂之爲一主觀的形而上學，而非客觀存在的形而上學。康氏的天、

　　康氏雖指出仁由本心，但他又說「累世積仁積智，亦自教來。」（同上，頁 214）仁也要藉學習才能豐富其內容，不因博愛而爲人所愚，所以康氏一再強調仁智兼修，以智輔仁（《論語注》，頁 2、8），仁與學（智）密切相連。「行仁並不僅是主觀，而需要至高的智慧與知識。」（蕭公權《康有爲思想研究》，頁 150）學的內容是尊德性與道問學，合斯二者才是孔門學的全義（《孟子微》，頁 172）。其方法是審時世之當然，注意隨時變化，不可拘泥（同上，頁 9），其目的是：

> 所貴于學者，與常人殊，在轉外境而不爲外境轉也。（《論語注》，頁 46）

學不只是克己、內聖（同上，頁 72、74），還要轉變外境，改變外在的政治社會制度。這是康氏賦予學的新義。仁與學的合一，構成康氏改革的動力，[註9]汪榮祖所說甚是：「社會的進步不僅要靠知識，還要依靠德行。此乃康有爲的信念。」（《康章合論》，頁 43）

四、性：仁的開展

　　天的德行是仁，仁又爲諸道德的總會（《孟子微》，頁 60），人性的實踐，在完成仁，亦即完成天所賦予的使命：

> 仁者，天性之元德，禮者，人道之節文。……性無善惡，而生有氣質，既有毗陰毗陽之偏，即有過中失和之害，甚者縱欲任氣，其害仁甚矣。惟勝其氣質之偏，節其嗜欲之過，斯保合太和，還其元德。
> （《論語注》，頁 176）

性就其本質而言，無善惡之分，但性和人結合，則有善惡之別，康氏論性，滑落到人身，不是推之極遠，作爲一道德形上原理。性有偏頗而生善惡，矯性之失，在以禮節欲。性最後歸結到人的屬性，人是從陰陽二氣化生而來，陽氣是魂，陰氣是魄，魂精爽神明，魄粗濁凝滯（同上，頁 72），雖然魂魄有高下之異，但人是合魂魄而成。康氏指出孔子重魂而輕魄，（同上，頁 131），

　　　仁類似牟氏所說，所以借以爲說明。

〔註9〕改革的動力不只仁與學，還有康氏對人性的看法。馮契指出康氏社會進化的動力有二，一是人欲，二是仁心，見《中國近代哲學史》，頁 202～203。林正珍也說康氏人欲不再是道德修養所欲克服的課題，反而是建構理想社會的動力，見〈舊傳統的新發展：康有爲人性論初探〉，收入《亞洲文化》十三期，頁 127，1989 年 8 月。

但不以爲人只有魂的存在：

> 蓋人之生也，有神魂體魄。專重神魂者，以身爲傳舍，不愛其身，
> 若佛、耶、回皆是也。專重魄者，載魄抱一，以求長生，若老學、
> 道家是也。專重體者，戰兢守身，啓手啓足，若曾子是也。三者各
> 有所偏。孔子則性命交修，魂魄並養，合乎人道，備極完粹。（《論
> 語注》，頁 109）

魂屬於精神修養，魄屬於人身肉體，各家有所偏重，惟孔子兩者並重。從這
裡就可看出康氏人性論不專主善，也不專主惡，肯定人應制魄養魂，但也不
否定欲望的合理性。關於前者，康氏說：

> 惟人人入於形色體魄之中，則爲體魄所拘；投於聲色臭味之中，則
> 爲物交所蔽；薰於生生世世業識之內，則爲習氣所鎔，故性不能盡
> 善，而各隨其明闇輕清重濁以發之。要其秉彝所含，終不可沒，苟
> 能養之，終可以人人盡善。（《孟子微》，頁 30）

人之爲惡，並不是本性如此，而是陷溺在任氣縱欲，沈浸在外物習染，有以
致之。但人的天性終不可沒，只要善於存養，仍可人人盡善。存養之法在於
不斷擴充人的天性，由細微處出發，達到盡善的境界。康氏此說近於孟子。
但康氏也承認欲望的合理性，甚至要將欲望推之於人：

> 蓋食色性也，聖人因人道而節文以禮。（《孟子微》，頁 109）

> 己之所欲，以施於人，與民同樂也。（《論語注》，頁 177）

康氏重在節欲而非絕欲，所以他說魂魄兼修是「合乎人道」。在《康子內外篇・
理氣》中說理是人理，欲是天欲（頁 29），和孟子又截然相反。〔註10〕康氏是
以「人性萬端」說明人性的複雜，不可一概而論；其次分別人己，「議道自己，
制法以民」（俱見《中庸注》，頁 214），即前述仁義之別，對自己要存養向善，
對百姓則建立禮法，不使縱欲妄爲，但要關懷人民幸福快樂。孟、荀、宋儒
論人性之異，康氏尊孟抑荀而貶宋：

> 孟子之言性，如禹之治水，專主瀹瀿疏排而利導之；荀子之言性，
> 若賈讓、王景之治河，專主築堤而遷民以防捍之；若宋賢之言理性，
> 則本於佛氏絕欲之說，並不留賈讓之游堤以留餘地，於是河日漲而

〔註10〕蕭公權說康氏倫理思想是「歡樂式倫理」（《康有爲思想研究》，頁 149），張錫
勤也說康氏人性論有幸福、快樂主義傾向（《中國近代思想史》，頁 224），康氏
確有此特徵，但綜觀其人性論，並不全然如此。存養擴充仍是宋明理學的傳統。

堤日高，甚至水底高於平地，而河決無日矣。（《孟子微》，頁 42～
43）

認為荀子在防制人性，宋儒更以絕欲正人，均不如孟子因人之性而利導之。
康氏在《孟子》中發掘新的解釋，仁在利人，利人即利我（同上，頁 57），擴
充普度此利之心，可以達到太平世的境界。

　　人性論至此與政治社會結合，荀子言性惡，是在亂世，孟子言性善，是
在平世；亂世因人欲而治，重在檢制壓伏，平世人人平等，人人性善（同上，
頁 9）。荀、孟之異，康氏以三世說調和，不以為相互衝突。同時也由人人性
善，導出人人平等，倫理領域擴充至政治領域。康氏說：

> 聖人立教，務在進化，因人之性，日習之於善道，而變其舊染之惡
> 習，變之又變，至於惡習盡去，善習大明，至於太平大同之世，則
> 人人皆成上智，而無下愚矣。（《論語注》，頁 259）

因人之性，去惡向善，可達到大同之世，這是從人推向社會，人性的善，是
美好社會的保證；但美好的社會，也有助於人性的善：

> 若當太平之世，教化既備，治具畢張，人種淘汰，胎教修明，人之
> 智慧、淡泊、勇力、藝能、禮樂，皆人人完備，而後為天生之成人
> 也。（《論語注》，頁 211）

人性與大同太平世相互為用，人性可為理想社會的基礎，而理想社會也有助
於改造人性。個人和社會緊密相關，康氏論人，就可看出其理想所在：

> 不關當時之治亂，不足謂之人；不繫一世之安危，不足謂之人；……
> 若舉世變動，舉世注仰，功名不朽，可謂之人。（《論語注》，頁 209）

仁在施望天下，人性則是其開端，目的是關當時之治亂，繫一世之安危。

五、禮：性的完成

　　人從陰陽二氣氣化而來，易與外物交感，而有欲惡之情，聖人制禮就在「慮
欲惡之無盡而品節之」（《禮運注》，頁 252），品節的方法，在於順其情而非絕
其欲，「令眾人各得其分，各得其樂，而不相侵，此禮之大用也。」（同上，頁
265～266）禮是在安排人間秩序，首先從人倫開始，父子兄弟、君臣民庶，都
有法度禮儀（《論語注》，頁 26），家族與政治均由禮規範，其次則推展到天下：

> 禮者，孔子所以配天地，育萬物，事為制，曲為防，大小精粗適如
> 其地位分界，以為人身之則。（《論語注》，頁 176～177）

人倫關係、政治組織、天地萬物，都能各有分際，隨時合宜。康氏並未定出合宜的標準，只強調禮重隨時：

> 義爲事宜，祗是空理，禮者乃行其節文也。無節文，則義不能見。
>
> 然節文者，因時因地而制，非能永定。（《禮運注》，頁 263）

義有合宜之義，乃行爲的準則，但何謂合宜，何謂不合宜，需有規範限定，此限定即是禮。而規範不能一成不變，變則需與時間、空間配合，才能完成禮。以孝爲例，時空不同，孝的方法即互異，古代以割股療親爲孝，今日則須送醫治療，強此施彼，適得其反。但不論如何變，孝親之心不變，所以康氏說：

> 蓋人道全在仁、樂、順，而禮義乃其橋梁舟車也。但啓行前往，舍橋
> 梁舟車無至到之日，而橋梁舟車雖當隨地制宜，亦非安居之所也。（《禮
> 運注》，頁 264）

仁心畢竟是本，禮義只是達到仁心的方法；但仁心又須落實到禮，才能達成仁的目標。禮在此處有工具之義，但卻是極爲必須的工具。禮除了政治社會意涵外，康氏特重其經濟意涵：

> 人道莫大於養，禮爲人設，故禮之義在養人而已。（《禮運注》，頁 260）

養人之道首重貨、力、飲食。貨指物能竭盡其用；力是各行各業（農工商）盡其本職以成物；飲食是體魄生命之本。次重冠昏、喪祭、射鄉、朝聘。分別掌著成人、合男女、愼終、追遠、習武、興賢、事上、親交（同上，頁 260）。康氏認爲這些是禮的內容，足以治政理民。而這些又不是康氏政治思想的最後理想。

禮又關係到大同小康之異，禮別異，著重在制度的構建，但會有層級的分畫；樂同和，重內心的和悅，可消除階層的緊張關係。康氏說：

> 禮者爲異，樂者爲同；禮爲合敬，樂爲合愛；禮爲別宜，樂爲敦和；
> 禮爲無爭，樂爲無怨；禮爲天地之序，故群物皆別，樂爲天地之和，
> 故百物皆化。故禮樂並制，而小康之世尚禮，大同之世尚樂。（《論
> 語注》，頁 12）

大同之世在以博愛消除人類社會的一切區別，以臻天人和諧，人人愉悅之境，所以康氏以禮樂比附。可是康氏也說禮是憲法（同上，頁 39），而憲法是《春秋》之義：

> 《春秋》爲文數萬，其旨數千，孔子竊取其義，託《春秋》改制而立
> 法，故不在史文而在義制。《春秋》之義如各國之立憲法，制定而爲

後世所率由也。(《春秋筆削大義微言考》，頁 928)

同時君主立憲或民主立憲，都是升平世或太平世的要件，禮屬小康，顯與康氏理論不合。於是康氏以撥亂之禮樂與升平、太平之禮樂不同爲說(《論語注》，頁 159)，果如此論，則禮樂不是小康、大同之別，而是大同、小康各有其禮樂制度。康氏似未察覺其矛盾。小康、大同之別第二點在禮的「達順」與「隨時」，二者俱從《禮運》來，高明先生釋達順云：人人各盡其本分，順於其職守。事事各得其條理，順於其程序(《禮學新探》，頁 6～7)。康氏則重隨時：

　　　夫禮時爲大，順次之。小康得其順，大同因其時。(《禮運注》，頁 267)

康氏寄望改制變法，在政治社會結構未變之前，自會強調通變，一旦目標達成，再談達順。

　　綜觀康氏經學思想，特徵有三：無論其談天論仁講性說禮，最後都會歸結到政治社會理想，此其一。康氏所論，是在傳統中得新解。通變與實踐，乃先秦通義；陰陽氣化可在董仲舒《春秋繁露》得其根源；仁在人心中，不假外求，是孔子本義；禮重隨時也是禮義之一。通變目的在三世；實踐在政治社會而非個人道德；氣化說導出人人平等；仁重博愛，普及人群，與性結合，可推至大同之世；禮是小康非大同，這是傳統中的新解，此其二。康氏在傳統中獲得新生命，並以此論傳統。康氏在反傳統之時，有以漢學(尤其是董仲舒《春秋繁露》)代替宋學的傾向，此其三。〔註11〕

第三節　三世說與小康大同

一、《禮運注》的著作年代

　　四書新注最顯著的特徵是康氏將三世說與小康、大同並論，後者出於《禮記·禮運》，康氏自序《禮運注》著作年代是光緒十年(1884)，錢穆反駁康說，指出《長興學記》(案：著於光緒十七年，1891)董仲舒、劉向、朱子並

〔註11〕 羅久蓉說康氏是形式上尊重傳統，內容上質疑傳統。傳統對康氏並非不可或缺，只是提供改革的堅實基礎，在《大同書》中提出一套與儒家價值體系大相逕庭的觀念，尤爲明證。(〈康有爲的歷史觀及其對時局與傳統的看法〉，見中研院《近史所集刊》十四期，頁 182～188，民國 74 年 6 月)從本節所論，康氏很多說法，仍從傳統推出，以「傳統／反傳統」模式理解康氏，不能了解康氏是以更古的傳統來反對其所處的傳統，也不能了解康氏明言後學可「推補」孔學的意義。傳統對康氏，是思想的寶庫，在其中任意馳騁，取其所需。

尊，《春秋》、《公羊傳》、《論語》並提，與《禮運注》貶抑荀子、劉歆、朱子大異（案：《長興學記》分孔子之學爲二，一爲宋學，大成於朱子；一爲漢學，荀子、董仲舒、劉向成之。《禮運注・序》則説荀學拘陋，劉歆僞謬，朱子偏安，致使中國安於小康，不得進於大同。）如果光緒十年即發現大同爲孔學妙義，長興講學時應發揮此義；如果其時尚不能宣揚大同思想，長興講學時即應講荀子、劉歆、朱子之學，不應重董仲舒、劉向、朱子之學。斷定《禮運注》在《新學僞經考》、《桂學答問》之後，與四書新注同時（《中國近三百年學術史》，頁 698～699）。蕭公權同意錢氏説法（《康有爲思想研究》，頁 46～47）。湯志鈞則説《春秋董氏學》有合三世與小康大同之跡，是之前的著作所無（案：是書作於光緒二二年，1896），而且《長興學記》、《桂學答問》（案：作於光緒二十年，1894）都未提及《禮運》，湯氏斷定至遲在康氏遊桂時，尚未深究《禮運》（《改良與革命的中國情懷》，頁 89、141）。

惟許冠三認爲《禮運注・序》是十九世紀九十年代之作，本文則是八十年代之作，《禮運注》三世系統的含糊與簡陋即爲有力之內證，進而斷言康氏三世史觀，胚胎於十九世紀八十年代中期，具體於九十年代初期，定型於二十世紀早年（〈康南海的三世進化史觀〉，見《晚清思想》，頁 549、538；詳細論證見許氏〈多元史絡分析法在史料考證上的運用〉，《香港中文大學學報》三卷一期）。案：若如許説，康氏早年應以小康大同爲主，其後才主三世説，且至二十紀初成熟；但《論語注》、《孟子微》、《中庸注》成於光緒二七、二八年之間（1901，1902）除將小康大同與三世比附外，還大量引用《禮運》原文，是之前著作所無，湯志鈞已指出《春秋董氏學》有此現象，而僅有一處（見頁 29）；另外則見《春秋筆削大義微言考》，也僅得一處（見頁 928），且均只説大同小康，未引用《禮運》原文。依許説，康氏應在四書新注中發揮三世説，揚棄小康大同説，而事實正好相反，康氏不但未揚棄小康大同説，甚與三世説結合，所以許説仍有待討論，本文採錢説。

小康大同爲二階段，三世爲三階段，兩者配合，甚爲困難，康氏有時又將三世簡化爲二世（亂世、平世），更使康氏階段論紛雜不一，引發若干問題：小康是否據亂，大同是否太平？如是，升平世置於何處？亂世是否小康，平世是否大同？如是，平世是指升平世抑或太平世？康氏説：

> 《禮運》記孔子發大同小康之義，大同即平世也，小康即亂世也。

> 《春秋》三世，亦可分爲二，孔子託堯舜爲民主大同之世，故以禹

　　稷爲平世；以禹湯文武周公爲小康君主之世，故以顏子爲亂世者，
　　通其意，不必泥也。（均見《孟子微》，頁 22）

亂世即小康，平世即大同，此平世自指太平世，答案似甚清晰，但升平世消失，破壞三世系統，猶有甚者，康氏宣稱孔子三世之變，大道之眞，盡在《禮運》（《禮運注·序》，頁 236），「公羊三世」豈不讓位給「禮運大同」？危及康氏經學理論。三世與小康大同並論，可能是顧及此項危機，但只是徒增困擾。

二、三世說的各種模式

　　由於三世與小康大同並論，產生小康、大同之異；亂世、平世之異；加上原有的三世模式，重複與衝突，在所不免，以下列出各種模式，以供比較，並清眉目。

	小　康	大　同
政治制度	立　憲	共　和
	政　刑	德　禮
	君　主	民　主
	正君臣，篤父子	天下爲公，選賢與能
		混合地球，無復國土
		君民修職，量力受祿，分祿資公
社會結構	農兵立國	農工商
		公　財
		養老、育嬰、慈幼、卹孤、卹寡
		卹癈疾
文化狀況	禮	樂
	儉	奢
	未　仁	人心皆仁，風俗純美
		老安友信少懷
		神亦不神
	重形體	重神魄
	有　我	無　我
		人人自立平等
		公學校、公博物院、公圖書館
		公音樂院

	亂　世	平　世
政治制度	君主、家長	獨立自由、平等自立、立憲民主
	君權	民　權
	議貴	犯罪皆同
	君不可放弒	君不賢則放逐
社會結構	以農爲主，工商次之	農工商並重
	封建（國家、兵力、據地）	封建（公司、財力、聚人）
文化狀況	重　別	重　同
	重　私	重　公
	親親、私國、閉關	四海兄弟，萬物同體

	據亂世	升平世	太平世
政治制度	族制部落	國　家	大一統
	酋長	君憲	共　和
	絕大夫	斥諸侯	貶天子
社會構結	農　田	工　商	
	世家強族		
文化狀況	尙　讓	競　爭	
	親　親	仁　民	愛　物
	鬼	神	鬼神極少

　　小康如是亂世，立憲顯然不應屬小康，正君臣、篤父子也不應爲亂世；君權直接轉移到民權，也與康氏堅持的君主立憲相衝突，升平世即尙有君憲；君權爲亂世，但康又說族制部落與酋長爲據亂世，二者豈能相同？大同與太平世爲民主共和，平世卻有君主，如此平世似是升平世，但康又指出平世是立憲民主，平世似又是太平世；大同人心皆仁，平世則有犯罪，平世顯然不是太平世，平世的性質爲何，根本無法釐清；農工商也無法具體分別。時而撥亂小康相連（《論語注》，頁157），時而撥亂升平相連（《孟子微》，頁8），時而小康升平相連（《禮運注》，頁239），小康似乎介於據亂世與升平世之間。下述尤值玩味：

　　　　禮運之世，乃當升平，未能至大同之道，然民得以少安；若失之，
　　　　則禍亂繁興，故次於大同，而爲小康也。（《禮運注》，頁242）

「禮──小康──升平」明顯的等同，而康氏又說小康是亂世。內容的安排
與理論的分別，都出現困難，遠不如三階段論明確。其貢獻則是提出社會福
利、公共文化的設置，以今日而言，尚是治國理政的目標，康氏見識，確有
其不凡之處。

三、三世、小康大同的理據、次序與方法

　　康氏經學思想，最後都導向理想社會的建立，天、仁、性、禮，無不如
此。而其最高的本源是天，根據變的理論，以求文化更新及社會更新，可是
康氏不只是時變新理，還要保全舊粹（《論語注》，頁 22），權變之外，還有常
經，行權所以返經，通變所以返常。權變並不是破壞常道，而是注入新生命、
新內容予常道，康氏指出合常與變，才是道的真義（同上，頁 142），三世理
論，不免予人恢怪的印象，但康氏不以為悖離中國傳統，尊孔為教，又不免
予人泥古的聯想，而康氏始終不變其志，其實背後的基礎就在道的變與常。
從變的觀點來看，尊孔讀經，自會令人覺得落伍守舊，從常的觀點來看，三
世進化，也會令人懷疑是否經典本義。推崇康氏者，稱贊其開明創新，貶抑
康氏者，認為其變亂古道。都忽略了康氏所說的合變與常才是道。〔註12〕

　　仁的具體實現是《禮運》的大同理想，康氏宣稱是仁之至（同上，頁 3）；
性有兩面，擴充善性，使人人自立，可達到平世大同，推展欲望，使人人滿
足，也可達到平世大同（《孟子微》，頁 50、99）；禮有制度的意義，在完善的
制度下，人人自立，人人滿足，禮時為大，制度也須因時而立，以禮為憲法，
更是太平世的基礎。梁啓超云康氏教人讀古書：

> 不當求諸章句訓詁名物制度之末，當求其義理，所謂義理者，又非
> 言心言性，乃在古人創法立制之精義，於是「漢學」、「宋學」皆所
> 吐棄，為學界闢一新殖民地。（《梁啓超學術論叢·通論類〔一〕·
> 清代學術概論》，頁 666）

義理是制度的義理，而非心性的義理，制度又不在考證故實，而在創發新制。
康氏義制常連言，即尋求制度背後的義理，將義理貫穿制度之中，如此義理

〔註12〕許冠三指出康氏變的觀念，是向二千年來天不變道亦不變的形上學挑戰（〈康
　　　　南海的三世進化史觀〉，見《近代中國思想人物論──晚清思想》，頁 541，
　　　　時報，民國 74 年），但康氏有權變也有經常，此其一；變的觀念在先秦兩漢
　　　　早已存在，康氏是以此觀念作為其理論基礎，此其二。

不會漂泊無根，制度也不會僵滯凝固。康氏確為學界闢一新殖民地，殖民的
方式，是在中國傳統之內，從傳統中發展新義，而非完全向西方學習。

　　三世的次第，康氏仍堅持由據亂、升平到太平，或由小康到大同。其理
由是：亂世民智未開，沒有君主、家長教化，會導致爭亂不已，國種滅亡，
康氏並舉例說明：「如嬰兒無慈母，則棄擲難以成人；蒙學無嚴師，則遊戲不
能成學。」（《孟子微》，頁 21～22）其次是制度有沿革，風俗有因襲，不可能
驟爾盡去，考慮各國特殊狀況，勢須損益前代以為新制（《論語注》，頁 27～
28）。康氏的三世說，雖然懸一高遠理想，但由於其謹慎小心，並不認為可即
時達成，也不採取盡破一切的方式，以完成其理想。相反旳，一再告誡理想
不可速進，必須步步為之。就理論上而言，避免將國家作為巨大的實驗室，
免除實驗失敗所帶來的災難。體認風俗、制度不能橫移，而要觀察歷史發展，
在演變中，逐步改革。亦即在傳統中求新變，視傳統為開放具有生命的體制，
而非封閉已死的結構。改革有傳統的根源，不會造成文化喪失的危機。

　　達成三世理想的方法，則從從政者開始，由內推及外：

> 從政者當先正身，正一身以正百官，正百官以正萬民。一正而無不
> 正，一不正而無能正也。（《論語注》，頁 195）

從修身到平天下，這是典型的傳統政治論，但須注意，這是「從政者」如此，
對於百姓，則強調富民，甚至說人民窮困，君位即不保（同上，頁 298）。再
偉大的政治理想，不能富民厚生，終歸空談。富民之道在因民所利而利之：

> 民利于土產：山者，利其鳥獸材木；渚者，利其魚鹽，皆聽而不易
> 之。民利于佚樂，則食味別聲被色而歌舞之。民利于自由，則言論
> 思想聽其自由。民利于公同，則合民之所有，而為之立公路、公學、
> 公園、公養疾、公養老，皆不貴于國而民大得。所因者，國家全不
> 干預，為政者，但代民經理而已。（《論語注》，頁 303）

以今日社會制度視之，康氏所說，泰半已達成，並不全然是玄想渺思。變法
改制，不專在政治結構，極重社會福利、人民生計，絕未以正己身要求人民。
士民異途，區分個人道德領域與公共事務領域，是康氏特殊之處。〔註 13〕但
康氏並未放棄個人道德，其個人道德自苦以樂人，梁啓超曾引康氏之言：

〔註13〕康氏不是首創此說者，戴震就說過「聖人治天下，體民之情，遂民之欲，而
　　　　王道備」（《戴震集・孟子字義疏證・理》，頁 275，里仁，民國 69 年）清代經
　　　　學有其整體發展，不能過於強調西力衝擊，這也是例證之一。

　　凡常人樂凡俗之樂，而大人不可不樂高尚之樂。使人人皆安於俗樂，

　　則世界之大樂眞樂者終不可得。夫所謂高尚之樂者何也？即常自苦

　　以樂人是也。（《康南海傳》，見楊克己《康梁合譜》，頁 271）

三世理想的第二個方法是納人事於法律制度中，審查法度，修正官制，以推行政令（《論語注》，頁 300）。

　　康氏四書新注，混合《公羊》三世與《禮運》大同爲說，使其三世理論困難而複雜，彼此矛盾重複。三世理想的根據，有權變也有經常，因革損益是其中重點，是在傳統中求變。階段漸進，避免理想所帶來的災難。富民厚生，建立制度是具體方法。提出社會福利、人民生計、公共文化，更是其卓越之處。

第四節　孔教的世俗化

　　康氏比較孔子與諸子異同，認定孔子是大地教主、改制聖人，尊孔子爲教主，儒家成爲儒教，但畢竟孔子與儒家缺乏宗教性質，以孔爲教，也著重在世俗層面。世俗意指關懷社會現實，重視宗教社會力量，以宗教改革社會，而不是從其中得到解脫。宗教介入公共事務領域，成爲指導準則。孔教世俗化，表現在下列諸方面。

　　孔教之義，第一在化成民俗，改易人種，以進化至文明（《論語注》，頁 18、102、127）；第二在學術思想，學的方法，既能時變新理，又能保全舊粹，目的則是轉化外境（同上，頁 18、22、46）；第三，無論化俗或學術，都關聯到世人，孔子之教，是人人可行之道（《孟子微》，頁 50），雖重鬼神，而以務民義爲主（《論語注》，頁 64），務民義則重民情，所以孔教的內容，不外「食味、別聲、被色」（同上，頁 85）在滿足人民欲望後，也要求民眾能明德成聖（同上，頁 244）。康氏綜合上述，明言教即教化，關係著國家文明與野蠻（《孟子微》，頁 167）。文明與野蠻即平世與亂世的分際，孔教最後目的，仍是康氏的三世理想。

　　孔教面對三世，不是在滿足私人欲望，而是在滿足天下人民欲望；不是在教導個人成德而是在教導天下人民成德，教主成爲王者，獲得世間政治權力，具有世俗權威。教主同時又有天命的身分，從而取得神聖權威：

　　大人者，受天命而爲君師；聖言者，代天命以宣意。（《論語注》，頁

　　253）

非聖人之言，不足以傳世立教也。(《孟子微》，頁 107)

教主上承天命，下布眾人，是天和人之間的橋梁，所說的話是聖言，是天之所命，在此基礎上，孔教雖然關心人世，但其神聖權威已建立。本此神聖權威判定人間善惡：

孔子則不言善惡，但言遠近。蓋善惡者，教主之所以立，而非天生之事也。(《論語注》，頁 259)

康氏之意是說：性，人人相近；人性之殊異，全在於習，因人的家庭、師友、風俗、國土而異，所以孔子只說「性相近，習相遠」。至於性的善惡，全在聖人訂定。這與康氏前述矛盾：依天心即仁心，仁心又在每一人心中之說，善性存於人心，爲外在世界所蔽，因而爲惡，所以須存養擴充，以滌去蔽障，恢復人的本心。此時卻變成善惡是由聖人判定，據此可推出一切價值標準，均可由聖人訂定，且開創人類文化：

蓋孔子爲制作之聖，大教之主，人道文明，進化之始，太平大同之理，皆孔子制之以垂法後世，後世皆當從之，故謂百王莫逆也。(《孟子微》，頁 27)

世俗的王者與天命的聖人，合而爲一，神聖權威與世俗權威，無法分割。康氏直接稱之爲「教王」(同上，頁 80)，天下人民，均須服從：

教主皆人王也，天下同之。(《孟子微》，頁 10)

雖然康氏以孔子當教主之位，世人無法爭奪教主名器，但可藉著解釋孔子掌握「真理」，再由此下降到人世，訂立標準，掌握政治社會權力，權力具有神聖性格，不容挑戰，也不容出現「異端」，世俗權威借神聖之名，行獨裁之實。結果是最仁慈的宗教，可能變成最殘忍的專制機器。流弊不可勝言。蕭公權指出康氏宗教觀是世俗的(《康有爲思想研究》，頁 106)，唯其宗教精神滑落到世俗，才使其孔教說充滿危險。

康氏立意之初，是想借重新解釋孔子，以爲其改制變法的根據，所以陸寶千說：「長素之視孔子也，乃一思想家。謂孔子之政治思想及倫理思想曾影響於吾人之歷史，將來亦可指導吾人之政治與社會，如此而已。充其所論，孔子僅爲一先賢而已，起吾人崇敬之心即可，起宗教之情則未可也。」(〈民國初年康有爲之孔教運動〉，見中研院《近史所集刊》十二期，頁 92)而康氏所論，不僅是在「指導」，而是人人均須服從的「規範」，精神思想的範疇與政治權力的範疇不分，原意與可能造成的結果，大相逕庭。梁啓超曾說：「先

生所以效力於國民者，以宗教事業爲最偉，其所以得謗於天下者，亦以宗教事業爲最多。」（《康南海傳》，見楊克己《康梁合譜》頁 268）直至今日，康氏所說，也頗值得商榷。

總結本章所論，康有爲是承其對五經系統的觀點，加諸在四書系統上。五經系統是從宋學上溯至孔子，四書系統則是本此結構，順勢而下，重定孔門傳承，子游、子思、孟子傳孔子大同學說，荀子、劉歆、朱子傳孔子小康學說，孔門大道，自是以前者爲眞傳。並且建立經學的理論基礎，主要以漢儒說法，解釋天、仁、性、禮諸觀念，又從中「推補」，賦予新的意義，最後目標，都導向三世理想。《公羊》三世與《禮運》大同混合，有各種三世模式，在其中指出社會福利、人民生計、公共文化，爲治國理政的要端。最後仍回到孔子，孔子除了神聖權威外，還具有世俗權威，作爲政治社會的準則。

長興講學分孔學爲漢學、宋學，四書新注則分孔學爲小康、大同，對前輩儒者，評價不一，何者爲眞，令後學無所適從。經學的理論基礎，最有問題的是方法論，通變易任意解釋經典，實踐則以可行與否斷定學術價值，兩者結合，實踐之法不定，經典解釋的任意性也隨之擴大，雖可賦予傳統新生命，但也破壞經典研究的規範。三世是三階段論，小康大同是二階段論，兩者無法融合，而由小康邁向大同，表面看是漸進方式，但由於缺乏中間緩衝，更容易激化政治行動，與康氏原意相反。尤有甚者是其孔教說，以孔子爲最高規範，即以文化規範政治，理想極爲深遠，卻無法防止世俗權威藉解釋孔子，獲得神聖權威，開出專制與獨裁的基石。康氏建立經學理論，至此已告完成，其後則是據此實踐其理想。

第五章　經學與社會改革

康有爲的經學實踐，呈現在其救國主張，綜合其觀點，可分爲三方面論述：

(一) 制度救國：良好的政治社會制度，可帶來美好的生活。

(二) 物質救國：人民生活富欲，是國家強盛的基礎。

(三) 文化救國：國家的基礎，不僅在物質，更在道德，道德是孔子所開創的儒家學說，民眾的文化素養。

這三方面相互關聯，無法分期論述，貫串康氏戊戌變法、海外流亡、民國成立三個階段。康氏曾說：「夫成物質學者在理財，理財之本又在官制，官制之本在人民自治。」(《物質救國論》，頁 96，宏業本) 理財是物質學，官制與人民自治涉及政治及行政制度的變更。辛亥之後，目睹亂局，感歎之餘，又有新的論斷：「唯共和在道德物質，而政治爲輕。」(《中華救國論・序》，宏業本) 制度、物質與文化，密邇相關，本章即在敘述此三方面與經學的關係，並仿照康氏《物質救國論》之例，稱爲制度救國、文化救國，至於詳細改革內容，不屬本文範圍，因而較略。〔註1〕

第一節　變法總綱

康氏強調中國若不變法，終將導致亡國；變是天道，順天者興，逆天者

〔註 1〕詳細的改革理論，可參考蕭公權《康有爲思想研究》第六章至第九章，聯經，民國 77 年。蕭氏將康氏變法內容分爲政治、行政、經濟、教育四部分，政治與行政即本章所稱制度，經濟即本章所稱物質，教育相當於本章所稱文化；又蕭氏重在分析康氏變法藍圖，本章重在探究變法與經學的關連，取徑不同。

亡，天不是愛憎某一姓致使其興亡，完全以是否順天道而行爲準（《俄彼得變
政記・序》，宏業本），形上原理規定了社會的法則，社會的變遷也改變了對
形上原理的認知。天在康氏經學中是最高本源，在其變法理論中仍是最高權
威。「《易》言通變，專在宜民，無泥守之理。」（《日本變政考》，頁 19，宏業
本）「《春秋》則言三世，以待世變之窮。」（《日本書目志・序》，宏業本）經
學傳統即有變的意義，康氏據此展開其變法措施。〔註2〕他批評自強運動只是
變器（購船置械）、變事（設郵局、開礦務）、變政（改官制、變選舉），都不
是變法。眞正的變法，是如日本的「改定國憲」，這才是「變法之全體」（《日
本變政考》，頁 187）。康氏所稱的憲法，其實是泛指典章制度，想藉由典章制
度的設計，將大小庶政安排成一有秩序的整體，所以他才譏諷自強運動東拼
西湊，不是眞正的變法。變法要從全局著眼：

> 變法之道，必有總綱、有次弟，不能掇拾補綴而成，不能凌躐等級
> 而至。（《日本變政考》，頁 234）

總綱即是典章制度的設計：

> 其本爲何？開制度局、重修會典、大改律例而已。（《日本變政考》，
> 頁 66）

變政全在典章憲法，參採中外而斟酌其宜，草定章程，然後推行天下。（《日
本變政考》頁 235）

典章制度就是文化的呈現，規定了人與人、人與社會、人與國家、人與
自然的關係，關係不同，典章制度即隨之而改，反之亦然。康氏說：

> 吾土之學，始于盡倫，而終于盡制。所謂制者，亦以飾其倫而已。（《日
> 本書目志》，頁 80）

以往是從盡倫推向盡制，即從個人推向社會，現在正好逆轉，是社會制度推
向人倫關係。清代經學的發展，已有此一傾向（見第一章第二節），康氏不過

〔註2〕 許冠三即說康氏變法思想來源主要是《易經》窮變會通說、《春秋公羊傳》三
世說與〈禮運〉大同小康說，西方進化學說並不居主導地位（〈康南海的三世
進化史觀〉，見《近代中國思想人物論——晚清思想》，頁 538，時報，民國
74 年）。黃俊傑仍認爲西方進化論是康氏思想根源之一（〈從孟子微看康有爲
對中西思想的調融〉，見《近世中國經世思想研討會論文集》頁 581，中研院，
民國 73 年），羅久蓉也有相同意見（〈康有爲的歷史觀及其對時局與傳統的看
法〉，中研院《近史所集刊》十四期，頁 167，民國 74 年 6 月）。傳統與西方
並非對立，先有了對傳統的認識，才能選擇消融西方學說，康氏正是採取此
一立場。

具體表現。

　　至於典章制度的內容，除了向西方學習，還要向傳統學習：

　　　　今之時局，前朝所有也，則宜仍之；若知爲前朝所無也，則宜立新
　　　　法以治之。(《七次上書彙編‧上清帝第一書》，頁7，宏業本)

所以康氏欲變更中國官制作《官制議》，探討中國古代官制（漢代與宋代），
再參考各國官制以定訂中國新官制；欲改革中國財政作《金主幣救國論》，必
詳究歷代貨幣、紙鈔，以採行金本位制。這些絕非個別現象，一如其建立新
經學，必會上溯歷代經學。下述尤可與清代經學史相表裡：

　　　　今但變六朝唐宋元明之弊政，而採周漢之法意，即深得列聖之治術
　　　　者也。(《七次上書彙編‧上清帝第一書》，頁7)

經學欲恢復周漢之舊，治術也以周漢爲法，周漢之學、治，豈眞足以應晚清
之變？貌似復古，實則開新，重新理解傳統以應新變。由於對傳統有新的理
解，所以在學習西方時，是一選擇型態，而非照鈔方式，能顧及本身歷史演
變與社會結構，康氏堅持三世進化，不可躐等，實有其歷史背景之故。

　　變法失敗，流亡海外，康氏對晚清的變革，又有一番新的見解，指出同
光之初，朝野以爲西方之強在軍兵砲艦，所以大購船械以應敵；甲午大敗，
又以爲西方之強在民智，所以大開學校以啓民智；戊戌之後，則以爲西方之
強在哲學、革命與自由，於是大倡革命，康氏以爲上述皆非：

　　　　中國之病弱非有他也，在不知講物質之學而已。中國數千年之文明
　　　　實冠絕大地，然偏重於道德、哲學，而於物質最缺。(《物質救國論‧
　　　　序》)

其實早在戊戌之前，康作《日本書目志》，大力介紹西方農工商學時，就已強
調經濟民生的重要，此時不過加強其態度。康所稱的物質，包含各種實業（農、
工、商、礦）、財政（金融、銀行、貨幣），《物質救國論》、《理財救國論》、《金
主幣救國論》都是討論上述問題。〔註3〕康氏更進一步指出變法者之誤，一在
誤於空名之學校，只學西方語言文字，不學西方的實用學，一在誤於西方革
命自由之說，實則中國學術、言論、宗教、商業、居住都很自由，西方封建

〔註3〕晚清的重商思想，王爾敏有詳細介紹，王氏以對外挽回利權，對內振興實業
　　　　說明商戰思想的內容，見《中國近代思想史論‧商戰觀念與重商思想》，華世，
　　　　民國71年。趙豐田則以經濟學架構，分國民經濟（即個體經濟）與國家經濟
　　　　（即總體經濟）說明晚清經濟思想，見《晚清五十年經濟思想史》，華世，民
　　　　國64年。

時代才缺乏這些自由，所以極力爭取，中國本不缺乏，所缺乏者是物質之學（《物質救國論》，頁 21～22）。物質學的理論基礎，是建立在人生的需求及人性的欲望上，康氏說：

> 蓋人道之始，惟需衣食，聖人因道而爲治也，乃以勸衣食爲第一要務。（《物質救國論》，頁 65）

康氏對性的解釋，甚重滿足人的需求及欲望，和宋儒不同，如與戴震所說「體民之情，遂民之欲」（《戴震集・孟子字義疏證・理》，頁 275）相較，也可見出清代經學的轉向及其與政治社會關係。王樹槐所論極是：「康有爲的貨幣思想，是他經世思想的一部，與其整個政治改革思想一致，擴而言之，與其宇宙觀、人生哲學等亦相符合。」（〈康有爲改革貨幣的思想〉，見中研院《近世中國經世思想研討會論文集》，頁 641）不止是貨幣思想，整個物質救國理論都是如此，而其宇宙觀與人生哲學，又從經學中來（見第四章第二節）。

民國成立以後，鑑於政局之紛亂與財政之困窘，康氏一方面承繼物質說，另一方面又增加道德說：

> 共和之國，非關其政治之善，而在道德物質之良。（《共和評議》，頁 93，宏業本）

物質學已如上述，道德說是泛指整體文化，其中又以孔教說爲核心：

> 中國奉孔子之教，固以德禮爲治者也。……吾國無識之徒，不深知治化之本，而徒媚歐美一時之富強也。（《共和評議》，頁 85）

富強之術與治化之本，此時已有分離的態勢，亦即兩者並不相等，而且富強是一時之計，治化才是未來的希望。治化之本是孔教，康氏欲以孔教維繫中國傳統文化，對辛亥革命，他深痛惡絕：

> 今非徒種族革命，非徒政治革命，乃至禮俗革命。（《中華救國論》，頁 27）

禮俗革命，其實就是文化革命，政治革命只是革除政權頂峰的擁有者，種族革命也不過是回復漢人政權，惟有禮俗革命，破壞一切價值規範，秩序因而瓦解，社會也因而崩潰。價值失落的結果，民眾既無規範，社會也無希望，只能用一片黑暗形容。康氏亟欲建立孔教，倡導讀經，雖與革命潮流相反，似也別無他法。

康氏的變法理論，不論是制度論、物質論、文化論，都與其經學思想密切相關，相對應其社會關懷、人欲肯定、以孔爲教，而其總樞機是《公羊》

三世說：三世說的政治制度在建立共和（由君憲到民憲），社會結構在開展工商社會，文化精神在施行孔教，所以三世說不僅是政治理論，確切的說，是整體文化理想。康氏可貴之處，不在於他提出何種救國主張，而是在隨時反省他所提出的意見是否適宜：

> 深識之士，當反復其利害，比較其得失，斟酌而維持之，變則當變，
>
> 新則當新，保全國粹，扶翼大教，養育公德。豈如淺夫，一得自矜，
>
> 一切不顧，惟新是求，惟異是尚哉！（《共和評議》，頁 194）

康氏雖然亟欲求變，但絕不爲求變而求變，避免變法成爲形式。變的確是康氏重要觀念，但他能隨時反省，不執一以爲眞理，以變應變，因時制宜。相較於習慣以某一標準衡量一切，合乎其尺度即爲進步，反之即爲退步的人，康氏確是高明。〔註4〕

第二節　制度救國

康氏之制度論，要點有三：一立制度局，二建立中央制度，三建立地方制度。康氏指出鐵路、礦務、學堂、商務，在所必需，然而這些只是「變事」，針對特殊狀況改變，無法建立國家整體體制，變法要有整體規畫，通盤考量，不是在枝節上更易，所以需要設立制度局，直屬中央（皇帝），以便日日講求討論（《戊戌奏稿・敬謝天恩並統籌全局摺》，頁 84，宏業本）；其次是明知不能不變，但仍不能變更，原因在於爲「體制所拘」（《七次上書彙編・上清帝第七書》，頁 109），爲了更換體制，更須對此體制有所反省。康氏所論，確有其必要，以興建鐵路爲例，涉及土地取得、民間風水、鐵軌製造、路基舖設、機車購置，分別關連財源、技術、民俗，與國家財政、教育、文化又不可分離，如果只爲鐵路作一改變，不僅難以成功，且各行政單位疊床架屋，徒然浪費各種資源。

康氏建議設立十二制度局：法律局、度支局、學校局、農局、工局、商

〔註4〕 後人常以前期進步、後期退步批評晚清知識分子，如張舜徽評劉師培「論政之文，早主革新，晚主復古；言及文字，則早主減省漢字點畫，增造新體，晚主墨守許氏說文不得違舛。前後判若兩人，悉前是而後非。」（《清人文集別錄》，頁 677～678，明文，民國 71 年）是否我們的觀點已被限制，執著某一標準衡量康有爲或晚清知識分子？時代在變，康氏也在變，我們的觀點也應改變。

局、鐵路局、郵政局、礦務局、游會局、陸軍局、海軍局（《七次上書彙編·
上清帝第六書》，頁 105～106）。十二局之設，大致從五方面著手變法：法律、
財政、教育、經濟、國防，略同於今日各國政府的行政部門。就見識、魄力
論，是比清廷設總理各國事務衙門、各地機器製造局（上海、天津、南京），
天津設武備學堂、水師學堂，福州又有船政局有整體性。但十二局之設，幾
已成立一新的行政部門，人員如何而來？財源如何而籌？與原有衙門權力如
何畫分？如具有行政權，則政出多門，如不具行政權，則依然如故。權力之
外，還有利害關係。康氏失敗，黨爭不論，全盤變更，談何容易，以今日各
國政府行政組織能力，未必能做到。

除了設立新的行政部門外，中央政治權力，也做一變更，採取西方三權
分立的方式，設議政官、行政官、司法官（《七次上書彙編·上清帝第六書》，
頁 104），次則開國會、立憲法，開國會容易理解，也易施行，但以《春秋》
改制爲憲法，極易引起爭議（《戊戌奏稿·請定立憲開國會摺》，頁 33），無異
以康氏經說爲全國政治、經濟、文化準則。將全中國納入三世模式，無法顧
及各地差異，也與康氏自己的理論不符（康曾說中國各地，有不同的三世現
象，見第三章第三節），如是一國之中，豈非有不同的制度？

三權分立的原則是：行政官承宣布政，率作興事；立法官造作制度，撰
定章程；司法官執掌憲律，繩愆糾謬（《日本變政考》，頁 20），中央政權的畫
分，也牽連地方行政體系的變革，康氏多次指出中國地方官制層級太繁、事
務太重、任用太雜、待遇太薄，致使上下隔閡，民情不達（同上，頁 97、186）。
戊戌前後，他只提出一些零星意見，例如縣設民政局，簡化地方行政層級，
增加官員俸祿等（同上，頁 85，97，185，281），直至作《官制議》時（光緒
二九年，1903）才有整體理論。這可反映康氏在變法期間，雖已意識要作全
盤變更，但仍未做到。

康氏認爲官制之設，目標有三：一爲民，二爲國，三連結國與民。康所
稱的國指中央，民指地方，國與民的連結，指中央政府與地方政府之間的連
繫、指揮。主張地方自治，中央集權，增加行政區域及官吏，以做爲中央與
地方的橋梁（《官制議》頁 88～89，宏業本）。

由於已往地方行政層級過多（督、撫、司、道、府、縣），官民隔絕，所
以民眾與國事互不相關，要人人有憂國之心，需賦予人民議政之權，民眾才
會視國事如家事。康稱之爲「公民自治」，公民自治之後，其實是「公民意識」，

康以此作爲國家後盾。公民經由選舉產生，其資格是家世清白，無犯罪前科，且能納十元公民稅者。公民可參與地方政治，具體方式是萬人以上，地方十里爲一局或一邑，設立「鄉官」——局長：總任局事，兼理學校；判官：審訟獄；警察官：掌巡捕；稅官：收稅賦；郵官：交通信；議會：議事會（由以上五官組成），議例會（由議員組成）。議員由公民選出，五官也由公民選出，每三至四百人選一議員。綜合各鄉官職責有民眾安全、教育文化、社會福利及獎勵實業。由康氏設計言，一鄉幾等於一國，全國有數千萬鄉，其間連繫及與中央關係，勢須重組（見《官制議・公民自治》）。

康氏以爲以往一省爲治，區域太大，權力盡在督撫，餘官等於冗員，省之下復有道、府、縣，層級太繁，政令無法下及於民。縣令脩關地方自治尤重，但取之太輕、待之太賤、責之太重、養之太薄，所以仿漢代三級制（郡、縣、鄉）重定行政區域：道——設督辦民政大臣，權同督撫，上達於國；縣：設民政長官，位同知府，下逮於民；鄉：地方自治區（見上）。道設十四局、縣設四局總理民政，其設置略同於鄉，只是規模較大。另外還可參酌各地特殊狀況，增設行政部門。道、縣也須設立醫院、圖書館、法院，保障人民健康、增進人民知識、維護社會秩序（見《官制議・析疆增吏》）。

中央則設諸部統之：民部（民政）、度支（財政）、農工商礦虞（經濟）、郵部（郵政、鐵路）、文部（學校教育）、教部（布宣孔教）、理部（法律形名）、美術部（音樂美術）、兵部（國防）、審計院（審查會計）。各部依職掌設下屬部門（見《官制議・增司集權》）。如此層層上遞，康氏完成其制度救國構思。而不變則已，要變必然是全局更易，比設十二制度局更進一步。減少行政層級，注重鄉治是其特色；但公民須另行納稅，會有弊端，蒙古、新疆、西藏能否施行鄉治組織，也有問題。

康氏設計的制度，是直接面對群眾，尤重人民生計，以經濟爲內容，行政組織爲形式，將全國民眾納入此一體系；文化則注重公共文化，不再是個人道德與宗族倫理。制度已含蓋物質、文化的內容。康對民國的批判，更顯現此一方向。康明言共和的基礎在物質與道德，物質是經濟與財政，道德是公共文化（公園、戲院、博物院、圖書館），不僅政治權利不爲少數人享有，經濟權利、文教權利亦然。對權利意識的肯定，其實就是對人性欲望的肯定，人性欲望，自不只是穿衣吃飯，尚有文化知識，這種肯定又具普遍性。康以博愛釋仁，其具體表現在此，經學思想與社會改革的具體表現也在此。

第三節　物質救國

物質指經濟、財政，康氏在經濟上倡導發展農工商業，財政上主張設立銀行，採金本位制，發行鈔票。康說人生而有身，有身則有飲食衣服器用居室之欲，可是一人之力不足完成所有人身之欲，因此需要分業，分業之後，各種產品勢須交換，才能相互補足（《金主幣救國論》頁9，宏業本）。財經的基礎是肯定人欲的人性論，而且此種欲望是每一個人的基本權利，國家的目的，就在保障並完成此種權利。康氏曾上疏說變法之道，富國為先（《七次上書彙編・上清帝第二書》，頁21），並批評後世儒者：

> 高談理氣，溢為考據，而宮室飲食衣服疾病之故，所以保身體、致
>
> 中和、養神明，以為鄙事，置而不講。（《日本書目志》，頁11）

所以養生之道廢。康氏所提養生之道有二：一是富國之法（鈔法、鐵路、機器、輪舟、開礦、鑄銀、郵政），一是養民之法（務農、勸工、惠商、恤窮）（《七次上書彙編・上清帝第二書》，頁21、24）。戊戌之後，流亡海外，比較中西，康說若以物質論文明，歐美誠勝於中國，若以道德論文明，則中國勝於西方，康並不是以道德／中國、物質／西方比較中西文化，而是康在遊歐之前，想像歐洲建築都是玉堂瓊樓，人物都是神仙豪傑，政治都是公明正直；遊歐之後，大失所望，各種貪詐淫盜與中國無異，〔註5〕驚訝之餘，認為中國敗於歐洲，只是在近百年間，而最大的失敗，就在西方的工藝、兵砲，歐人能拓展勢力，完全在於其物質之力。（《物質救國論》，頁15～19、29）。

康又考察歐洲歷史，指出威尼斯、佛羅倫斯設立銀行、鑄造貨幣，商業大盛，促使歐洲日後富強（《金主幣救國論》頁21，《共和評議》頁136）。威尼斯是西方資本主義的遠源，以製鹽獲利，其後取得販鹽專利，繼則擴展到糧食交易，趁糧價波動牟利，其政府始終是商人的發言人和武力後盾，所以有人稱威市是「商人共和國」（黃仁宇《資本主義與二十一世紀》第二章）。正因有此思想背景，有學者稱康氏是「資本主義和地主階級的代言人」（蕭公權《康有為思想研究》，頁297引）。

從中西文化比較及歐洲歷史探索，康更肯定了物質的重要。物質發展可使知識、道德、風俗、國政變動，對於孔教也開始懷疑，認為有教主而無物質，仍無法救國（《物質救國論》，頁51、57）。物質可決定中國未來：

〔註5〕梁啟超民八年遊歐，也有類似狀況，見丁文江《梁任公先生年譜長編初稿》
　　　民國8年部分，世界，民國48年。

　　道德之文明可教化而至也，文物之文明不可以空論教化至也。物質
　　之學爲新世界政俗之本源，爲新世界人事之宗祀，不從物質著手，
　　則徒用中國舊學固不能與之競，即用歐美民權、自由、立憲、公議
　　之新説及一切之法律、章程，亦不能成彼之政俗也。（《物質救國論》，
　　頁62）

將物質理論推至極致。物質學既不可空論，必須設學校、立科目以教之，其
要如下：數學、博物學（通貫之學）、機器工程學、土木學（實物之學）、電
學、化學（精新之學）、鐵道、郵政學、電信學（運輸之學）、畫學、著色學、
樂學（文美之學）（同上，頁50）。當時新學，大略包含無遺，且指出基礎學
科的重要。

　　經濟、學術而外，另一重點是理財。康說財政猶如人身血脈，不重財政，
國家將會滅亡（《金主幣救國論》，頁2）。理財必先改革貨幣，針對當時貨幣
混亂，康主張用金本位制，與各國同步，避免金貴銀賤，致黃金外流，歐美
可用較賤之銀，購買大量中國貨物，使中國物價上騰，人民生計日艱（同上，
頁57、63）。中國欲與歐美平等，非在財用物價上平等不可：

　　物價財用，苟一日不與歐美平等，即國政與人民地位，不能與歐美
　　平等。（《金主幣救國論》，頁68）

否則不僅不能平等，歐美可借「商業奴斃中國」（同上，頁62）。除了改革貨
幣，還要設立銀行：設國民銀行，發行公債，籌集中央銀行資本；設中央銀
行，發行紙幣，流通資金；設組合銀行，各地方銀行組成銀行團，監督金融
行情，貸款予各銀行及人民；設特權銀行，立於蒙、藏、東北、西南，以富
裕邊地；設勸業銀行，讓民眾抵押土地，籌集資金；設股票交易所，銷售股
票，增加資金（見《理財救國論》各章節，宏業本）。康認爲「數者並舉，中
國猶患貧，未之有也。」（同上，頁75）經由此路，財用物價可與歐美平等，
進而國家人民也可與歐美平等。

　　就康物質理論而言，他確是資本主義倡導者，以此批判康氏，並不公平，
康自己說過，聖人之道甚多，須衡量時地輕重（見第四章第二節），〔註6〕資

─────────────

〔註6〕就因爲如此，所以不能以某一主義論斷康氏，以物質理論而言，康近於資本
　　　主義，但以康《公羊》三世說而言，又不是資本主義，此所以楊向奎說康氏
　　　分不清什麼是資本主義，什麼是社會主義，見〈康有爲與今文經學〉，收入《中
　　　國哲學史研究》1983年一期，頁31，1983年1月。康重「因病發藥」，視實
　　　際情況與需要而改制立法，本就不以某一主義加在中國之上。

本主義果能救國，自然可學習，問題不在什麼主義，而在能否實踐、如何實踐。康肯定前者，所以重如何實踐。今日要反省的是在當時條件下是否可能。同時並舉，確有困難；資本主義有其歷史背景及各種外緣條件，也不是立即可以成功，黃仁宇指出資本主義體制，必須做到資金廣泛流通，人才不分畛域聘用，技術（交通、通訊、保險、律師聘用等）全盤活用；中國重農抑商，重生產而不重分配，自給自足，中央集權，科舉取士，根本無意產生資本主義（黃仁宇，前引書，頁 187，27），晚清雖有改變，但一時之間，也甚難達成。康氏高明之處是指出這一發展方向。

黃仁宇又說資本主義一經展開，提前生產，提前分配，不可逆轉，黃氏從體制上立論，若從資本主義人性論來看，欲望永難滿足，人一沈溺其中，恐怕也很難逆轉，「雖已豐衣足食，仍怕明日衣食之未周，因之才拚命努力，由互相競爭而動手廝殺，以至造成一個『所有人和所有人作戰的局面』。」所以仍需倫理道德爲規範，〔註7〕正如富蘭克林所示範，誠懇的態度，以良心爲主宰，克盡厥職，才能取得最高地位（黃仁宇，前引書，頁 204、258）。西方以基督教完成此一目標，中國呢？

第四節　文化救國

戊戌之前，康氏即明言，西方之強盛，由於其人民具有才智，欲使人民具有才智，一在普設學校，二在廣立學會，三在獎勵出版（《日本變政考》，頁 98、128、69），四在設立報館（《日本書目志》，頁 418），並說日本能驟強，全由興學之故，同時也建議改禮部爲教部，設孔教會，定期集會信徒，以發明孔子之道，講說君臣父子之義（《日本變政考》，頁 128、96）。不論是開民智、立孔教，其性質均有實用傾向，且與政治有關。關於前者，康氏指責時人治學，無益於時，應變更學術，俾能開濟民生，例如論禮，就說《儀禮》可以實行，不像後世禮學只爲考據之資，所以倡導實用之禮（《日本書目志》，頁 399）。關於後者，康則說立國以議院爲本，議院又以學校爲本，民權建立於民智的基礎上，沒有民智，遽興民權，只會亂國（《日本變政考》，頁 160、

〔註7〕資本主義特徵是國家以數目字管理，在一切都可計算的前提下，個人良心觀念，變成彼此公平問題。見黃仁宇《資本主義與二十一世紀》，頁 185、212，聯經，民國 80 年。其道德觀念，可能遠不如法律。

306）。文化與國家，形成工具與目的關係，文化在此理論下，只是富強國家
的工具，並不是對文化真有何嚮往。介紹西方學術，也只是將中國傳統學問
做一比附，如天地之大德曰生，本是天的形上意義，康卻將之比附生物學；
知人之身，本是道德意義，卻比附爲解剖學；陰陽家比附爲氣象學；心學比
附爲心理學（《日本書目志》，頁 63、64、54、78）。

　　在上述前提下，康氏強調普及教育的重要，將學術分爲「經史學」與「逮
下學」，經史學指傳統中國學問，逮下學指女學、幼學、農學、工學、商學及
一切能啓迪民智，俾益民生之學（同上，頁 585）。由於啓迪民智、富國強兵
的要求，康氏對傳統文化也有強烈批判，指以往歷史著作，只知有國君，不
知有人民：

> 吾中國談史裁最尊，而號稱正史編年史者，皆爲一君之史，一國之
> 史，而千萬民風化俗，尚不詳焉。而談風俗者，則鄙之與小說等，
> 豈知譜寫民俗，惟纖瑣乃能詳盡，而後知其教化之盛衰，且令天下
> 述而觀鑑焉。史乎！史乎！豈爲一人及一人所私之一國計哉？（《日
> 本書目志》，頁 205～206）

可以見出其文化觀，是一社會大眾型態，而非社會菁英型態，亦即康所欲建
立的文化，是一公共文化領域，倡導普設學校、設立報館、獎勵出版、建圖
書館、博物館等，都不是爲了某一特定階層或個人，在政治權利外，康提出
民眾文化權利。既然教化可觀一國盛衰，風俗固於其中關鍵，康說戲曲、小
說可移風易俗，並指責宋儒棄樂黜歌，士人無雅樂可寄託，以抒發感情，於
是淫聲凶聲大行，不且未能匡正人心，反而蕩佚風俗（同上，頁 500）。康氏
又說：

> 以經教愚民，不如小說之易入也，以小說入人心，不如演劇之易動
> 也。（《日本書目志》，頁 627）

戲曲之能移風易俗，完全建立在情感抒發上，是情感需要，而非理智選擇，
從這裡也可看出康氏人性論立場。至於小說價值，康說：

> 僅識字之人，有不讀經，無有不讀小說者，故六經不能教，當以小
> 說入之，語錄不能諭，當以小說諭之，律例不能治，當以小說治之。
> （《日本書目志》，頁 734）

歷史、文學、藝術，都成爲治國理政的工具，看似提高文學價值，實際卻將
之工具化。目標達成，工具即可拋棄，目標無法完成，即斥之爲無用，如此

果眞能提高其價值〔註8〕？

從上述可知，康氏論戲曲小說，最後仍在發揮經學，「政治之學，最美者莫如吾六經也。」（同上，頁 181）六經具有教民、養民、保民、通民氣、同民樂的內容，制度論、物質論、文化論均可在六經中尋獲根源，所以康說：

> 《春秋》經世，先王之志，凡六經皆經濟書也。（《日本書目志》頁
> 214）

救國──戲曲小說──經學，成一層級結構，救國是最後目標，戲曲小說是工具，核心是經學。戊戌變法，本此理論提出改革主張，指出西方之強在窮理勸學（《七次上書彙編・上清帝第二書》，頁 30），惟有發明經學微言大義，才能通經致用，對學子荒棄群經，僅讀四書，深表不滿，未來學習方向應是：

> 內講中國文學，以研經義國聞掌故名物，則爲有用之才；外求各國
> 科學，以研工藝物理政教法律，則爲通方之學。（《戊戌奏稿・請廢
> 八股試帖楷法試士改用策論摺》，頁 10）

又說不講先聖經義，不能通才任政，科舉考試，不能偏廢五經（《代草奏議・祈酌定各項考試策論文體摺》，頁 35，〔代徐致靖〕，宏業本），尊崇五經，則須尊崇孔子，推尊孔子，康以爲在立孔教會、立孔廟，令人人學習祭祀：

> 六經皆爲有用之書，孔子爲經世之學，鮮有負荷宣揚，於是外夷邪
> 教，得起煽惑吾民。《七次上書彙編・上清帝第二書》，頁 32）
>
> 臣竊考孔子實爲中國之教主，而非謂學行高深之聖者也。（《戊戌奏
> 稿・請尊孔聖爲國教立教部教會以孔子紀年而廢淫祀摺》，頁 30）
>
> 蓋孔子立天下義，立宗族義，而今則純爲國民義。（《戊戌奏稿・請
> 尊孔聖爲國教立教部教會以孔子紀年而廢淫祀摺》，頁 31）

以孔子爲教主，以孔教對抗基督教，孔教的「國民義」，在理論上已突顯人民的文化權利。文化權自不限於孔教，康所以強調孔教，第一來自其對孔子的體認，孔子之道即爲人之道：

> 蓋人有食味別聲安處之身，而孔子設爲五味五聲宮室之道以處之。
> 人有生我我生同我並生並遊並事諧老之身，孔子設爲父子夫婦兄弟
> 朋友君臣之道以處之。內有身有家，外有國有天下，孔子設爲家國
> 天下之道以處之。明有天地山川禽獸草木，幽有鬼神，孔子設爲天

〔註8〕梁啓超作《新史學》、《論小說與群治之關係》，都從康氏論點出發，而影響學界。時至今日，我們仍可見到其餘風，康氏文化救國論，實有以啓之。

地山川草木鬼神之道以處之。人有靈氣魂知死生運命，孔子於明德
養氣窮理盡性以至於命，無不有道焉。(《康南海文集・以孔教爲國
教配天議》頁 65，宏業本)

人身需求，人倫關係，人與國家社會，人與自然世界，人的存在根源，孔子
莫不有道處之。從人出發，觀看我們所處的世界，看的方式，又從傳統獲得，
如此才能與西方相激相盪，消融不同文化，康就是以此發展其經學思想(見
第四章第二節)。民國成立後，「非革滿洲之命也，實革中國數千年周公孔子
之命云爾。」(《康南海文集・覆教育部書》，頁 73) 自非康所能容忍。第二即
是保存中國傳統：

朕惟一國自立之道，各有其歷史所傳之風俗性情，以爲其國民之
根本，爲第二之天性焉。(《丁巳要件手稿・尊孔教》，頁 7，宏業
本) 〔註9〕

沒有文化傳統，即使國家強盛，人民富足，但「不知爲何國之民」(《丁巳要
件手稿・讀經》，頁 10)，又有何意義？陸寶千稱康氏孔教運動爲「文化的民
族主義」，實爲確論(〈民國初年康有爲之孔教運動〉，見中研院《近史所集刊》
十二期，頁 93)。第三則是時代的反省，民國之亂，即在不重道德，中國道德
超過西方，只是物質不如西方，但物質強盛，不代表道德優良：

然則所謂富強者則誠富強矣，若所謂道德教化乎，則吾未之知也。
是其所謂文明者，人觀其外之物質而文明之耳。若以道德風俗言之，
則忠信已澆，德性已漓，何文明之云？(《物質救國論》，頁 18)

文明指國家物質建設，文化指國民道德風俗，文明富強，不表示文化精深，
文化澆薄，文明也沒有價值。共和成立，物質建設未成，風俗已先大壞，結
果是國家陷於危亂。康並舉人人歆羨的美國爲例，美國強大，與其清教徒有
密切關連，除此而外，還有其歷史史、地理、科技、商業諸因素：清教徒具
有公德，不只是爭權奪利，瀕臨太平洋與大西洋，沒有強鄰進逼之患，鐵路
輪船連結美國土地，成立大農業公司，滿足人民需求。不能只注意其政體(《共
和評議》，頁 138、172)。

　　所以康氏最後歸結中國未來之路，一在物質，一在道德。物質確爲中國

〔註9〕 汪榮祖說康氏文化觀點受科學影響，以爲人文發展與科學相同，具有普遍規
　　　則，放諸四海而皆準，所以其文化觀是一元的，《康章合論》頁 138，聯經，
　　　民國 77 年。但以康氏此段話而論，汪氏論斷顯然需要修正。

所缺，應向西方學習，道德則中土勝於西方，應尊孔讀經，從經典中獲得立
足於世界的根據，並本之指導物質發展。康氏關心的問題，不只是國家富強，
還有富強之後，我們應有何種生活方式。

　　總結本章所論，康氏提出制度、物質與文化做為其救國方案。制度救國，
主要是重組政治權力，變更行政體系；物質救國，主要是發展實業，設立銀
行，採金本位制；文化救國，主要是普及教育文化，以尊孔讀經為根本。三
者和康氏經學均有密切關係，面對社會結構，而非面對個人道德，是康《公
羊》三世說的重心；滿足人民生活需求，則從康重解孔孟人性論出發；尊孔
讀經，向來是康一貫理念。所以這三種主張可稱之為經學實踐。其方向是回
到孔孟原起點，重新理解經典價值，以面對世界；向傳統學習超過向西方學
習；三者也不是階段性發展，而是相互融攝。〔註10〕不論何種主張，所面對
的都不是社會菁英，而是每一組成分子，康不免以繳稅定公民資格，但公民
意識確已在其中萌芽，公民權利除政治外，還有經濟與文化權利。

　　重組政權，變革行政，已不是部分修正，近於全面改革，與革命只有一
線之差（君憲與民憲之異）；財經改革又近於改組社會結構，兩者結合，「準
革命」形勢已然形成，康以樞紐地位，發動此種改革，又無各項條件配合，
成功自屬不易。與辛亥革命相較，後者也僅是推翻政權頂峰，各項問題，依
然存在。一可說明康的力量不足，二可說明革命並不能解決所有問題。以戲
曲小說移風易俗，視文學藝術為改革工具，不能提高其價值；以孔為教，眞
足以恢復孔子地位？梁啓超也不免懷疑。

〔註10〕金耀基說中國現代化有三個層次：器物、制度與思想，分別對應於自強運動、
　　　　戊戌變法與五四運動，《從傳統到現代》頁162～166，時報，民國76年；黃
　　　　仁宇則將中國近代長期革命分為南京條約（雖失敗而無意改革）、自強運動（只
　　　　在吸收西方科技）、百日維新（君主立憲、創制法律、編製預算、改革教育）、
　　　　辛亥革命（否定兩千年政體）、五四運動（全面改革從文化思想著手），《資本
　　　　主義與二十一世紀》頁442。基本架構上，兩人並無不同，但這種三階段論，
　　　　完全不適合康有為。最特殊的是金、黃二氏均強調變更思想文化才能挽救中
　　　　國，康氏卻正好相反。差異在於金、黃二氏以西方為藍圖，指出現代化走向；
　　　　康立基於傳統，選擇西方文化。所以發展資本主義，康、黃相同，但文化態
　　　　度大相逕庭；追求政治民主，康、金無異，但金說見不到物質層面。時至今
　　　　日，探討中國前途者甚多，但可曾超越康氏思考方向？

第六章　時人對康氏的批評

　　康有為對其經學雖有強烈自信，但同時學者如朱一新、張之洞、蘇輿、葉德輝、王先謙、王國維、章太炎、劉師培等，或批評其經學，或指摘其孔教說，或不滿其政治立場，紛紛撰文抨擊，本章即在敍述與康同時學者對其批評，並比較得失利弊，期能從反康氏理論中，對康有更深入的了解。

第一節　對康氏經說的批評

　　光緒十七年（1891）《新學僞經考》刻成後，朱一新曾與康氏反覆辯難。〔註1〕朱氏首先指出康氏尊崇漢儒之不當，認爲「學術在平澹不在新奇，宋儒之所以不可及者，以其平澹也。」（〈朱侍御答長孺第三書〉，《萬木草堂遺稿外編》頁 804）對康氏「以董生正宋儒」，不以爲然（〈朱侍御復長孺第二書〉，同上，頁 802）。朱氏並說：「凡學以濟時爲要，六經皆切當世之用，夫子不以空言說經也。後世學術紛歧，功利卑鄙，故必折衷六藝以正之，明大義尤於紹微言者以此，宋儒之所爲優於漢儒者亦以此。」（〈朱侍御答康長孺書〉，同上，頁 801）朱氏所稱大義，即是義理，其義理與康氏不同，康氏義理制度常連言，朱氏則分義理制度爲二，「有義理而後有制度」，「義理殊，斯風俗殊；風俗殊，斯制度殊」，義理在制度之上，且據以指導制度，指責康氏改制，不僅在變更制度，且「變吾義理以徇之」（皆見〈朱侍御復長孺

〔註 1〕朱氏與康氏往返書信，康氏弟子蔣貴麟輯成《南海先生與朱一新論學書牘》，收入蔣氏編《萬木草堂遺稿外編》，成文，民國 67 年；樓宇烈編《康有爲學術著作選》，則將此批書信收入《康子內外篇》，北京中華，1988 年。

第四書〉，同上，頁 814）。由於義理不可變，也反對康氏氣化說，指出理爲氣的主宰，「惟氣有昏明厚薄之不同，故性當節；惟氣有理以爲之宰，故性可節。」理在氣中，且爲之主宰，所以人性爲善，人性之惡，純由氣習使然，並非理有何異同（俱見〈朱侍御答長孺論性書〉，同上，頁 823～825）。

康氏復書，坦白承認對宋儒有不滿之論，但原因是前人多有罅漏處；至於朱氏所說治學在平澹，康氏反駁說「學者論學，但當問義理之何如。義理以求仁爲主，若其不仁，安知平澹之不特無益，而且以害人乎？」（〈致朱蓉生書〉，同上，頁 807）康並舉醫病爲例，醫者因病發藥，不當專主平澹。對於宋儒所說，康氏自認並未廢棄，其治學之道是「求義理於宋明之儒，以得其流別；求治亂興衰制度沿革于史學，以得其貫通；兼涉外國政俗教治講求時務，以待措施，而一皆本之孔子之大義以爲斷。」（同上，頁 810）而孔子的大義是「道器兼包，本末並舉」，不是「空頭高論」（同上，頁 807）。義理制度之異，康氏說「義理之公，因乎人心之自然，推之四海而皆準，則又何能變之哉？」康並以法國法律爲例，證明西方也有綱常名教（〈答朱蓉生書〉，同上，頁 819）。性善性惡，康認爲「從孟子之說，恐人皆任性，從荀子之說，人皆向學」，正因人人氣質相近，聖人才得從中分別義理，從聖人者近聖，不從者近惡（〈答朱蓉生先生書〉，同上，頁 830～831）。

朱、康之異，一在於康強調時變，時世不同，學說即異，所以康說有濃厚的實用傾向；二在於對孔子認知不同，康始終以爲孔子之學不僅是身心性命，更有改制立法之意；三在康視孔子爲教主，一切善惡標準，都由聖人定訂。朱專主平澹，確實不能因病發藥；但學術與世變結合，不僅不能尊崇經學，且貶抑經學爲政治工具，康說不免有此弊端。朱氏也重視經世致用，康以改制立法爲經世大要，視爲康一家之言則可，以之爲孔門之學，大道眞傳，自會引起爭議，且流於以康說爲全國政治社會法則，其弊已不可勝言。聖人手定一切價值標準，問題在聖人之言又從何而定？以康說爲定，康成爲聖人代言人，於是康說不可質疑，再結合其改制立法說，康不僅是聖人代言人，根本是現世教主，以教主的身分，掌人間的權力，絕對權威出現，康對自己充滿自信，即來自於此。朱氏尊宋，雖未能反駁康氏，但從康氏覆書中，則可見康說之弊。

至於朱氏辯經今古文問題，頗能道中康氏之失。康氏說《史記》言古文者，均爲劉歆僞造，朱氏反駁說果眞如此，「歆當彌縫之不暇，豈肯留此罅隙

以待後人之攻？」（〈朱侍御答康長孺書〉，同上，頁 797）朱並譏諷康「足下之《史記》，非古來相傳之《史記》矣。」（〈朱侍御答長孺第三書〉，同上，頁 804）其次，朱氏認爲劉歆僞《周官》、《左傳》則可，僞《毛詩》則不可；僞《左傳》之屬亂可，僞《左傳》則不可。第三，朱對各經今古文有其意見：可以三家詩定《毛詩》之失，不應廢《毛詩》；《古文尙書》之可疑，爲出自東晉，而非《史記》所載《古文尙書》爲僞；《左傳》、《公羊》、《穀梁》，漢儒僅爭其傳經與否，並未爭其眞僞；六經各有微言大義，所以十四博士各有家法，僅以《公羊》爲孔門大義，「聖人但作一經足矣，曷爲而有六歟？」（俱見〈朱侍御答康長孺書〉）第四，朱氏憂懼「詆詰古人之不已，進而疑經，疑經之不已，進而疑聖，至於疑聖，則其效可睹矣。」（〈朱侍御答長孺第三書〉，同上，頁 804）

康氏答書仍以今學息滅兩千年，至清始萌芽，後學應恢張今學，以明孔子之緒（〈致朱蓉生書〉，同上，頁 808）。對朱氏所說，並未深入反駁。推測其意，可能是在《新學僞經考》中已有詳細分析，所以在覆書中未作說明。朱氏所說，確爲康說引人懷疑處。朱說第四點，則出現在古史辨運動，顧頡剛就說他推翻古史的動機，是受了康氏《孔子改制考》的影響（《古史辨·序》冊一，頁 43），錢玄同則說將古文經打倒後，應再審查今文經的眞僞（〈重論經今古文學問題〉，《新學僞經考》頁 390），從懷疑經典到懷疑古史，是康氏論經今古文所引發的史學風潮。〔註2〕

綜觀朱、康之爭，在漢宋問題上，兩人各有立場，眞僞是非頗難判斷；在今古問題上，朱氏質疑確有所見，惟未在文獻上考證分析，尙待後人完成。

光緒二三年（1897），湖南新政運動次第展開，此時梁啓超在湖南時務學堂講學，爲培養新政人物的溫床；皮錫瑞、黃遵憲、譚嗣同主講南學會，爲新政運動領導中心；熊希齡、唐才常則主筆《湘學報》、《湘報》，爲維新言論發表的園地（參考林能士《清季湖南的新政運動》第二章）〔註3〕。此時康梁

〔註2〕　王汎森指出廖平、康有爲都說六經出於孔子託古，古文經的信史性從而崩解，見《古史辨運動的興起》頁 104，允晨，民國 76 年；彭明輝也指出康氏以六經皆爲孔子所作，六經不再是先王政典，六經的歷史結構是孔子的心理事實而非歷史事實，導出了疑古思想，見《疑古思想與現代中國史學的發展》，頁 41～43，商務，民國 80 年。
〔註3〕　湖南新政並不始於梁啓超，湖南巡撫陳寶箴、學政江標、按察使黃遵憲在梁氏入湘之前即已開始改革運動，梁氏係黃遵憲推薦，湖南士紳同意後請其入湘主講時務學堂。德國強佔膠州灣後，新政運動加劇，皮錫瑞、譚嗣同、唐

思想一脈相傳，皮錫瑞、譚嗣同、唐才常等又同主經今文說，與康氏宗旨大略相符，康說遂成爲反新政運動人士批判核心。〔註4〕

　　張之洞《勸學篇》即爲批判康氏而作，張氏分該書爲內外兩篇，「內篇務本，以正人心，外篇務通，以開風氣」（《勸學篇‧序》，頁4），觀其外篇所說，重點在文化及各種實業，文化在開啓民智、鼓勵遊學、廣立學堂、倡導翻譯、設立報館；實業則是農工商礦及鐵路，次則重視軍事。期望以文化和實業建設，自立自強。就此一部分而論，與康氏相同（見本文第五章第二、三節）。

　　不同之處，還是在內篇，其要有三：一是張氏認爲「宋代學術之中正，風俗之潔清，遠過漢唐」，所以張氏甚推崇程朱陸王之學，「明尚朱學，中葉以後，并行王學，要旨皆以扶持名教，砥礪氣節爲事」（《勸學篇》，頁 11）。與康氏崇尚西漢經今文學不同，然而康並非完全棄絕宋學，觀其《長興學記》即可知；梁啓超〈萬木草堂小學學記〉，也可見出不廢宋學傾向（見本文第三章第一節），且頗重視陸王之學；與朱一新論學，則直接承認教導弟子以宋學養心爲先（見上），只是康不以此爲究竟，同屬經今文學派的皮錫瑞在南學會演講，可作爲康說注腳，皮氏認爲義理之學可以培植人才，不會敗壞人心，但後世陋儒，「謂道學只可空談性命，一切事功，皆置之不講」，遂以爲孔孟程朱之學，本是如此（湯志鈞《戊戌變法人物傳稿‧皮錫瑞》，頁 451～452）。張、康、皮之異，仍在於對儒家、宋學理解之不同，就儒家經世要求而論，康、皮二氏之說，顯較張氏爲完全。

　　復次，張氏對《公羊傳》也不以爲然，一則指責新周、王魯、以春秋當新王之說爲非常可怪之論（《勸學篇》，頁 47），一則說治《公羊》者只需讀孔廣森《公羊通義》（同上，頁 67）。《公羊》多非常可怪之論，何休早已言之，張氏又未深入分析所以之故，從根本處反駁《公羊》說，以此自不能服人；

　　才常、熊希齡等紛紛加入。新政之初，湖廣總督張之洞曾大力支持，反維新派士紳王先謙也與新政人物合作，創辦實業。參考林能士《清季湖南的新政運動》，台大文史叢刊，民國 59 年；張灝〈思想的轉變和改革運動〉，收入《劍橋中國史‧晚清篇》，南天，民國 76 年。

〔註 4〕梁啓超曾作〈湖南時務學堂學約〉，本其〈萬木草堂小學學記〉而來；又作〈南學會敍〉，以「力戴王室，保全聖教」爲志，均與康說相符，見《飲冰室文集》冊二，頁 23～29，64～67，臺灣中華，民國 72 年。皮錫瑞雖不全同康氏，但經學立場與康同，且此時也說孔子創教，變法改制，與康大體亦同，見湯志鈞《戊戌變法人物傳稿‧皮錫瑞》，頁 454，漢京，民國 71 年。唐才常也主張大同、小康、素王之說，見《戊戌變法人物傳稿‧唐才常》，頁 477。

清代《公羊》學自常州莊存與始，歷經劉逢祿、宋翔鳳，至陳立作《公羊義疏》，此一路向完全不問，與康氏認古文經爲僞，置而不讀，有何不同？以「割地」之法治學，實不足爲典要。

第三，則是「舊學爲體，新學爲用」的思想，張氏說：「四書五經中國史事政書地圖爲舊學，西政西藝西史爲新學，舊學爲體，新學爲用，不使偏廢。」（同上，頁 96）中西新舊之間，呈現一對立狀態，張氏是想融合二者，方法是「西藝非要，西政爲要」（《勸學篇·序》，頁 7），西政是指學校、地理、度支、賦稅、武備、律例、勸工、通商（同上，頁 96），對制度改革主張，停留在有限行政重組及增補中國結構上（薛化元《晚清中體西用思想論》，頁 186）。康氏「公羊三世說」融合中西古今，確有恢怪之處，但中西衝突不顯，含蓋政治、社會、文化，視野也較張氏爲廣，三階段論則提出具體發展方向，對國史解釋效力，也較張氏爲大，中體西用說實不如《公羊》三世說。

張氏以推崇宋學、貶抑《公羊》、舊體西用反駁康氏，但康未廢宋學，其所建立的三世說在中西融合、思想視野、發展方向、歷史解釋均較張氏爲優，張氏之《勸學篇》並未能有效推倒康氏。〔註 5〕

戊戌政變後，章太炎作〈翼教叢編書後〉，一開始即指出該書批駁康氏經說，「未嘗不中窾要」，但疑經者不始於康氏，崔述、劉逢祿、魏源、宋翔鳳等均在康氏之先，且「說經之是非，與其行事，固不必同」（見湯志鈞編《章太炎政論選集》，頁 96），在政治立場與康相近，在經學立場則有分別。

考察章氏經學立場，其中又有委曲。章氏自述至光緒十七年（1891）始分別今古文，光緒二二年（1896）作《春秋左傳讀》（《太炎先生自定年譜》，頁 4～5，《章氏叢書》本），目的是反駁常州今文學。其時章氏在杭州詁經精舍從俞樾讀書，俞氏頗右《公羊》，章氏也未偏廢今文學，光緒二三年（1897）章氏入《時務報》工作，仍以大一統、通三統爲說（參見湯志鈞《近代經學與政治》，頁 258～262，又《改良與革命的中國情懷》頁 44～50），今古之間，

似未涇渭分明。至光緒二五年（1899）一月十三日在《臺灣日日新報》答覆他人質疑章、康異同時，章氏說「所與工部（案：指康有爲）論辨者，特《左氏》、《公羊》門戶師法之間耳，至於黜周王魯、改制革命，則亦未嘗少異也。」自注並說《左氏》大義與此數語相吻合（湯志鈞，前引二書，依序見頁 270，頁 62），雖爭師法門戶，而《左》、《公》仍有相通處。同年十二月作〈今古文辨義〉，兩者之間才有較確定的界限。〔註6〕

〈今古文辨義〉章氏明言是反駁廖平之說，但該文內容與康說相關，且文末特別聲明「若夫經術文姦之士藉攻擊廖士以攻擊康黨者，則坎井之黿，吾弗敢知也。」（《章太炎政論選集》，頁 115）與〈翼教叢編書後〉合觀，可能是章氏不滿康氏經說，但又不欲於此時落井下石，攻擊康黨，所以藉批評廖平，表明章氏對變法期間經今文學的看法。

章氏綜合廖平意見，大抵有五：六經皆無缺；六經爲孔子所撰；堯舜禹湯並無其事；《左氏》是今學，大旨與《公》、《穀》同；諸子皆宗孔子（同上，頁 108）。除《左傳》是今學與康氏不合外，餘皆可在《新學僞經考》及《孔子改制考》中得見。章氏說廖平以爲秦焚書不及博士，所以六經皆全，但秦博士除伏生通《書》外，餘皆備顧問，不如漢代博士皆爲經師，且經項羽焚咸陽，博士所藏之書，也很難留傳；孔子自是聖人，但不必以制作六經明其聖，其過於堯舜，是在性分，不專在制作；堯舜之事是孔子所託，根據此一理論，也可說孔子之事是漢儒所造，漢儒所說又可說是劉歆所造；墨子即專與孔子立異，如何能說諸子同宗孔子？經今文學家往往強調今學有師法，古學無傳承，章反駁說同爲今學，而立十四博士，師法即已不同，否則只需立五師博士即可。

就章氏所說，除博士究竟爲顧問抑或經師尚待討論外，其餘確是經今文家立論之失。尤其是章氏提出孔子之聖在性分不在制作，提供了重新討論孔

〔註 6〕湯志鈞說章氏所以雜用今文說，是贊成康氏改制，但不贊成其夸誕的說法，見《近代經學與政治》頁 263，北京中華，1989 年；《改良與革命的中國情懷》頁 53，香港商務，1990 年。考章氏之說是以今文學吸收西方長處，以爲變法的根據，經今文學說較不顯中西衝突，也可略知，章說見〈論學會大有益於黃人亟宜保護〉，收入湯志鈞編《章太炎政論選集》，頁 8〜13，北京中華，1977 年。又章氏於民國 5 年作〈自述思想變遷之跡〉，曾說蘇報案出獄後，東渡日本，「而經典專崇古文」，其時是光緒三二年（1906），以此觀察，從光緒二二年作《春秋左傳讀》後，可能至本年專崇古文才告完全確定，章文見朱維錚、姜義華編注《章太炎選集》，頁 589，上海人民出版社，1981 年。

子性格的領域。其中問題是制作六經、變法改制，固然可稱爲聖人，但聖人是否必須是制作六經、變法改制？康氏將兩者等同，不多也不少，引發對孔子性格的爭議，從此處也可知康氏所以如此認定孔子，確有時代因素。至於僞託說之弊，朱一新與章氏所見相同，章氏的反駁，最爲雋妙，可稱爲入室操戈，然而朱、章所說，均在日後成爲事實。群經大義只以《公羊》爲斷，朱氏說如此只須立一經；五經各有師法，章氏說如此只須立五師，說甚相似，提供了群經相互關係的課題，也說明經學內部的複雜性，執一爲說，實無法含蓋整體經學。

光緒三一年（1905），劉師培與黃節等創辦「國學保存會」，刊行《國粹學報》，倡導古文經學（陳慶煌《劉申叔先生之經學》，頁 5），次年劉氏發表〈漢代古文學辨誣〉（收入《劉申叔先生遺書・左盦外集》），即爲駁斥經今文學而作，其理論核心是今古文之分，是由於後儒立說之歧，並非孔子訂經之時，即含有今古兩派（《劉申叔先生遺書》冊三，頁 1619），然而後代爲何有今古兩派？劉氏說古經本同一源，本子互異，是因傳寫訛誤，後儒又望文生訓，致立說分歧（同上，頁 1617）。

劉氏此說，並未解決問題，既是經文傳寫訛誤，則定何者爲眞，成爲首要課題，眞僞之間，爭議必定激烈，何況康有爲《新學僞經考》就以相同理念處理類似問題；其次，後儒既是望文生訓，也存在眞僞問題，文字眞僞再夾纏學說眞僞，極難確定其中眞相；第三，韓非就曾說孔子之後，儒分爲八（《韓非子・顯學》），荀子也分儒者爲子張氏之賤儒、子夏氏之賤儒、子游氏之賤儒（《荀子・非十二子》），其時並無今古文問題，然而孔門後學已有不同，孔子確未分立兩派，但在漢代今古爭議之前，孔學即已有不同的發展方向。問題重點仍是對孔子認知有異。

劉氏一如朱、章，認爲懷疑古文經的結果，不僅廢古文經，且破壞古文經中的信史結構，如此「非惟經學之厄，亦且中國史學之一大厄矣」（同上，頁1613），三氏所見皆同，劉氏更明白指出疑經終會走向疑史，其見甚高。〔註7〕

〔註 7〕綜觀劉氏一生，早主革命，至日本後則醉心無政府主義及社會主義，返抵國門，又批判自己早期的革命立場，並入兩江總督端方之幕，入民國後，又曾襄贊袁世凱稱帝，晚年曾說「一生應當論學而不問政」，詳見陳燕《劉師培及其文學理論》第二章，華正，民國 78 年。與章太炎早主革政，後主革命，最後又質疑民國政府，有異曲同工之處，詳見姜義華《章太炎》第一章，東大，民國 80 年。再與廖平經學六變、康有爲早主古文，後主今文相較，晚清知識

　　民國六年（1917）王國維作〈漢代古文考〉九篇（收入《觀堂集林》卷七，趙萬里編《海寧王靜安先生遺書》本）。〔註8〕據洪國樑研究，此九篇係針對康氏《新學僞經考》而作（《王國維之經史學》頁317）。王氏首先說明先秦古文分爲兩大系統：一爲秦國籀文，爲西方文字；一爲六國古文，爲東方文字；兩者俱出於殷周古文。其次指出《史記》古文爲先秦六國遺書，《漢書》古文爲孔子壁中書、鼎彝文字，《說文解字》古文爲漢時所存先秦文字，魏晉之間，與通行隸書相異的文字，通稱爲科斗文字。第三，指出古文意義的演變，漢初稱六國文字爲古文，其後古文成爲書體的專稱，最後成爲學派名稱。第四，古文經源自秦石室金匱之書、孔壁書及河間獻王書（《觀堂集林》卷七，頁293～302；洪國樑，前引書，頁321～330）。

　　王氏將古文來源作清楚考證，從文字中可以得知歷史從殷周至漢，一脈相傳；古文學派承自先秦遺書，源於文字之異，成於說解之別，也較劉師培望文生訓說爲合理。王氏最大貢獻是彌補了因託古說而來的歷史斷裂危機。

　　康氏與諸家之異，一在漢宋之爭——康氏與朱一新、張之洞；一在中西之爭——康氏與張之洞；一在今古之爭——康氏與朱一新、章太炎、劉師培、王國維；而以經學爲核心，經學又以孔子學術性格爲爭執焦點。朱一新、張之洞認爲孔子學術以義理爲主，以義理規範制度、指導人心；康氏則認爲孔子學術不僅是義理，還有制度，義理在制度之中，治學方法是在制度中求聖人義理，進而將此義理制度用於政治社會。張之洞以爲傳統思想（道）不可變更，可變更者惟有「器」；康氏則說孔門後學有「推補」之權，將孔子思想作最大解釋。章太炎、劉師培、王國維以爲孔子之學一脈相傳，承自前代；康氏則以爲孔子創作六經，上古史事全爲孔子託古而來，其目的是改制。

　　就義理與制度爭論而言，康氏並未放棄義理，只是義理不能懸空而談，須落實到制度之中，義理才能發揮其經世功能；制度的安排，也可見出背後的義理，兩者並非分離狀態。朱、張兩人視義理與制度爲二，實不如康氏之說。在道與器爭論上，道固然可改變器，但器也可改變道的形式，堅持道不可變，未見到器可變道的可能性。所以傳統並不是一成不變，有其生命，會

分子多變，不僅表現在政治上，也表現在學術上。何者進步，何者退步，甚難判斷。理解何以如此，遠較判斷進步、退步重要。
〔註8〕今本《觀堂集林》卷七只列此九篇篇名，無〈漢代古文考〉總名，參考洪國樑《王國維著述編年提要》，頁55，大安，民國78年。

隨著時代、學派的解釋而異，一方面自會破壞傳統，另一方面可注入新的內容。〔註9〕張氏之說，也不能平服康氏。

最有問題的仍是經今文說，康氏與諸人爭議，導出：（一）重新探究孔子，（二）重新論定儒學，（三）由論經轉向考史。然而前二者正是康氏承清代經學發展所作的工作，康氏是重新衡定孔子與儒學，卻引發了另一波討論孔學的風潮，康氏懷疑古文經，指責前代儒者未能理解孔學，後人又懷疑康氏學說，訂定今文經的真僞，重新衡量康氏所說的孔子。考史路向則分爲二：一是疑古，全面推翻古史，走向反傳統之路；一是釋古，重建古史。康氏反傳統，卻是從更古的傳統獲得資源，古史辨派反傳統，則從康氏啓發而來；章太炎、劉師培、王國維等學者，也是與康氏爭論中，走向與古史辨派不同的道路。傳統與反傳統之間，不止是橫向對立，還有縱向繼承的關係。也顯示經學爭論，方興未艾，仍有待後學研究。〔註10〕

第二節　對康氏孔教說的批評

光緒二三年（1897），梁啓超作〈復友人論保教書〉，其時梁氏以孔爲教，一如康氏，欲以孔教規範政治社會：「國受範於教」（《飲冰室文集》冊二，頁10）。梁說之失也一如康氏，聖人固以教化治民，但教化是否必須以宗教形式存在？光緒二八年（1902）梁氏一反其前見解，作〈保教非所以尊孔論〉。梁氏宗教觀念是「所謂宗教者，專指迷信宗仰而言」，其要不過「起信」與「伏魔」，起信則禁止懷疑，伏魔則持門戶以排外，孔子之教正與此相反，所以孔子是哲學家、經世家、教育家，而非宗教家，「夫不爲宗教家，何損於孔子也」（以上俱見《飲冰室文集》冊四，頁52）。

〔註 9〕 這種情形，劉師培也不能免，劉氏引襄十四年傳：「天之愛民甚矣，豈其使一人肆於上，以縱其淫，而棄天地之性，必不然矣。」而說《左傳》所載，多合民權。見《劉申叔先生遺書・讀左劄記》冊一，頁 350，華世，民國 64 年。另參考陳慶煌《劉申叔先生之經學》，頁 309～310，政大中文所博士論文，民國 71 年。

〔註 10〕 湯志鈞《近代經學與政治》最後一章（第八章）名爲「經學的終結」，又說自崔適以後，經的範圍日漸縮小，經的可疑程度則日益增大，經的地位動搖，經學終告結束（頁 364）。詳究其實，湯氏經學立場，是從康有爲——五四運動——古史辨這一系統而來，此一系統目的就在推倒經學權威性格。與康有爲、章太炎、劉師培、王國維這一系統完全不合。然就兩系統異同而論，可供研究問題不少，經學果真結束？

　　由於梁氏視宗教爲迷信，所以斷定宗教在科學日益昌明、思想日見自由
的時代，必會逐漸衰頹，以孔教爲國教，一則混淆政治與宗教的權限，一則
束縛國民思想。梁並說自漢以來孔子變爲董仲舒、何休，變爲馬融、鄭玄，
變爲韓愈、歐陽修、變爲程頤、朱子，變爲紀昀、阮元，這些都限制學者思
想，不能別開生面，孔子之爲孔子，正在思想自由（同上，頁53～55）。孔子
之義，有萬世不易，也有與時推移，「吾愛孔子，吾尤愛眞理」，應羅列古今
中外學術，取舍之間，以曲直爲斷（同上，頁58、59、56）。〔註11〕

　　梁視宗教爲迷信，自不可取，但孔子不爲宗教家，無損孔子地位，最能
擊中康氏要害。同時梁分政治宗教爲二，也能去除康說之弊。梁認爲孔子變
爲董仲舒、何休等，是限制學者思想，於是前代學者之說，俱不可信，孔子
學術仍待討論，梁雖推尊孔子，但至此時，孔子已成爲研究對象，兼以眞理
在孔子之上，孔子神聖地位，已然滑落。梁氏如同康氏，推尊孔子的結果，
卻造成疑孔的局面。

　　光緒三十年（1904），劉師培作〈論孔教與中國政治無涉〉，光緒三二年
（1906），再作〈論孔子無改制之事〉，兩文均批判康氏孔教說（俱收入《劉
申叔先生遺書·左盦外集》）。綜觀其理論，一在指出孔子之前中國已有宗教，
分爲多神、拜物、祀先（《劉申叔先生遺書》冊三，頁 1745）；其次是孔子之
教，指教化與教育，以宗教視孔子之學，始於東漢，盛於六朝，至明李贄「三
教同源」說，孔子成爲教主（同上，頁 1640～1641）；以素王當孔子，出於讖
緯，本於神權思想，前此無徵（同上，頁 1639）。康氏以孔子及諸子創教爲說，
確實忽略初民宗教信仰；其孔教之教，也介於學說與宗教之間，兩者無法明
確畫分；康氏理論，未臻嚴密。

　　至於改制之說，主要問題是經典所載制度紛雜，後學無所適從，康氏以
孔子改制立法，解決典制不一的困擾。劉氏則解釋古代典制紛雜之因：周代
頒行之制，未必普行於列國，列國之制，有用周制，有用古制；周代制度，
前後不同；列國又更改古制；古代之制，因時、因地、因事而有不同；孔門
後學，聞見有詳略異同，所以傳經派別，也各自不同（同上，頁 1635～1636）。

〔註11〕 梁氏以孔子變爲董仲舒、何休等，認爲是限制學者思想，殊不知孔子變爲董、
　　　　何，變爲馬、鄭，豈不說明經學研究，非但未限制學者思想，反而擴增學者
　　　　視野。梁氏之說，也可證明本文所說，孔子面貌，依據時代、學派，各有不
　　　　同。

劉氏此說，一可回答康氏經典異制的疑問，二可反駁康氏諸子各立制度的見解。更重要的是此說已指出古代文化狀況，因時地而異，而非後人所想是單線相傳，引發中國文化一元或多元的研究。

孔子既非教主，也無改制之事，孔子之學究竟爲何？劉氏引《說文》：「儒，柔也，術士之稱。」孔子之學即古代術士之學，術士以六藝爲學，所以六藝也稱爲儒書，儒家本六藝之說而以求用爲目的。六藝則是先王陳跡，用以教民。然而本先王陳跡以爲說者，又不止儒家，因此劉氏續云孔子之學僅周季一學派，儒家與諸子並列九流（同上，頁 1641～1643）。歷代儒家地位尊崇，是因著述浩繁，弟子眾多及帝王表彰的結果。劉氏最後結論，「居今日而欲導民，宜革中國之神教，而歸孔學於九流之一耳」（同上，頁 1746）。

劉氏的理論，一則導出古代文化的研究，二則降低儒家權威地位。康氏以孔教救國，劉氏正好相反，則關係兩人的宗教觀念。劉氏視宗教爲神道（梁啓超、章太炎亦然），既爲神道，必有其不可徵驗的神跡，在劉、梁、章諸氏眼中，相信此神跡，無異於迷信，以迷信視孔子，豈能提高孔子地位？爲了維護孔子地位，神道思想只能抑制，絕不能增長。此所以諸氏力反康氏孔教說。然而詭譎的是，孔子及儒家，不但未能保持以往地位，反而日益啓人疑竇，由尊孔而反孔，反孔正由尊孔而來。

民國二年（1913），康氏再度倡議建立孔教，於《不忍》雜誌發表〈以孔教爲國教配天議〉、〈孔教會敍〉等文；章太炎則撰〈駁建立孔教議〉反駁。康氏之意，在民國成立後，政局紛亂，紛亂之因，則在風俗道德，欲挽狂瀾，非建立孔教以指導風俗民心；次則一本前說，孔學精義在三世，據三世理論，可導引中國至太平世；其方式是模仿基督教（見《康南海文集》，頁 61、63、67）。章氏則認爲「宗教至鄙」，只有遠古愚民行之，所以如此，在於宗教是鬼神迂怪之談，孔子不語神怪，未能事鬼，豈能以此建立孔教？章氏並指出孔子「所以爲中國斗杓者，在制歷史、布文籍、振學術、平階級而已」，孔子於中國，「爲保民開化之宗，不爲教主」（《章太炎政論選集》，頁 688、690、692）。比較二氏之異，三世理論不計，康說言之有理，然而孔教終不能成者，在於康與諸家宗教觀互異，也未考慮到儒學即使具有宗教性格，仍與宗教不同，強彼施此，招致反擊，其來有自。

康氏與諸氏爭論孔教，一如爭論經今古文，引出孔子及儒家的討論，帶動古史研究新方向；更甚者是孔子地位，日漸貶抑；梁啓超置眞理於孔子之

上，孔子已不再是眞理衡定者，而是爲眞理所衡定；劉師培、章太炎爲了去除孔教的神道色彩，不惜降孔子於百家，儒學於九流，自此以後孔子與儒家的權威地位，不如以往。

第三節　對康氏政治立場的批評

康氏弟子在湖南實施新政之初，非但未受阻撓，且甚受各方支持（見林能士《清季湖南的新政運動》第一、二章），然而不久即遭湖南士紳猛烈攻擊，直至戊戌攻變，方告結束。考其原因，並不在新政諸措施，張之洞在政變前即說：「排斥變法者，大率三等，一爲泥古之迂儒，一爲苟安之俗吏，一爲苛求之談士。」（《勸學篇》，頁 118〜119）政變之後，葉德輝則說：「今又以康梁之故，使天下譁然不敢言新，恐終難收自強之效。」（〈葉吏部與俞恪士觀察書〉，蘇輿編《翼教叢編》，頁441）未拒斥新政，還可從《勸學篇》及《翼教叢編》內容中見出，前者力倡新政，後者根本未攻擊新政。

問題的癥結，在於康氏的孔教說。然則孔教說何以涉及政治？這可從梁啓超於光緒二七年（1901）所作《康南海傳》見出，梁氏引述康氏見解：「先生於耶教，亦獨有所見。以爲耶教言靈魂界之事，其圓滿不如佛；言人間世之事，其精備不如孔子。然其所長者在直捷、在專純，單標一義，深切著明：曰人類同胞也，曰人類平等也，皆上原於眞理，下切於實用，於救眾生，最有效焉。」（《康南海傳》，楊克己《康梁合譜》，頁 268）康氏引基督教義，用於孔子學說，倡導「人類同胞」、「人類平等」，就字面而言，並無不妥，但究其實質，人人平等之說，是根據人類同出於「天父」，如此彌平了人類一切的等差，在宗教領域內並無問題，問題在康氏門人將之推於政治領域，以此作爲民權的理論基礎；如果以此理論再進入到倫理領域，勢必破壞社會及家庭結構。這並非杞人憂天，康氏三世理想，其文化狀況即有無夫婦一項。

此種局面，豈能爲湖南士紳所容忍？張之洞就指責法可變，但「不可變者，倫紀也」（《勸學篇》，頁116），並指出「孔門之政，尊尊而親親」（同上，頁58），而提出三綱之說，以爲抗衡，且舉證說西方自有其君臣、父子、夫婦之倫（同上，頁33〜35）。就此點而言，張氏並非有任何保守處，而是對傳統倫理懷有憂懼，倫理結構破壞後，其結果是社會崩潰。葉德輝也說「蓋聖人之教，先之以人倫，而以神道輔其不及；耶穌之教，先儷之以鬼神，抑倫理

於後。」(〈葉吏部與南學會皮鹿門孝廉書〉,《翼教叢編》,頁 418) 尊尊親親
之說,先以人倫之教,就重在政治階層與人倫等差,彌平這些差異,在湖南
士紳看來,無異於墨子,所以王先謙痛責康梁「專以無父無君之邪說教人」(〈王
祭酒與吳生學兢書〉,同上,頁 393)。以無父無君責康梁,在《翼教叢編》中
觸處皆是,君權與民權的爭議,核心是倫理觀的差異,就此而論,康氏援基
督入孔教,確有不當。〔註12〕

　　然而即使康氏不以此方法宣傳民權,張之洞等人仍不會接受。此則涉及
社會觀。張氏曾說:「變法者,朝廷之事也,何為而與士民言?曰:不然。法
之變與不變,操於國家之權,而實成於士民之心志議論。」(《勸學篇》,頁 115)
表面上看,似是與士民共倡變法,實際上是權力在上,士民只是共同完成。
對議院的看法,可清楚顯現張氏見解:「國有議院,民間可以發公論達眾情而
已。但欲民申其情,非欲民攬其權。」(同上,頁 52) 葉德輝則說草茅言變法,
近於亂政 (〈葉吏部與俞恪士觀察書〉,《翼教叢編》,頁 441),湘省士紳也說
治理天下,大權不可旁落,何況下移於民 (〈邵陽士民驅逐亂民樊錐告白〉,
同上,頁 346)。草茅不可言變法,權力不可移於民眾,然而葉德輝、王先謙
等人,何以能言變法?與其說是推尊君權,不如說是重視紳權,亦即國家大
政,是國君與士大夫共理,細民只能遵從,但須通上下之情。葉氏等人持「社
會菁英觀」,以社會菁英治國理政。

　　康氏則不然,康倡導公共文化,建立公民意識 (見本文第五章第一、三
節),所持是「社會大眾觀」,欲與全國士民共理國政,雖然康也自知這不是
一蹴可及之事,須從普及教育開始,才有可能達成此一目標。然而兩者畢竟
不同,發生衝突,也在所難免。

　　《翼教叢編》派與康氏差異,一在倫理觀,前者堅持等差之別,後者以
人人平等為教;一在社會觀,前者持社會菁英觀,後者持社會大眾觀。將兩
者置於文化傳統下觀察,康氏之說,有悖離中國文化傳統處,葉德輝等人以
正統自居,批判康氏,殆非無故。

　　另一為人批判的政治立場,即康氏對革命的態度。光緒二八年(1902),

〔註12〕呂實強就指出人人平等,是在上帝面前而言,並非人類之間,愛無差等,但
　　　　這項觀念,難為中國士大夫理解,成為教案發生的原因,見《中國官紳反教
　　　　的原因》頁30,中研院近史所專刊十六,民國74年。反教者固然不能理解聖
　　　　俗之別,康氏門人又何嘗能理解?

康氏作〈答南北美洲諸華僑論中國只可行立憲不可行革命書〉，反對革命。其正面理論根據《公羊》三世說，由君主專制、君民共治到民主平等，須循序漸進，不可躐等，理由是中國政俗民心由來已久，遽行革命，無所適從；其次是從歐洲歷史得知革命之慘，且歐洲除法國爲民主政體外，餘皆爲君主政體，但無損於民權；第三，政治改革以爭取自由自主爲要，君主民主俱爲虛位；第四，戊戌變法已有成效，但爲西后、榮祿所阻，一旦光緒復辟，以專制之君權變法，以公議之民權守成，最爲有效，且不必經過革命的糜爛（見《不幸而言中不聽則國亡》，頁 54、53、56、70，宏業本）。

康氏接著指出革命說之弊，一在革命者倡導自立，但中國行政體系嚴密，由中央到郡縣，層層轄制，無從自立；美洲諸國自立，是因歐洲距離過遠，鞭長莫及，歐洲諸國自立，是因宗教不同，中國並不存在這種狀況；且自立後，十八行省變爲十八國，外無以禦歐美侵略，內足以啓各省相爭。二在革命者欲以雷霆之力，掃蕩舊俗，康氏則認爲舊俗未必爲非，有所取舍，較惟新是求、惟異是尙爲要。三在革命者以滿洲爲敵，康則說國史民族融合，無從檢別漢族、非漢族，且夷夏之別，出自《春秋》，以禮儀爲主，不以種族爲界（同上，頁 72～76、82、84～85）。

次年（光緒二九年，1902）章太炎作〈駁康有爲論革命書〉，章氏說革命固然慘酷，流血成河，死人如麻，但觀歐洲爭取立憲民權的歷史，何嘗不然？既然中國舊俗俱在，何以只可行立憲而不可行革命？啓迪民智，正有賴革命以開之。光緒帝受制於西后猶有可說，但庚子事變，可以脫離西后，行至南方與之分庭抗禮，而光緒不爲，適足以證明其居皇帝虛名，豈能賴以變法？且以君權變法，就是君權專制而非立憲（見湯志鈞編《章太炎政論選集》，頁 201～203）。

章氏並認爲割據而有自由，猶愈於名實不副的立憲。立基於民族主義，則是章氏全文重點。章指出中國固有不同種族，但皆歸化漢族，滿族不僅未歸化漢族，且陵制漢族，尊事孔子，奉行儒術，只是其南面之術，愚民之計。曾、左、李、胡，勳業蓋世，也僅是位在藩鎮，未參內政。至於滿洲立憲，上議院可否決下議院定案，而上議院則是皇室、貴族與僧侶，漢族無所謂政權可言。康氏反對革命，一是爲光緒之私誼，忘卻漢族之公仇，二是爲本身名位著想（同上，頁 205、195、197、200、208）。

康氏重在避免流血革命，所指陳者在將來；章氏重在爭取漢人政權，所

駁斥者在目前。以歷史背景論，戊戌政變後，又有義和團事件，招致八國聯軍攻入北京；日本蘇俄以東北爲戰場，爭奪在華利益，最後兩國聯手瓜分東北；章氏革命救國論，確能影響人心，清廷虛有其表的立憲運動，也證明章氏所說，較符實際。以歷史發展論，辛亥革命後，中國果然陷入分裂局面，列強干預也與日加深；對傳統文化批判則日益激烈，康氏判斷，顯然無誤。

　　民國六年（1917），康氏參與復辟，倡導讀經，認爲孔教微絕，人民不知爲何國之民，家國政治也茫無是非（《丁口要件手稿・讀經》，頁10）；民國二四年（1935），抗日前夕，章氏演講〈論讀經有利而無弊〉，認爲救國之道，舍讀經莫由，讀經之要，在保持國性（《章太炎政論選集》，頁863、868）。取徑仍異，但從經典中反省時代問題則同。

　　康梁倡人人平等，根源在孔教說；康氏反對革命，依據在三世說。前者理想遠大，卻不符傳統；後者眼光準確，卻不符實際。前者招致湘省士紳反對；後者招致革命黨人批判。

　　總結本章所論，康氏在經學、孔教、政治均遭受猛烈攻擊。在經學方面，康氏以爲孔子創作六經，儒學應在制度中求義理；諸家則以爲孔子傳承有自，儒者在傳播歷史文化。在孔教方面，康氏以爲宗教具神聖性格，以孔子爲教主；諸家則以爲宗教爲迷信，以孔爲教，反而貶抑孔子。在政治方面，康氏根據其經學，反對革命，根據其孔教，倡導民權；諸家則以現實狀況及傳統人倫反駁。康氏與諸家爭論，則開啓學術研究新方向，在經學方面，重新探討孔子，重新論定儒家；在史學方面，啓疑古派以新方法，導釋古派興起。

結　論

　　本文置康有爲於清代經學史中觀察，首先反省解釋清代經學史的歷史背
景：王學反動、清廷高壓、西力衝擊、階級利益，在此四種見解下，經學隨
著政治、經濟、社會而變化，經學地位，日益隱晦。經學研究基於「孔子──
─儒家──經典」此一構成，對經典理解不同，影響對孔子與儒家的理解，
反之亦然。清代經學史在此一結構下，其發展方向是由宋學節節上溯至西漢
經今文學，其學術內容從個人生命轉向群眾生命，學術方法從道德體踐轉向
典章制度。朱次琦、廖平、康有爲是晚清此一路向代表人物（第一章）。

　　康氏師事朱次琦，承襲廖平經學二變之說。朱氏以理學經世，方法是先
直己而後直人，實踐對象是宗族，但宗族不能代替社會，在宗族結構下，也
不能處理所有社會問題，朱氏雖已有社會性思考，仍嫌不足。廖平經學六變，
前三變爲今古之學，後三變爲天人之學，前者以制度分別今古，後者探討人
存在價值。廖氏已有制度思考，但重在經學研究，較缺乏實踐層面。朱氏社
會關懷，予康氏極大影響，康氏又襲取廖氏尊今抑古之說，合斯二者，康氏
建立其新經學，而從批判傳統經學始（第二章）。

　　康氏重解傳統經學，在於清代經學是對孔子與儒家不斷的解釋，康氏本
此路向而來，而在重解傳統同時，西方文化也於此時與中國交會，內外環境
的刺激，加劇反省的態度，成爲批判型態。康氏批判傳統，是在傳統中重新
尋求新的力量，這一過程，則與清代經學史發展相符：從理學轉向經學，即
是從宋學轉向漢學；從古文轉向今文，即是從東漢轉向西漢；以《公羊》爲
孔子眞傳，以孔子爲教主，即是對孔子的重新定位。而其最後目的是提出「公
羊三世」說，以更新文化（第三章）。

　　在重新定訂孔子地位後，康氏據此解釋四書，以子游、子思、孟子爲孔門眞傳，並賦經學予理論基礎：以通變與實踐爲探究孔學的方法；以元氣化生說明天的形成，再以天爲最高規範，限定人的責任；天的內涵是仁，仁即博愛，愛及天下萬物；仁的開展在性，擴充人的善性，肯定人的欲望；性的完成在禮，品節人的欲望，建立理想社會。又混「公羊三世」與「禮運大同」爲一，形成各種三世模式，重視社會福利、人民生計、公共文化。以孔爲教目的是以文化理想規範政治社會（第四章）。

　　康氏的政治社會實踐即根據其經學思想而來，提出制度、物質、文化爲其救國方案。制度救國是重組政治權力，變更行政體系；物質救國是發展實業，設立銀行，採金本位制；文化救國是以尊孔讀經爲根本。典章制度的探討，本是清代經學發展方向；滿足民眾欲望，與康氏重解孔孟人性論相關；以孔爲教向來是康氏理想。而這三者也與康氏《公羊》三世說的升平世若合符節，康氏政治社會實踐實爲其經學實踐（第五章）。

　　康氏雖認爲其說是不易的眞理，但與其同時諸學者，如朱一新、張之洞、章太炎、劉師培、王國維、葉德輝、王先謙則甚不滿康氏經學。綜合諸家與康氏之異，康氏以爲孔子之聖在制作六經，儒學應在制度中求義理，並貫徹到社會；諸家不以制作六經爲神聖惟一原因，且孔子傳承有自，儒學在傳播歷史文化。康氏以爲宗教具神聖性格，以孔爲教，才能推尊孔子；諸家以爲宗教只是迷信，以孔爲教，反而貶抑孔子。康氏根據其《公羊》三世說反對革命，根據其孔教說倡導平等；諸家以民族主義、政治現實駁斥其革命有害說，以人倫關係駁斥其平等說（第六章）。

　　康氏在長興講學時平分漢、宋學，漢學經典是《公羊》、《穀梁》、《王制》、《荀子》，宋學經典是《論語》、《大學》、《中庸》、《孟子》（第三章第一節）。作四書新注時則分孔學爲荀子、劉歆、朱子傳小康之道，子游、子思、孟子傳大同之道（第四章第一節），對儒家派別傳承，前後不一，何者爲眞，無法判斷。

　　三世說是康氏《公羊》學核心，據以改革政治社會的理論基礎，以康氏理論言，中國介於據亂與升平之間，卻不符合三階段論，於是繁複三世模式出現，但歷史分期模糊，喪失改革的理論根據（第三章第三節）。其後又以「禮運大同」混「公羊三世」，康氏甚至說大道之眞盡在《禮運》，如此三世說必須讓位予大同說，三世說是三階段論，大同說是二階段論，兩者無法合一，

產生各種三世模式，重複衝突，在所難免，形式與內容都出現困難（第四章第三節）。

康氏以孔爲教，但儒家卻不具備宗教的形式與組織，師統與君統合一，與其說是宗教，不如說是中國文化的理想（第三章第四節）。其後更以孔教改革社會，形成孔教的世俗化，理想雖然高遠，但神聖權威與世俗權威不分，「教主」變成「教王」，然而孔子已不再，於是世俗權威可藉解釋孔子，取得神聖權威，權力具神聖性格，不容挑戰，極易開出獨裁專制的局面（第四章第四節），康氏對此無法防止。

康氏以古文經皆劉歆僞造，但康氏自己也承認三古異時，周孔異制，諸經乖互，理不可從，如是劉歆一人僞造，豈會如此？（第三章第二節）

康氏以通變與實踐爲解釋孔學的方法，實踐必須通變，通變又以實踐爲目的，相互爲用的結果，經典解釋無定，任意性擴大，破壞經典研究規範（第四章第二節）。

康氏政治改革近於重組政治結構，財經改革也近於重組社會結構，兩者結合，已有「準革命」形勢，欲以一人之力完成，實非易事（第五章）。

康氏與諸家爭論，原本欲推尊孔子，孰知卻帶來相反的結果，古文經眞僞問題，導出上古史事眞僞問題，開出疑古史學一派；以孔爲教問題，導出孔子爲百家，儒學爲九流，儒家地位不如以往，以前以孔子衡定眞理，以後以眞理衡定孔子（第六章）。

參考書目

依作者〔編者〕姓氏筆畫順序排列

一、專　書

1. 中村元，《東方民族的思維方法》，台北，結構群，民國 78 年。

2. 王汎森，《章太炎的思想及其對儒學傳統的衝擊》，台北，時報文化出版事業公司，民國 74 年。

3. 王汎森，《古史辨運動的興起》，台北，允晨文化公司，民國 76 年。

4. 王熙元，《穀梁范注發微》，台北，嘉新水泥公司文化基金會研究論文。

5. 王爾敏，《中國近代思想史論》，台北，華世出版社，民國 66 年。

6. 王爾敏，《晚清政治思想史論》，台北，華世出版社，民國 69 年。

7. 皮錫瑞，《經學歷史》，台北，河洛圖書出版社，民國 63 年。

8. 皮錫瑞，《經學通論》，台北，河洛圖書出版社，民國 63 年。

9. 本田成之，《中國經學史》，台北，廣文書局，民國 68 年。

10. 卡西勒，《論人》（劉述先譯），台北，文星書店，民國 48 年。

11. 卡爾·巴柏，《歷史定論主義的窮困》（李豐斌譯），台北，聯經出版事業公司，民國 73 年。

12. 牟宗三，《中國哲學十九講》，台北，學生書局，民國 72 年。

13. 朱子，《四書集注》，通行本。

14. 朱維錚、姜義華編注，《章太炎選集》，上海，上海人民出版社，1981 年。

15. 朱維錚編，《周予同經學史論著選集》，上海，上海人民出版社，1983 年。

16. 江藩，《漢學師承記》（周予同注本），台北，華正書局，民國 71 年。

17. 何休，《春秋公羊傳解詁》，台北，台灣中華書局，民國 69 年。

18. 余英時，《歷史與思想》，台北，聯經出版事業公司，民國71年。

19. 李威熊，《中國經學發展史論》（上），台北，文史哲出版社，民國77年。

20. 李新霖，《春秋公羊傳要義》，台北，文津出版社，民國78年。

21. 李澤厚，《中國近代思想史論》，台北，谷風出版社，民國76年。

22. 李耀先編，《廖平學術論著選集》（一），成都，巴蜀書社，1989年。

   《今古學考》

   《古學考》

   《知聖篇》（正、續）

   《孔經哲學發微》

   《經話》（甲、乙）

   《六變記》

23. 阮芝生，《從公羊學論春秋的性質》，台大文史叢刊，民國57年。

24. 汪榮祖，《康章合論》，台北，聯經出版事業公司，民國77年。

25. 沈雲龍，《康有為評傳》，台北，傳記文學出版社，民國67年。

26. 呂實強，《中國官紳反教的原因》，台北，中央研究院近代史研究所專刊十六，民國74年。

27. 林能士，《清季湖南的新政運動》，台大文史叢刊，民國59年。

28. 林義男譯，《社會學》，台北，巨流圖書公司，民國78年。

29. 金耀基，《從傳統到現代》，台北，時報文化出版事業公司，民國76年。

30. 侯外廬，《近代中國思想學說史》，坊間本。

31. 柯林烏，《歷史的理念》（陳明福譯），桂冠圖書公司，民國71年。

32. 胡昌智，《歷史知識與社會變遷》，台北，聯經出版事業公司，民國77年。

33. 洪國樑，《王國維之經史學》，台灣大學中文研究所博士論文，民國76年。

34. 姜義華、吳根梁編，《康有為全集》第一集，上海，上海古籍出版社，1987年。

35. 姜義華、吳根梁編，《康有為全集》第二集，上海，上海古籍出版社，1990年。

36. 姜義華，《章太炎》，台北，東大圖書公司，民國80年。

37. 韋伯，《經濟與歷史》（康樂編譯），新橋譯叢二二，台北，遠流出版事業公司，民國七九年。

38. 高明，《禮學新探》，台北，台灣學生書局，民國70年。

39. 馬宗霍，《中國經學史》，台北，台灣商務印書館，民國68年。

40. 馬洪林，《康有為大傳》，瀋陽，遼寧人民出版社，1988年。

41. 孫春在，《清末的公羊思想》，台北，台灣商務印書館，民國 74 年。

42. 徐彥，《公羊傳注疏》，十三經注疏本，台北，藝文印書館，民國 70 年。

43. 徐復觀，《中國思想史論集續編》，台北，時報文化出版事業公司，民國 71 年。

44. 徐復觀，《中國經學史的基礎》，台北，台灣學生書局，民國 71 年。

45. 章太炎，《章氏叢書》，台北，世界書局，民國 71 年。

46. 章學誠，《文史通義》，台北，華世出版社，民國 69 年。

47. 張之洞，《勸學篇》，沈雲龍編，《近代中國史料叢刊》第九輯，台北，文海出版社，民國 55 年。

48. 張玉法編譯，《劍橋中國史‧晚清篇》，台北，南天書局，民國 76 年。

49. 張汝倫，《意義的探究》，台北，谷風出版社，民國 77 年。

50. 張錫勤，《中國近代思想史》，哈爾濱，黑龍江人民出版社，1988 年。

51. 康有爲，《新學僞經考》，北京，中華書局，1988 年。

52. 康有爲，《孔子改制考》，北京，中華書局，1988 年。

53. 康有爲，《大同書》，台北，帕米爾書店，民國 78 年。

54. 郭廷以，《近代中國史綱》，香港，中文大學出版社，1989 年。

55. 梁啓超，《梁啓超學術論叢》，台北，南嶽出版社，民國 67 年。

56. 梁啓超，《飲冰室文集》，台北，台灣中華書局，民國 72 年。

57. 陸寶千，《清代思想史》，台北，廣文書局，民國 67 年。

58. 陳立，《公羊義疏》，台北，台灣商務印書館，民國 71 年。

59. 陳信木、陳秉璋合著，《邁向現代化》，台北，桂冠圖書公司，1988 年。

60. 陳慶煌，《劉申叔先生之經學》，政治大學中文研究所博士論文，民國 71 年。

61. 陳燕，《劉師培及其文學理論》，台北，華正局，民國 78 年。

62. 湯志鈞編，《章太炎政論選集》，北京，中華書局，1977 年。

63. 湯志鈞，《戊戌變法人物傳稿》，台北，漢京文化公司，民國 71 年。

64. 湯志鈞，《康有爲與戊戌變法》，北京，中華書局，1984 年。

65. 湯志鈞，《戊戌變法史論叢》，台北，谷風出版社，民國 75 年。

66. 湯志鈞，《近代經學與政治》，北京，中華書局，1989 年。

67. 湯志鈞，《改良與革命的中國情懷——康有爲與章太炎》，香港，香港商務印書館，1990 年。

68. 黃仁宇，《資本主義與二十一世紀》，台北，聯經出版事業公司，民國 80 年。

69. 黃宗羲，《梨州遺著彙刊》，台北，三民書局，民國 58 年。

70. 黃焯，《文字聲韻訓詁筆記》，台北，木鐸出版社，民國 72 年。

71. 黃彰健，《經學理學文存》，台北，台灣商務印書館，民國 65 年。

72. 黃彰健，《經今古文學問題新論》，台北，中央研究院歷史語言研究所專刊之七九，民國 71 年。

73. 彭明輝，《疑古思想與現代中國史學的發展》，台北，台灣商務印書館，民國 80 年。

74. 勞思光，《中國哲學史》（卷一，卷二），坊間本。

75. 勞思光，《中國哲學史》（卷三），香港，友聯出版社，1980 年。

76. 馮契，《中國近代哲學史》，上海，上海人民出版社，1989 年。

77. 董仲舒，《春秋繁露》（凌曙注本），台北，世界書局，民國 78 年。

78. 楊克己，《民國康長素先生有爲、梁任公先生啓超師生合譜》，台北，台灣商務印書館，民國 71 年。

79. 逯耀東，《中共史學的發展與演變》，台北，時報文化出版事業公司，民國 68 年。

80. 熊十力，《讀經示要》，台北，廣文書局，民國 68 年。

81. 趙萬里編，《海寧王靜安先生遺書》，台北，台灣商務印書館，民國 68 年。

82. 趙豐田，《康長素先生年譜稿》，燕京大學，《史學年報》第二卷第一期。

83. 趙豐田，《晚清五十年經濟思想史》，台北，華世出版社，民國 64 年。

84. 廖幼平編，《廖季平年譜》，成都，巴蜀書社，1985 年。

85. 樓宇烈點校，《康有爲學術著作選》。

《論語注》，北京，中華書局，1984 年。

《孟子微、禮運注、中庸注》，北京，中華書局，1987 年。

《康子內外篇》（外六種），北京，中華書局，1988 年。

《長興學記、桂學答問、萬木草堂口說》，北京，中華局書，1988 年。

《春秋董氏學》，北京，中華書局，1990 年。

86. 劉師培，《劉申叔先生遺書》，台北，華世出版社，民國 64 年。

87. 蔣伯潛，《十三經概論》，台北，宏業書局，民國 70 年。

88. 蔣貴麟編，《康南海先生遺著彙刊》，台北，宏業書局，民國 65 年。

第一集：《新學僞經考》

第二集：《孔子改制考》（上）

第三集：《孔子改制考》（下）

第四集：《春秋董氏學》

第五集：《中庸注》、《孟子微》

第六集：《論語注》

第七集：《春秋筆削大義微言考》（上）

第八集：《春秋筆削大義微言考》（下）

第九集：《禮運注》、《長興學記》、《桂學答問》、《書鏡》

第十集：《俄彼得變政記》、《日本變政考》

第十一集：《日本書目志》

第十二集：《七次上書彙編》、《戊戌奏稿》、《代草奏議》

第十三集：《光緒聖德記》、《丁巳要件手稿》、《共和平議》

第十四集：《官制議》

第十五集：《中華救國論》、《物質救國論》、《理財救國論》、《金主幣救國論》

第十六集：《不幸而言中不聽則國亡》

第十七集：《康南海墨蹟》、《哀烈錄》、《長安演講集》、《遺墨》

第十八集：《諸天講》

第十九集：《康南海文集》

第二十集：《康南海詩集》（上）

第二一集：《康南海詩集》（下）

第二二集：《康南海自編年譜》、《南海先生年譜續編》、梁啓超《康南海傳》

89. 蔣貴麟編，《萬木草堂遺稿》，台北，成文出版社，民國 65 年。

90. 蔣貴麟編，《萬木草堂遺稿外編》，台北，成文出版社，民國 65 年。

91. 蔣貴麟編，《康南海先生遊記彙編》，台北，文史哲出版社，民國 65 年。

92. 蔣貴麟編，《康南海先生未刊遺稿》，台北，文史哲出版社，民國 68 年。

93. 蔣貴麟編，《南海康先生口說》，台北，台灣商務印書館，民國 76 年。

94. 蕭公權，《康有爲思想研究》，台北，聯經出版事業公司，民國 77 年。

95. 錢穆，《兩漢經學今古文平議》，台北，東大圖書公司，民國 67 年。

96. 錢穆，《中國近三百年學術史》，台北，台灣商務印書館，民國 69 年。

97. 錢穆，《中國學術思想史論叢》（八），台北，東大圖書公司，民國 79 年。

98. 薛化元，《晚清中體西用思想論》，台北，弘文館出版社，民國 76 年。

99. 簡朝亮編，《朱九江集》（附朱九江先生年譜），台北，台灣商務印書館，民國 62 年。

100. 戴震，《戴震集》，台北，里仁書局，民國 69 年。

101. 鍾賢培，《康有爲思想研究》，廣東高等教育出版社，1988 年。

102. 魏源，《魏源集》，台北，鼎文書局，民國 67 年。

103. 蘇輿編，《翼教叢編》，沈雲龍編，《近代中國史料叢刊》第 65 輯，台北，文海出版社，民國 55 年。

104. 顧炎武，《日知錄》（黃汝成集釋本），台北，世界書局，民國 70 年。

105. 龔自珍，《龔定盦全集》，台北，新文豐出版公司，民國 64 年。

106. 龔鵬程，《思想與文化》，台北，業強出版社，民國 75 年。

107. 龔鵬程，《文化、文學與美學》，台北，時報文化出版事業公司，民國 77 年。

二、論　文

1. 王樹槐，〈康有爲改革貨幣的思想〉，《近世中國經世思想研討會論文集》，台北，中央研究院近代史研究所，民國 73 年 4 月。

2. 李三寶，〈康子內外篇初步分析——康南海現存最早作品〉，《清華學報》新十一卷一、二期合刊，民國 64 年 12 月。

3. 李三寶，〈經世傳統中的新契機——康有爲早期思想研究之一〉，《近世中國經世思想研討會論文集》。

4. 李文森，〈廖平及其與儒家歷史的脫節〉，《近代中國思想人物論——晚清思想》，台北，時報文化出版事業公司，民國 74 年。

5. 吳康，〈晚清今文經學及其代表康有爲之思想〉，《經學研究論集》，台北，黎明文化事業公司，民國 70 年。

6. 吳康，〈晚清今文經學代表康有爲之改制大同思想〉，同上。

7. 吳康，〈今文學家康有爲之改制大同思想〉，同上。

8. 吳澤，〈康有爲公羊三世說旳歷史進化觀點研究〉，《中華文史論叢》第一輯，北京，中華書局，1962 年 8 月。

9. 林正珍，〈舊傳統的新發展：康有爲人性論初探〉，《亞洲文化》第十三期，1989 年 8 月。

10. 徐高阮，〈戊戌後的康有爲——思想研究大綱〉，《大陸雜誌》，第四二卷第七期，民國 61 年 12 月。

11. 許冠三，〈多元史絡分析法在史料考證上的運用：有關大同書、禮運注撰述年代的幾層分析〉，《香港中文大學學報》，第三卷第一期，1975 年 12 月。

12. 許冠三，〈康南海的三世進化史觀〉，《近代中國思想人物論——晚清思想》。

13. 陸寶千，〈民國初年康有爲之孔教運動〉，台北，中央研究院，《近代史研究所集刊》，第十二期，民國 72 年 6 月。

14. 張灝，〈新儒家與當代中國的思想危機〉，《近代中國思想人物論──保守主義》，台北，時報文化出版事業公司，民國 74 年。

15. 黃俊傑，〈從孟子微看康有爲對中西思想的調融〉，《近世中國經世思想研討會論文集》。

16. 楊向奎，〈康有爲與今文經學〉，《中國哲學史研究》，1983 年一期，天津人民出版社，1983 年 1 月。

17. 羅久蓉，〈康有爲的歷史觀及其對時局與傳統的看法〉，台北，中央研究院，《近代史研究所集刊》第十四期，民國 74 年 6 月。

18. 蘇雲峰，〈康有爲主持下的萬木草堂〉，台北，中央研究院，《近代史研究所集刊》第三期下，民國 61 年 12 月。

附錄一：顧頡剛的疑古思想：漢儒、孔子與經典

壹、前　言

晚清以降所累聚對中國文化的質疑批判，從意識形態落實到學術研究之中。其中《古史辨》的核心人物顧頡剛（1893～1980）即清楚的指出疑古運動的目標是「明白文化中心的眞相」，方法則是「考證」。

顧頡剛自覺的有意研究古史是受康有爲（1858～1927）等晚清經今文學者啓發。不同者在於經今文學者止於西漢經說，崇拜今文經典，奉孔子爲教主；顧頡剛則不然，其擺脫家派束縛，直指核心，欲還孔子與經典眞面目。這不止是顧頡剛如此，《古史辨》諸君子大都如此。因此質疑傳統、疑古辨僞、批判漢朝，構成古史辨運動的基本風貌。

疑古辨僞是古史辨派學術的思想核心，爲建立其理論架構，無可避免的塑造其辨僞傳承系譜，遠溯東漢王充，唐代劉知幾，清朝章學誠及崔述，而眞相又是如何？他們彼此之間果眞一脈相承，抑或是大同小異，或者有根本的歧異，這也有待理解。

雖然古史辨派一再強調以科學方法研究歷史，然而訂疑文獻、考辨史料，豈能全是科學且客觀的工作？研究者的生命問題——文化傳統有何意義，往往帶動研究對象的文獻解釋。因此考辨史料的背後，均應存在研究者的文化意識與時代關懷。辨僞是爲了還原歷史眞象，有其歷史考據的價值，但是「僞之所從來」卻成了理解其時文化意識的重要資料，也有其可貴的價值，絕非一個「僞」字所能抹煞。所以本文除了追本溯源，梳理古史辨僞傳承系譜外，也擬從顧頡剛所欲摧破的漢儒經說入手，理解其文化意涵。

貳、疑古思想的歷史系譜

疑古辨僞是古史辨派的學術核心，一如晚清經今文學者的塑造孔子傳承系譜，古史辨諸人，也塑造了辨僞傳承系譜。顧頡剛、錢玄同（1887〜1939）共同推許者有四人：王充（27〜91）、劉知幾（661〜721）、章學誠（1738〜1801）、崔述（1740〜1816）。〔註1〕而略考王充等人的論著，又不如古史辨諸家所說，其著述目的在訂疑文獻。

王充甚信符驗：「凡人稟貴命於天，必有吉驗見於地。見於地，故有天命也。驗見非一，或以人物，或以禎祥，或以光氣。」於是歷敘黃帝至漢武帝之各種吉兆，並說：「創業龍興，由微賤起於顚沛，若高祖、光武者，曷嘗無天人神怪光顯之驗乎？」〔註2〕王充不僅未破除所謂虛妄，反而擴大此一虛妄，從古代君王及於漢代諸帝。由於王充頌美漢朝，所以比較武王與高祖，認爲武王之符瑞，不如高祖之多，然而：「高祖伐秦，還破項羽，戰場流血，暴屍萬數。」而武王克殷，卻是：「兵不血刃。」這顯然是誇張。〔註3〕原來王充寫作〈語增〉，主要目的並非考定史實，指出前人虛構的成分；而是古今相較，高祖德過武王，猶不如是，何況不如高祖者，結論是古代史事，有後人溢美失實處。就溢美失實觀之，與文獻考辨類同，古史辨諸家即從此處稱揚，但若納入王充整體思想，則知殊非定論。王充又云：「夫賣光上書於漢，漢爲今世，增益功美，猶過其實，況上古帝王久遠，賢人從後褒述，失實離本，獨已多矣。」〔註4〕綜觀其意，是古代豈可盡信？可信者惟漢代，漢雖可信，猶過其實，何況古代，益增古不可信之念。更云：「論者皆云：『孔門之徒，七十子之才，勝今之儒。』此妄言也。使當今有孔子之師，則斯世學者，皆顏、閔之徒也。使無孔子，則七十子之徒，今之儒生也。」〔註5〕本篇名爲〈問孔〉，實則指責孔門弟子，才蹇學隘，不能掌握孔子學問。如孔子生於今

〔註1〕 又顧頡剛曾擬《辨僞叢刊》目錄，上起韓非，下迄章太炎（1869〜1936），見〈答編錄辨僞叢刊書〉，《古史辨‧一》（臺北：明倫出版社，1970年1月），頁33〜34，本文作於民國10年（1921），八十年後，楊緒敏作《中國辨僞學史》（天津：天津人民出版社，1999年3月），結構大致承顧頡剛所撰目錄而來，古史辨派所創造的新論題及影響，由是可見。

〔註2〕 《論衡‧吉驗》，黃暉：《論衡校釋》本（北京：中華書局，梁運華點校，1996年11月3刷），卷2，頁84，98。

〔註3〕 《論衡‧語增》，《論衡校釋》，卷7，頁343。

〔註4〕 《論衡‧藝增》，《論衡校釋》，卷8，頁393。

〔註5〕 《論衡‧問孔》，《論衡校釋》，卷9，頁396。

世，漢儒之成就，必超越孔門弟子。上述諸例，均非考定古史，而是頌美漢代。王充思想的特徵，不是疾虛妄，而是貴今賤古。〔註6〕

　　劉知幾以爲中國史學傳統，雖有記言記事之別，但重言輕事，致史書載事多誤。轉變之道，惟有從記言走向載事。浦起龍（1679～？）所釋甚精：「疑古之疑，疑皆在事，故以言詳事略領局也。」〔註7〕敘事之法是：「書事之法，其理宜明。」「蓋君子以博聞多事爲工，良史以實錄直書爲貴。」史著重實錄直書，所以對《公》、《穀》褒貶，深不以爲然。批評《公羊》：「國家事無大小，苟涉嫌疑，動稱恥諱，厚誣來世，奚獨多乎？」〔註8〕弒君、淫奔，劉知幾以爲事醜而諱可也，除此之外，動輒稱諱，顯與實錄史學衝突。最特殊者，是劉知幾以爲這一隱諱傳統，源自周禮：「尋斯義之作也，蓋是周禮之故事，魯國之遺文，夫子因而修之，亦存舊制而已。至於實錄，付之丘明，用使善惡畢彰，眞僞盡露。」〔註9〕孔子之《春秋》，只是保存舊制，正統史著，不得不待之於《左傳》。完全從敘事史學衡量《春秋》、《左傳》，經學概念中經傳之區分，不是劉知幾史學的重心。疑古、惑經，既從史學敘事評論，則與古史辨派異趣，引爲同調，差謬千里。

　　至於章學誠所云「六經皆史」似與古史辨派相同，但緊接其後是：「六經皆先王之政典也。」〔註10〕治曆授時與刑教政令，構成經典的整體意義。「愚之所見，以爲盈天地間，凡涉著作之林，皆是史學。六經特聖人取此六種之史以垂訓耳。」〔註11〕史學（六經）——聖人——垂訓，是章學誠的史學思

〔註6〕　以王充爲疾虛妄，始於章太炎民國3年（1914）所撰之《檢論・學變》，卷3，頁21，《章氏叢書》（臺北：世界書局，1982年4月再版），冊上，頁548。其後黃侃（1886～1935）承之，見劉盼遂：《論衡集解》附錄引，黃暉：《論衡校釋》附，第4冊，頁1354。至胡適（1891～1962）則稱其具有科學態度，見初稿於民國21年（1932）《中國中古思想小史》，第6講，〈王充〉，《中國中古思想史長編》附，《胡適作品集（21）》（臺北：遠流出版公司，1994年1月5刷），頁31～34。而繙讀原典，殊不如是。

〔註7〕　《史通・疑古》，浦起龍：《史通通釋》本（臺北：里仁書局點校本，1980年9月），卷13，頁379。

〔註8〕　《史通・惑經》，《史通通釋》，卷14，頁409，405。

〔註9〕　《史通・申左》，《史通通釋》，卷14，頁421。

〔註10〕　《文史通義・易教上》，葉瑛：《文史通義校注》本（臺北：仰哲出版社，未標出版年月），頁1。

〔註11〕　〈報孫淵如書〉，《章學誠遺書》（北京：文物出版社，1985年8月），卷9，頁86。

想，由此一結構，可以發現聖人居於垂訓關鍵。古史辨派亟欲打破聖人觀念，又以爲經典並無微言大義，俱與章學誠不合。經典有政教含義，不僅僅是歷史文獻，此一含義須透過聖人宣說，世人方得明白。聖／俗對比甚爲明顯。「三代之衰，治教既分，夫子生於東周，有德無位，懼先聖王法積道備，至於成周，無以續且繼者而至於淪失也。於是取周公之典章，所以體天人之撰而存治化之跡者，獨與其徒，相與申而明之。此六經之所以雖失官守，而猶賴有師教也。」〔註12〕章學誠欲回復治教合一之政治結構，六經即先王政典，就透露此一思想傾向。而治教分離，是歷史偶然，莫可究詰。孔子從治轉爲教，是不得已之事。以六經治國，以師教解六經，與其說近於經古文學，毋寧說近於經今文學，且較今文學者更激進。六經皆史，也不是古史辨派所謂史料意義；以六經爲政教規範，正是古史辨派最反對的觀點。

　　爲古史辨派正確理解者，只有崔述。崔述崇經抑傳：「是以唐、虞、三代之事，見於經者，皆醇粹無可疑。」〔註13〕至於記載兩岐，缺漏致疑，率皆傳記之誤：「余少年讀書，見古帝王聖賢之事，往往有可疑者，初未嘗分別觀之也。壯歲以後，抄錄其事，記其所本，則向所疑者，皆出於傳記，而經文皆可信，然後知六經之精粹也。」〔註14〕所以胡適批評：「他太信經，仍不徹底。」〔註15〕崔述考信古史，確是以經典爲考證起點，但不如古史辨派，懷疑一切經典，這一點是古史辨諸家的共識。

　　綜合上述，這一辨僞系譜，眞實內容，與古史辨派頗有距離。

參、陰陽五行與讖緯：批判漢儒思想

　　民國12年（1933）顧頡剛發表著名的「層累地造成的中國古史說」：「時代愈後，傳說的古史期愈長，……時代愈後，傳說的中心人物愈放大。」〔註16〕顧頡剛所稱古史，近於文化史，亦即政治、經濟、軍事事件的敘述而外，更重視學術思想的分析。從《古史辨》七冊主要內容，或可見出這一特徵：

〔註12〕　《文史通義・經解》，《文史通義校注》，頁93。
〔註13〕　《考信錄・提要・釋例》，卷上，頁7～8，《崔東壁遺書》本（臺北：世界書局，1960年）。
〔註14〕　《考信錄・提要・總目》，卷下，頁4。
〔註15〕　〈告得東壁遺書書〉，《古史辨・一》，頁19。
〔註16〕　〈與錢玄同先生論古史書〉，《古史辨・一》，頁90。

《古史辨》主要內容表

冊別	編成年代	主　要　內　容	主　編　者
一	民國 15 年	辨偽基本理論	顧頡剛
二	民國 19 年	討論孔子地位與秦漢思想	顧頡剛
三	民國 20 年	易、詩專題研究	顧頡剛
四	民國 22 年	諸子叢考	羅根澤（1900～1960）
五	民國 23 年	漢代經學思想與陰陽五行流衍	顧頡剛
六	民國 25 年	諸子續考	羅根澤
七	民國 30 年	古代神話與傳說	呂思勉（1884～1957） 童書業（1908～1968）

　　經學、子學與古史傳說，是《古史辨》主要內容。顧頡剛等人一直要回復古史真相，或者說是先秦思想文化真相。於是以為有一凝固、可憑直觀即可理解的文化現象，卻忽略文化現象很難客觀存在，讓觀覽者一望即知，甚而可以自明。文化，需要解釋、學習，才能理解。而解釋者解釋之時，就不可避免的滲入一己之見。隨著時空流變，解釋輾轉傳衍，與原貌就距離愈大。這代表著文化思想在改變、形塑、重建、定形。顧頡剛並非不了解此一問題，曾作〈春秋時的孔子和漢代的孔子〉，比較孔子在歷史的演變。但卻堅持漢人對孔子的描述——特別是讖緯的描述——是「鬧得不成樣子」，令人「笑歪了嘴」，並譏諷「孔教是一個沒有完工的宗教」。〔註17〕根本不承認漢人對孔子的詮釋。

　　錢玄同曾對辨偽所涉及的價值觀念有所分析：「殊不知考辨真偽，目的本在于得到某人思想或某事始末之真相，與善惡是非全無關係。即以孔二先生而論：假使〈禮運〉是偽書，《春秋繁露》非孔學之真，則大同之義、三世之說，縱極精美，卻不可認為真孔學；假使《墨子·非儒》篇、《莊子·盜跖》篇等，不但非偽書，而且所說是實錄，則我們雖甚愛孔二先生，也不能替他遮掩剝人家衣裳的拆梢行徑和向土匪磕頭禮拜的醜態。」〔註18〕但是顧頡剛、

〔註17〕《古史辨·二》，頁 137，138。顧頡剛指出今文家神化孔子，古文家將經書看作歷史，神化的孔教於是覆滅，見〈春秋時的孔子和漢代的孔子〉，《古史辨·二》，頁 139。可是顧頡剛等又堅持古文經是劉歆偽造，如何可以引古文家說做為證據？

〔註18〕〈論近人辨偽見解書〉，《古史辨·一》，頁 24。

錢玄同等人，始終認爲漢儒經說是遮蔽孔子眞相的煙霧塵霾，從未正視漢代學術。〔註19〕顧頡剛云：「漢人最無歷史常識，最敢以己意改變歷史，而其受後世信仰乃獨深，凡今所傳之古史，無不雜有漢人成分者。廓而清之，固非一日事矣。」〔註20〕錢玄同則云：「二千年底學者，對於『六經』的研究，以漢儒最糟。……我們現在應該更進一步，將這團最厚最黑的雲霧盡力撥除。」〔註21〕綜而言之，漢代經學之糟，一在陰陽五行，二在讖緯，這兩者當然是「迷信」。如是態度與評論，其實根本悖離錢玄同所說的探求眞相，無與於是非善惡，對漢儒之善惡是非，反而極爲強烈。

一、陰陽五行的文化意義

顧頡剛對陰陽五行的解釋，著重在政治：「他們對于未來的憧憬，是借了過去的事實來表示的，所以他們的古史就是他們對于政治的具體主張，所謂『祖述堯舜，憲章文武』，乃是水中的倒影。」這些倒影，出於杜撰：「戰國秦漢四百餘年，爲了階級的破壞，種族的混合，地域的擴張，大一統制度的規畫，陰陽五行原理的信仰，以及對于這大時代的擾亂的厭倦，立了許多應時的學說，就生出了許多爲證實這些學說而杜造的史事。」〔註22〕以五德終始爲例，顧頡剛詳細考證，五德說有三種變化：

（一）鄒衍所創原始的五德說：

土	木	金	火	水
黃帝	夏	殷	周	秦
漢				

（〈五德終始說下的政治和歷史〉，《古史辨・五》，頁 450）

〔註19〕顧頡剛指責漢代道家，使後人沒有熱心只會隨順，沒有競爭只會停頓，封建思想經由漢儒傳下，形成無數家族，使人民上而忘記國家，下而忘記自己，見《漢代學術史略》（臺北：天出版社，1985 年 6 月），第 8 章，〈黃老之言〉，頁 44；第 9 章，〈尊儒學而黜百家〉，頁 51～52。胡適曾云中國學術僅有清代樸學具有科學方法，樸學分爲四個部分：文字學、訓詁學、校勘學、考訂學，又稱爲漢學、鄭學，見〈清代學者的治學方法〉，《問題與主義》，《胡適文存》，第 1 集，第 2 卷，《胡適作品集（4）》（臺北：遠流出版公司，1986 年 2 月），頁 163～164，對漢代學術的稱許，僅在具科學方法上，而且依附於清代學術。由上可知古史辨派對漢代學術的鄙視。

〔註20〕〈毛詩序之背景與旨趣〉，《古史辨・三》，頁 403。

〔註21〕〈答顧頡剛先生書〉，《古史辨・一》，頁 80。

〔註22〕〈戰國秦漢間人的造僞與辨僞〉，《古史辨・七》，頁 25，39。

（二）劉向所創改良五德終始說：

木	火	土	金	水
伏羲	神農	黃帝	顓頊	帝嚳
堯	舜	夏	商	周
秦	漢			

（〈五德終始說下的政治和歷史〉，《古史辨·五》，頁 564）

（三）劉歆作《世經》的五德終始說：

木	火	土	金	水
太皞伏羲氏	炎帝神農氏	黃帝軒轅氏	少皞金天氏	顓頊高陽氏
帝嚳高辛氏	帝堯陶唐氏	帝舜有虞氏	伯禹夏后氏	商
周	漢	新		

（〈五德終始說下的政治和歷史〉，《古史辨·五》，頁 583）

　　顧頡剛指出鄒衍的目的在：「警誡有國者的淫侈及其對于天子之位的希冀，但反使一般方士可以利用了他的學說以爲阿諛苟合的資料。」〔註23〕劉向即據鄒衍之說改作，以支持漢室；劉歆則作《世經》，另定新系統，以支持王莽。爲了協助新朝，劉歆不但重定五德傳承，並且僞造古文諸經，竄亂相關典籍，作爲文獻證據。這顯然是繼承康有爲的觀點。

　　陰陽五行，或不見容於今日，而實有一特殊文化傾向。這一文化趨向，在五行說有強烈顯現：《尚書大傳·洪範五行傳》：「爰用五事，建用王極。長事，一曰：貌。貌之不恭，是爲不肅，厥咎狂，厥罰常雨，厥極惡，時則有服妖，時則有龜孽，時則有雞禍，時則有下體生于上之痾，時則有青眚青祥，維金沴木。」〔註24〕其餘四事，亦有類似解釋。將人的行爲與自然現象連結，自然已非客觀存在，而是經過人的解釋，亦即是人文化的自然。不可否認，這一理論，如過分推論，即成孔子所說怪力亂神，西漢經今文學家，確也有此發展，《尚書大傳·周傳·洪範》：「水火者，百姓之所飲食也；金木者，百姓之所興作也；土者，萬物之所資生也。是爲人用。」〔註25〕五行不過是人類生存的根據，並

〔註23〕〈五德終始說下的政治和歷史〉，《古史辨·五》，頁 418。
〔註24〕清·皮錫瑞（1850～1908）：《尚書大傳疏證》本，《續修四庫全書》經部第 51冊（上海：古籍出版社影印光緒 22 年師伏堂刊本），卷 4，頁 6。
〔註25〕《尚書大傳疏證》，卷 4，頁 2。

不像後世所說神妙莫測。五行思想，從《國語》、《左傳》、《尚書‧洪範》、《尚書大傳》到《漢書‧五行志》，存在兩種不同傾向：一是以五行爲五種具體的物質，爲生活所必需；二是將之擴大並抽象，論宇宙的構造。其中分野則在《尚書大傳》。《國語‧鄭語》：「故先王以土與金、木、水、火雜，以成百物。」〔註26〕依據文意，五者是構成萬物的基本物質，且與五味、四支、六律、七體、八索、九紀、十數並列。就成百物而言，五行的地位似高於其他七者，但原文並未明言。《左傳‧襄公二十七年（西元前 546）》：「天生五材，民並用之。」杜預《注》：「金、木、水、火、土也。」〔註27〕《左傳‧昭公十一年（西元前 531）》：「譬之如天，其有五材而將用之。」〔註28〕杜《注》如前。較特殊者是《左傳‧昭公二十五年（西元前 517）》將五行與六氣、五味、五色、五聲並列，〔註29〕而六氣是其中核心，發展倫理系統，開創宇宙萬物。在《國語》、《左傳》的記載中，五行只是構成萬物的基本物質，由上天所給予、運用，並不是組成宇宙的根本原理，反而是氣居於宇宙論的核心。其次是春秋時代已漸漸探討宇宙的形成，並追問與人事的關係。此是漢儒思想的遠源。

　　《尚書‧洪範》五行說，一則與五事、八政、五紀等平行；一則五事與庶徵有感應關係。後者實啓《尚書大傳》聯合五行與五事之緒。將五事與庶徵、休徵、咎徵表列如下：

《尚書‧洪範》五行說表

五　事	庶　徵	休　徵	咎　徵
貌恭肅	雨	時雨若	恆雨若
言從乂	暘	時暘若	恆暘若
視明哲	燠	時燠若	恆燠若
聽聰謀	寒	時寒若	恆寒若
思睿聖	風	時風若	恆風若

〔註26〕 吳‧韋昭（204～273）：《國語注》（臺北：九思出版社點校本，1978 年 11 月），卷 16，頁 515。此是史伯答鄭桓公之語，據韋昭注，此事發生於周幽王 8 年（前 774）。

〔註27〕 《左傳正義》（臺北：藝文印書館影印嘉慶 20 年南昌府學十三經注疏本，1985 年 12 月），卷 38，頁 14。

〔註28〕 《左傳正義》，卷 45，頁 18。

〔註29〕 《左傳正義》，卷 51，頁 9。

就〈洪範〉原文分析：五事與五行並未相聯；五事與庶徵也缺乏理論關連；休咎只是自然現象，與漢儒所稱災異不完全相同。《尚書大傳‧洪範五行傳》則發展此一理論：

《尚書大傳》五行說表

五行	五事	徵驗	災異	五色	五行相克
木	貌	雨	服妖、龜孽、雞禍	青	金沴木
金	言	暘	詩妖、介蟲、犬禍	白	木沴金
火	視	奧	草妖、裸蟲、羊禍	赤	水沴火
水	聽	寒	鼓妖、魚孽、豕禍	黑	火沴水
土	思	風	脂夜之妖、華孽、牛禍	黃	木金水火沴土

五行與五事相配合；從休咎變化成災異；配上五色；並有五行相克；對人事與宇宙的關連，已有初步的構想。與春秋戰國時代相較，五行已不是構成萬物的基本物質，實隱含宇宙構成的原理，並對人事有一規範。此一理論至此只存在一問題：人事與天道之間，如何繫連？亦即此二者屬不同質性，何能感應？這一理論缺口不能處理，整個天人感應理論並不能發揮作用。伏生並未完成此一理論，有待董仲舒（前176～前104）開展。《春秋繁露‧人副天數》：「天氣上，地氣下，人氣在其間。」〔註30〕天地人之間，所以有感應，正因均由氣組成，氣是宇宙最高的元素，氣又分為陰陽，陰陽二氣的組合，具體構成萬物，所以〈陰陽義〉云：「天地之常，一陰一陽。」〔註31〕而〈同類相動〉則清楚的表明：「氣同則會，聲比則應。」〔註32〕豈不說明了人與天地之能感應，正因氣同。且在各篇將少陽、太陽、少陰、太陰配合木、火、金、水及東、南、西、北。原本《尚書大傳‧洪範五行傳》的缺口，借著氣，將五行、五事、徵驗、災異等，作一連結。感應理論，到此時才大體完成，而五行也與先前大異：由五種基本物質，成為「氣——陰陽——四時——五行」宇宙論的一環結。《漢書‧五行志》也據此系統發揮：木、火、土、金、水，配合東、南、中、西、北，並以之論民眾生計、行政措施、生

〔註30〕清‧蘇輿（1873～1914）：《春秋繁露義證》（北京：中華書局，鍾哲點校，1992年12月），卷13，頁354。
〔註31〕《春秋繁露義證》，卷12，頁341。
〔註32〕《春秋繁露義證》，卷13，頁358。

活規範、戰爭守備、祭祀儀節。《白虎通義・五行》就將行解爲：「言行者，欲言爲天行氣之義也。」〔註33〕借著五行理論，漢儒建構對宇宙（或天道）的認知，並發展天人感應學說，又貫徹到政治、禮儀、倫理等人事規範。人與宇宙，不再是互不相關，而是人能覺知宇宙的存在，又能理解人在宇宙中的意義。

二、讖緯說的政教功能

顧頡剛對讖緯的態度，一如陰陽五行，指出讖緯的功能是：「其一，把西漢二百年中的數術思想作一次總整理，使得它系統化。其二，是發揮王莽、劉歆們所倡導的新古史和新祀典的學說，使得它益有證據。其三，是把所有的學問，都歸納到六經的旗幟之下，使得孔子眞成個教主，六經眞成個天書，借此維持皇帝的位子。」〔註34〕顧頡剛深受康有爲影響，始終以維持君權看待六經。

然而陰陽五行所指涉的思想，在讖緯中更爲突顯。以《春秋》諸緯書爲例，內容有二：一是聖王崇拜，一是天人相感。

聖王崇拜以三種方式表出：感生、異貌、受命。〔註35〕感生不是經由男女交合而生，而是感異物而生，形式均是母感異物——受孕——生子。而這些異物，大都具有神聖性質，如顓帝感瑤光而生、堯感赤龍而生、湯感白氣而生、皋陶感白虎而生、后稷感大跡而生、孔子感黑帝而生。或是星辰、或是圖騰、或是天帝。借著這些聖物說明聖王不同於凡人所在。出生既已不同凡俗，相貌也與世人大異。如伏羲大目、黃帝龍顏、顓帝戴干、堯眉八采、舜目重瞳、禹耳三漏、湯臂三肘、文王四乳、武王駢齒、皋陶鳥喙，至於孔子異相尤夥。感生、異貌，自有其存在目的，這就是受命說。黃帝時有龍圖、堯時赤龍負圖、舜時黃龍負圖、文王則有鳳凰銜書、孔子則是獲麟。這些祥瑞指出：「聖人不空生，必有所制，以顯天心，且爲木鐸，制天下法。」〔註36〕聖人制法著作，是傳述天心，非個人所爲。感生、異貌、受命就在證明這一神聖性質。整個人間

〔註33〕清・陳立（1809～1869）：《白虎通義疏證》（北京：中華書局，吳則虞點校，1994年8月），卷4，頁166。

〔註34〕《漢代學術史略》，第20章，〈讖緯的內容〉，頁133。

〔註35〕參考冷德熙：《超越神話——緯書政治神話研究》，第2章，〈聖王神話的結構分析〉，頁97～116。

〔註36〕《春秋演孔圖》，安居香山、中村璋八編：《緯書集成》（石家莊：河北人民出版社，1994年12月），冊中，頁580。

秩序承宇宙秩序而來，或者說聖王制作的人間秩序就是宇宙秩序。圖書是受命說最常見的祥瑞，其性質是：「河圖，帝王之階圖，載江河、山川、州界之分野，後堯壇於河，作《據河紀》，逮虞舜、夏、商，咸亦受焉。」〔註37〕並無不可解之處。而改正朔、易服色也可說明宇宙秩序與人間秩序的關係：「王者受命，昭然明于天地之理，故必移君處、更稱號、改正朔、易服色，以明天命。聖人之賢，質文再而復，窮明相承，周則復始，正朔改則天命顯。」〔註38〕正因人天相承，是以間政權的遞嬗，才能是天命的轉移。而天命移轉，則以一套儀式象徵。

至若天人相感，也不僅限於災異說，更擴大到以星象說明四時變化、動植物生成、地理區畫、氣候流動、歷史演變、人事災祥、教化施行。而其理論基礎建立在物類相感，物類相感，又立基於氣化宇宙論：「人之七孔，內法五藏，外方五行，庶類氣契度也。宋均《注》：『萬類與人皆同，一轍內外，若契合者也。』」〔註39〕氣，構成天地萬物，萬物外在的形相雖異，但構成萬物的本質則同。陰陽五行說是人突破宇宙的缺口，得以與宇宙合流；讖緯則擴大此一缺口，得以與宇宙交感：「人合天氣五行陰陽，極陰反陽，極陽生陰，故應人行以災不祥，在所以感之，萌應轉旋，從逆殊心也。」〔註40〕

聖王是天人相接的關鍵。人既是氣化而來，聖王與凡人的區別是：「正氣爲帝，間氣爲臣，宮商爲姓，秀氣爲人。」〔註41〕氣之高下，而有帝、臣、人的分別，聖王顯然得氣之正。「天人同度，正法相受，天文垂象，人行其事，謂之教。教之言效也，上爲下效，道之始也。」〔註42〕能行其教，非聖人莫屬。由此開展教化理論：「孔子作《春秋》，陳天之際，紀異考符。」〔註43〕均可說明「天——聖人——凡俗」的教化結構。從這一角度觀察，漢人對孔子的神化、《春秋》的崇拜，其實都可以理解。神化與崇拜並非非理性行為，正好相反，充滿理性述說：「六經所以明君父之尊，天地之開關，皆有教也。」「《易》之爲言，易也，變易其道也。」「《尚書》者，二帝之跡，三王之義，

〔註37〕 《春秋命曆序》，《緯書集成》，冊中，頁886。
〔註38〕 《春秋元命苞》，《緯書集成》，冊中，頁616。
〔註39〕 《春秋元命苞》，《緯書集成》，冊中，頁625。
〔註40〕 《春秋感精符》，《緯書集成》，冊中，頁744。
〔註41〕 《春秋演孔圖》，《緯書集成》，冊中，頁573。
〔註42〕 《春秋元命苞》，《緯書集成》，冊中，頁620。
〔註43〕 《春秋握誠圖》，《緯書集成》，冊中，頁826。

所推期運，明受命之際。」「《詩》者，天文之精，星辰之度，在事爲詩，未發爲謀，恬澹爲心，思慮爲志，故詩之爲言志也。」「《禮》得則天下咸得厥宜，陰陽滋液，萬物調，四時和，動靜常，不可須臾惰也。」〔註44〕或說明經典性質、或說明經典內容、或說明經典功用；若干分析，承續至清朝。聖人即憑藉經典，教化引領世人：「孔子明天文，占妖祥，若告非其人，則雖言之不著。」〔註45〕面對浩瀚的宇宙、生命的境遇，漢儒即試圖揭示經典的神聖意涵。

經典，至少在《左傳》的記載中，就已不是各自獨立互不關連的個體。《左傳・僖公二十七年》：「《詩》、《書》，義之府也；《禮》、《樂》，德之則也。」〔註46〕經典是作爲一整體而存在。《莊子・天下》：「《詩》以道志，《書》以道事，《禮》以道行，《樂》以道和，《易》以道陰陽，《春秋》以道名分。」視爲「天地之純，古人之大體」，及至「道術將爲天下裂」，方才散爲百家之學。〔註47〕其後《荀子・儒效》亦有類似記載，並視之爲「天下之道畢是矣」。〔註48〕《春秋繁露・玉杯》、《史記・太史公自序》等均承襲此一傳統，對五經採取一整體認知，將之視爲掌握人事的知識體系，而非如近代分爲不同的學科。〔註49〕下明人事，上推天道，正是漢初經學的特色，漢人就是以經典理解我人所存在的世界。經典成爲向外探索世界，向內反省人生的根據，漢人言必稱五經，其故似可從此處察知。

深信聖人才能窮究天地奧秘，以爲六經含蓋宇宙知識，始於漢初，不始於讖緯。讖緯只是加強此一傾向。

〔註44〕《春秋說題辭》，《緯書集成》，冊中，頁 856～857。

〔註45〕《春秋握誠圖》，《緯書集成》，冊中，頁 826。

〔註46〕《左傳正義》，卷 16，頁 11。

〔註47〕清・郭慶藩（1845～1891）：《莊子集釋》（臺北：河洛圖書出版社，1974 年 3 月），卷 10，頁 1067，1069。

〔註48〕《荀子新注》（臺北：里仁書局，1983 年 11 月），頁 121～122。

〔註49〕徐復觀（1903～1982）即引《左傳・僖公二十七年》，指出早在春秋時代，《詩》、《書》、《禮》、《樂》即已成爲一組名稱，並與現實生活連結，發揮教戒作用，成爲貴族基本教材，見〈先漢經學的形成〉，《中國經學史的基礎》（臺北：臺灣學生書局，1982 年 5 月），頁 3～4。考察先秦文獻，稍晚於《左傳・僖公二十七年》（前 633）的記載是《國語・楚語下》，楚莊王問申叔時傅太子之道，申叔時以《春秋》、《詩》、《禮》、《樂》與先王世繫、先王時令、治國善語、前世成敗之書並列，見《國語》卷 10，頁 528，楚莊王在位 23 年（前 612～前 591），所以經典未必全如錢玄同所說，僅是史料。

肆、聖人與祥瑞：探求孔子真貌

　　古史辨派正是要打破孔子的文化地位。羅根澤云：「南海康長素先生所著《孔子改制考》，謂諸子皆託古改制，而孔子實首開其端。世人或謂康先生所以為此說者，非僅為考辨歷史而作也，蓋亦用為變法根據，用以摧毀古文家說。斯或然也。然讕贋荒謬之偽史，由此而失其憑依；周秦諸子著書之方與立言之意，亦由此而大明於世。開古史學與諸子學之新紀元，示治古史學與諸子學以新途逕。其考辨歷史之功，固不因其用為變法依據與用以摧毀古文家說而少損其價值也。」〔註50〕顧頡剛、錢玄同基本上都承認這一講法，不因政治原因而忽視康有為在經學之貢獻。朱一新（1846～1894）早已指出疑經必將疑聖，劉師培（1884～1919）、章太炎已視孔子為百家之一，儒學為九流之一。三家尊聖之意雖同，但思想史演變，孔子難再獨尊。羅根澤既以康有為的著作開古史學與諸子學新方法，儒學與孔子已喪失傳統特殊地位。周予同（1898～1981）說得更清楚：「在康（有為）的本意，是說明孔子創教，以尊崇孔子；但結果，孔子的六經與莊生的寓言相等，孔子的手段並不比諸子高明，於是孔子的地位與經典的尊嚴發生搖動，而儒家不過周秦諸子中的一派的思想自然會順勢而起。」明確道出古史辨派質疑孔子的思想淵源。〔註51〕

　　顧頡剛提出打倒四種偶像說：帝繫是種族的偶像，王制是政治的偶像，道統是倫理的偶像，經學是學術的偶像。〔註52〕孔子自是道統說的核心，打倒偶像，意謂還孔子真面目。這一真貌，羅根澤已指出方向，顧頡剛則指出具體研究步驟：「若是我將能殼作孔子的史，我決計拿時代來同他分析開來，凡那一時代裝點上去，便喚作那一時代的孔子。例如戰國的孔子，便可根據了《易傳》、《禮記》等去做，漢代的孔子便可根據《公羊傳》、《春秋繁露》、《史記》、緯書等去做。至於孔子的本身，拆開了各時代的裝點，看還有什麼。如果沒有什麼，就不必同他本身作史。」〔註53〕顧頡剛將各時代對孔子或孔

〔註50〕〈晚周諸子反古考〉，《古史辨‧六》，頁1。
〔註51〕〈經今古文學〉，《古史辨‧二》，頁318。王汎森分析研究者直接反求聖人或聖經，會對學術帶來重大衝擊，因為研究者相信聖人或聖經，不是後人所理解的樣子，勢必重新解釋，而與傳統學術見解不同，背後的精神是深信聖人，但懷疑後繼者，亦即因信古（聖人）而疑古（後繼者），見《古史辨運動的興起——一個思想史的分析》（臺北：允晨文化公司，1987年4月），第2章，〈清季今文學家的歷史解釋〉，頁64～74。
〔註52〕《古史辨‧四‧序》，頁5～12。
〔註53〕〈論偽史及辨偽叢刊書〉，《古史辨‧一》，頁22。

學的解釋，都視爲「裝點」，顯然已有貶義；又以爲將這些裝點拆除，即可還孔子原貌，但其實已預設「沒有什麼」。這並不令人意外，因爲顧頡剛的目的就是要打倒偶像。

顧頡剛始終忽視去除歷史「蔽障」，不等於能見到歷史「眞相」。錢玄同說：「咱們欲知孔學眞相，僅可于《論語》、《孟子》、《荀子》、《史記》諸書求之而已。」日後又有所變：「現在我覺得求眞孔學，只可專據《論語》。至於《孟子》、《荀子》、《史記》中所述，乃是孟軻、荀況、司馬遷之學而已，不得遽目爲孔學。」〔註54〕根據這一前提，也可導出：古史辨派之孔學、顧頡剛之孔學、錢玄同之孔學。如何判別眞孔學，可能永無遠法做到。追源溯本，探尋孔學眞貌，其始甚早，《荀子·非十二子》、《韓非·顯學》已開其端，不始於古史辨派，論其結果，仍是言人人殊。孟子、荀子、司馬遷之說不爲錢玄同接受，後人豈必接受錢玄同之說。

此一問題，即於顧頡剛所作〈春秋時的孔子和漢代的孔子〉呈現。顧頡剛指出：「孔子那裡止兩個，各時代有各時代的孔子，即在一個時代也有種種不同的孔子呢。」顧頡剛以《詩經·大雅》〈抑〉、〈桑柔〉爲例，分析《詩經》時代的聖哲只是：「本能的敏捷，不是德行的美滿。」接著指出《論語》的中心問題是造成君子。但《論語》中的聖人是：「理想中的最高人格，不是普通人能毂達到的。」孔子：「因他一生不曾得大志，他收的門弟子很多，他的思想有人替他宣傳，所以他人格格外偉大。」孔子的眞貌是：「我們讀《論語》，便可知他修養的意味極重，政治的意味少。不像孟子，他終日汲汲要行王政，要救民於水火之中。」但到戰國時代，後人根據孟子，誇大其詞：「哀公十四年西狩獲麟，就是孔子受天命，他受了命，自號素王，於是作《春秋》變周制，自稱新王。」《左傳》、《國語》更形容孔子前知、博物。至漢代讖緯，孔子更成教主。顧頡剛最後的結論是：「春秋時的孔子是君子，戰國時的孔子是聖人，西漢時的孔子是教主，東漢時的孔子又成了聖人，到現在又快要成君子。」〔註55〕

對顧頡剛的結論，傅斯年（1896～1950）不完全贊成：「孔子不見得是這麼純粹的一個君子，只半個君子，而半個另是別的。」又以爲：「『他修養的意味

〔註54〕〈論今古文經學及辨僞叢書書〉，《古史辨·一》，頁31。
〔註55〕《古史辨·二》，頁130～139。

極重，政治的意味很少。』恐怕不盡然。《論語》上先有這麼些政治的話。」〔註56〕張蔭麟也認為：「實則就《論語》考之，孔子救世之熱情，初未嘗減於孟子。」〔註57〕從顧頡剛所提的問題，在《古史辨》至少有下述三種發展方向：

馮友蘭（1895～1992）以為孔子並未制作或刪正六經，但孔子是教育家，講學的目的在於養成人，養成為國家服務的人，並不在於養成某一家的學者。孔子是中國史上第一個使學術平民化且以教育為職業的人，行為與希臘「智者」相仿。〔註58〕與此相近，周予同贊同經今文學者見解，以孔子為哲學家。〔註59〕這是略規顧頡剛「君子」說而又有變化，以學術為目標的孔子形貌。

梅思平則以為孔子確有政治思想與政治活動。梅思平分春秋時代為三期：第一期自隱公1年至僖公28年（前722～前632），第二期自僖公29年至襄公27年（前631～前546），第三期自襄公28年至哀公14年（前545～前481）。第一期較弱的國家如魯、衛、鄭、宋，雖在春秋以前即併吞若干小國而頗有力量，但進入春秋後，因受封建制度拘束，國力停滯。齊、秦、楚則受封建制度束縛較少，所以國力強盛。第二期是晉、楚爭戰，秦、齊中立，戰爭原因是經濟侵略。第三期各國為求生存，紛紛從封建制度走向中央集權。孔子生於第三期，其時「政治軀殼」是封建制度，「政治實際」是軍國主義。孔子卻欲恢復周制，就是以「制度的形式」恢復「制度的實際」，這是「反革命」、「開倒車」的政治思想。〔註60〕這是學術地位崇高但政治思想落後的孔子形貌。

傅斯年並未說明「另半個孔子」為何。《論語・子罕》：「子曰：『鳳鳥不至，河不出圖，吾已矣夫。』」鳳鳥、河圖，就是漢人所稱受命的祥瑞，孔安國注：「聖人受命，則鳳鳥至，河出圖。」至於所代表的意義，董仲舒以為是孔子不得受命，班固以為是不逢明君。〔註61〕但1961年顧頡剛對此的解釋是：「此群眾對于『有大德者必受命』之信念過切，以孔子有王者之德而無其位，尊之曰『素王』，而假為〈鳳鳥〉一章作孔子之自歎。」〔註62〕暗示《論語》

〔註56〕〈評春秋時的孔子和漢代的孔子〉，《古史辨・二》，頁139～140。

〔註57〕〈評顧頡剛春秋時的孔子和漢代的孔子〉，《古史辨・二》，頁142。

〔註58〕〈孔子在中國歷史中的地位〉，《古史辨・二》，頁195～210。

〔註59〕〈經今古文學〉，《古史辨・二》，頁309。

〔註60〕〈春秋時代的政治和孔子的政治思想〉，《古史辨・二》，頁161～194。

〔註61〕清・劉寶楠（1791～1855）：《論語正義》（北京：中華書局，高流水點校，1990年3月，卷10，頁333～334。

〔註62〕《湯山小記（二一）・受命之符與孔子自嘆》，顧洪編：《顧頡剛讀書筆記》（臺北：聯經出版公司，1990年1月），第7卷下，頁5721。

此章是後人摻入，且有可能是僞作。1972 年又說：「何孔子與鳳有如此親密之關係也？蓋魯本少皞之虛，其地爲鳥夷之中心，既獲人望而不得志于世，己亦以鳳自居，猶當地圖騰之遺留也。」〔註63〕一改摻入僞作說，而以圖騰說解之。後者自較僞作說合理。但僅能說明鳳鳥的性質，卻不能說明河圖的性質，更不能解釋孔子爲何借此以抒發感歎。〈季氏〉：「孔子曰：『君子有三畏：畏天命、畏大人、畏聖人之言。』」〔註64〕大人與聖人之言是具體對象，天命也應如此，而不是形上根源。既是具體對象，孔子承認確實存在一意志之天。

〈述而〉：「子曰：『天生德於予，桓魋其如予何？』」〔註65〕孔子認爲自己即承受這一天命，所以如此自信。由此觀察，以符瑞爲受命象徵，可能源流甚早，漢儒深信孔子受命制作，並非全然無稽。馮友蘭就認爲：「至其對宇宙，他大概完全接受傳統的見解。」又說孔子頗似蘇格拉底：「蘇格拉底自以爲負有神聖的使命，以覺醒其國人爲己任。孔子亦然，所以有『天生德於予』『天之未喪斯文，匡人其如予何？』之言。」〔註66〕從傅斯年的隱約其詞到馮友蘭的明示其義，這是傳統──尤其是漢儒的孔子形貌。

時代相同、學派相同、立場相同，結論卻如此不同。傅斯年所說甚有啓發性：「我們只能以《論語》爲題，以《論語》之孔子爲題，不能但以孔子爲題。……今以《論語》爲單位，尚可抽出一部分的孔子來，其全部分的孔子不可恢復了。」〔註67〕

顧頡剛接著詢問：「秦漢以下直至清末，適用孔子一派的倫理學說，何以春秋時的道德觀念會維持得這樣久？」〔註68〕相同問題，顧頡剛曾於民國15 年（1926）11 月 12、18 兩日連續請教程憬、傅斯年。而兩人的答案均相同。程憬的回答是：「秦漢以下直到清末，這二千年的社會是一個基礎在同一個的經濟構造上建立而成的社會。」「儒家的思想主張之能受秦漢以後的權力者的歡迎，能夠維持這麼久遠，其理由便是因爲他們的學說非常吻合這二千年的社會權力派的需求耳。」〔註69〕傅斯年則說：「從漢武帝到清亡，

〔註63〕 《耄學叢記（二）・孔丘與鳳鳥》，《顧頡剛讀書筆記》，第 10 卷，頁 7857。
〔註64〕 《論語正義》，卷 19，頁 661。
〔註65〕 《論語正義》，卷 8，頁 273。
〔註66〕 〈孔子在中國歷史中之地位〉，《古史辨・二》，頁 201，210。
〔註67〕 〈評春秋時的孔子和漢代的孔子〉，《古史辨・二》，頁 141。
〔註68〕 〈問孔子學說何以適應於秦漢以來的社會書〉，《古史辨・二》，頁 144，150。
〔註69〕 〈答書〉，《古史辨・二》，頁 147，148。

儒家無形的變動甚多，但社會的變化究不曾變到使他四方都倒之勢。他之能維持二千年，不見得是他有力量維持二千年，恐怕是由于別家沒有力量舉出一個 Alternative（別家沒有這個機會）。」〔註70〕程憬、傅斯年都預設沒有變化的社會，必有一種與之相應的思想。中國社會二千年沒有變化，儒家才能維持如此久遠。此一前提即使成立，也要追問：何以是儒家而不是道家、墨家、法家等？如果直接回答儒家適應這一社會結構，會陷入循環論證。所以傅斯年才會指出別家沒有這個機會。但是別家爲何沒有這個機會？從這個問題可以導出另一種思考模式，除了從社會結構觀察外，也可從價值的選擇分析。其次，傅斯年指出儒家無形的變動甚多，這豈不說明社會結構已然有變動，否則相應的思想不可能變動甚多。如是，基本前提難以成立。第三，程憬、傅斯年雖指出中國社會結構從秦至清，均無變動，但並未有具體分析，亦即這是一想當然耳的答案。〔註71〕第四，梅思平云孔子的政治思想是回復周制（西周封建），但至東周各國紛紛走向軍國主義，所以孔子的政治思想落後。既是如此，孔子思想更不可能適應秦漢以下的社會。凡此種種，均可說明古史辨派對孔子定位、儒學流變的問題莫衷一是；合觀各家立論，則彼此矛盾；思想與社會的關係，也尚待深入研究。但有一共同傾向：以爲歷代儒家喜與政治權力結合，儒家思想也能配合歷代帝王。隱藏的價值判斷是貶抑孔子、貶抑儒學。

伍、故事與史料：回復經典眞義

顧頡剛從小喜看戲，民國 2 年（1913）入北京大學預科，沉溺在欣賞戲曲之中，但卻在無形中：「得到一注學問上的收穫──這注收穫直到了近數

〔註70〕〈答書（一）〉，《古史辨‧二》，頁 152～153。
〔註71〕民國 17 年（1928）社會史論戰，就在討論中國社會分期，但多據馬克斯主義爲說，以殷商爲奴隸社會、西周爲封建社會，西周封建社會崩潰後，直至清末鴉片戰爭前，中國社會皆無變化，詳見鄭學稼：《社會史論戰簡史》（臺北：黎明文化公司，1978 年 11 月），卷上。日本學者對中國歷史分期則有諸說：或以爲中國古代結束於西周末，春秋戰國至清代爲中世社會；或以爲結束於漢末，魏晉至唐代中葉爲中世，宋代以後爲近世；或以爲結束於唐末五代，宋代以後爲中世；或以爲結束於明末清初。爭論的焦點尤其集中在唐宋之際的變革，唐末五代是古代社會的結束或中世社會的結束，宋代是中世社會的開始或近世社會的開始。立論雖異，但均承認唐宋之際中國社會有極大變遷，詳細介紹見高明士：《戰後日本的中國史研究》（臺北：明文書局，1986 年 6 月增定 3 版）。古史辨派之說，顯然難以成立。

年辯論古史而明白承受。」亦即:「故事會變遷。」〔註72〕最早接觸的經典
是《左傳》,曾形容讀《左傳》的興味:「我讀著非常感受興趣,彷彿已置身
于春秋的社會之中了。從此魯隱公和鄭莊公一班人的影子長在我的腦海裡活
躍。」〔註73〕我們可以體會,《左傳》在其心中,似是有趣的歷史故事,與
三傳的解經傳統,全未接筍。故事,正是顧頡剛看待經典的主要線索。顧頡
剛明言:「我的推翻古史,固是受了《孔子改制考》明白指出上古茫昧無稽
的啓發,到這時更傾心于長素先生的卓識,但我對于今文家的態度,總不能
佩服。」〔註74〕康有爲、顧頡剛之異,正在於康有爲不失經生立場,藉經學
發揮自身思想;顧頡剛則已逸出經學傳統,視經學爲史料:「蓋戰國秦漢之
世,化古史料爲經典,今日使命則復化經典爲古史料耳。」〔註75〕史料所以
能成爲經典,在於不斷的賦史事以各種意義,俾爲我們的生命規範。顧頡剛
並未分析古代史料何以能化爲經典,而是直接將之回復原貌:「竊意董仲舒
時代之治經,爲開創經學,我輩生於今日,其任務則爲結束經學。」〔註76〕
這一從經學到史學的過程,正可反映近代思想史的變動。

　　由於經學的正式成立,是從漢代開始,欲化經典爲史料,甚而結束經
學,對漢儒自會抱持負面評價:「現在所見到的古書,沒有一部不是經由漢人
所整理;現在所知道的古事,沒有一件不是經由漢人所編排。」但經由漢人
整理編排之後,情況竟是:「經學裡不知包含多少違背人性和事實的說話。」
〔註77〕顧頡剛立志專門研究戰國秦漢思想史與學術史,目的是:「要在這一時
期的人們的思想和學術中,尋出他們的上古史觀念及其所造作的歷史來。」
剝除漢人所造的古史,才能建立眞正的古史,經學歷二千年所建立的價值體
系,才能擊潰:「用文籍考定學的工具衝進聖道王功的秘密窟裡去。」〔註78〕

〔註72〕《古史辨・一・序》,頁 19,22。
〔註73〕《古史辨・一・序》,頁 7。
〔註74〕《古史辨・一・序》,頁 43。
〔註75〕《滬樓日箚・經學之任務》,《顧頡剛讀書筆記》,第 4 卷,頁 2411。
〔註76〕《法華讀書記・經學史》,《顧頡剛讀書筆記》,第 5 卷上,頁 2788。
〔註77〕《古史辨・四・序》,頁 21,10。
〔註78〕《古史辨・二・序》,頁 6。美籍學者施耐德(Laurence A Schneider)指出顧
　　　　頡剛希望以其學識矯正被扭曲的中國歷史,並糾正不當的思想方法,見《顧
　　　　頡剛與中國新史學》(臺北:華世出版社,梅寅生譯,1984 年 1 月),〈導言〉,
　　　　頁 3。可以很清楚的理解,被扭曲的中國歷史、不當的思想方法,均與經典有
　　　　關。

錢玄同亦云：「不把經中有許多僞史這個意思說明，則周代──及其以前──底的歷史永遠是講不好的。」〔註79〕經學及其意義，幾難以立足於古史辨派。

所以如此，不完全是因爲考辨古史，而嚴格檢查經典，在眞僞的標準下，致使經典喪失傳統神聖地位；更在於古史辨諸人對傳統的激烈批判。顧頡剛說：「『六經皆周公之舊典』一句話，已經給『今文家』推翻；『六經皆孔子之作品』一個觀念，現在也可以駁倒了。」〔註80〕這還只是討論經典作者，用字雖嫌激烈，但態度尚稱持平。錢玄同則不然：「我以爲『經』之辨僞與『子』有同等重要──或且過之。因爲『子』爲前人所不看重，故治『子』者尚多懷疑之態度，而『經』則自來爲學者所尊崇，無論講什麼，總要徵引他、信仰他，故『僞經辨證集說』之編纂尤不容緩也。」〔註81〕背後的意識，何止於考定古史，而是要破解歷來儒者對經典的信仰，所以懷疑經典，不僅破壞經典所記載的歷史，更破壞歷代儒者借由解經所建立的價值系統。錢玄同直接說明：「我以爲推倒『群經』比疑辨『諸子』尤爲重要。」推倒群經之後，再推倒孔教：「我以爲不把『六經』與『孔丘』分家，則孔教總不容易打倒的。」〔註82〕從疑古辨僞漸漸走向推倒傳統。

本來疑古辨僞，是爲尋求歷史眞相，並不預設打倒傳統；但在研究過程中，不能贊同漢儒經典崇拜、解經方法，遂致對根據漢儒治經規模所形成的經學傳統亦大表反對，終至形成反傳統思潮。然而反傳統若只是推倒一切，並不能構成古史辨派所指稱的回復眞相，所以更重要的是重建傳統，形成一新的解釋系統──如晚清經今文學者──經典方能呈顯其原貌。以《古史辨》所論及的三部經典爲例：

顧頡剛用「故事」分析《周易》，故事的性質是：故事會變遷；正因如此，所以很難知道故事的眞面目；研究古史，可以用故事的方法。〔註83〕顧頡剛對此點，也有清楚的說明：「我自己就性之所近，願意著力的工作，是用了『故事』的眼光，去解釋『古史』構成的原因。」而故事的重點，正在他的流變，所以顧頡剛又說：「我對古史的主要觀點，不在牠的眞相，而在牠的變化。」〔註84〕

〔註79〕〈論詩說及群經辨僞書〉，《古史辨・一》，頁52。
〔註80〕〈論孔子刪述六經說及戰國著作僞書書〉，《古史辨・一》，頁42。
〔註81〕〈論編纂經部辨僞文字書〉，《古史辨・一》，頁41。
〔註82〕〈論詩說及群經辨僞書〉，《古史辨・一》，頁52。
〔註83〕《古史辨・一・序》，頁22，37，40。
〔註84〕〈答李玄伯先生〉，《古史辨・一》，頁272～274。

但這與其力求古史眞相，豈不矛盾？顧頡剛的研究過程是將各種故事，分期探討，知道故事在各期的變化，也就易於理解故事的眞相。就此一方法而言，涉及故事分期的理論，如何判斷故事時間發生的早晚，顧頡剛並未分析；其次，由於故事縱向流變、橫向發展，錯綜複雜，所以最多只能推論到近於故事原貌，而未能等同於眞相；既是扣緊故事變化研究，以求近於眞相，於是僅能就故事本身的發展探索，兼以排斥形上學，於是對故事的涵意，不願觸碰，最後停留在故事的字義，對較深刻的解釋，一概斥之爲附會。所以顧頡剛對經書的理解是：「實在說來，幾部眞的經書，都是國君及卿大夫們日常應用的東西，意義簡單，有何神秘？」〔註85〕「他們總想聖人之經不會這般淺，所以只記得了聖人，而忘卻了人生。」〔註86〕之所以如此，正是顧頡剛對故事的態度。從日常生活解經，經典是生活經驗的反映，而非義理的沈潛，缺少對世界的理解，亦即缺少世界觀，對宇宙的根源，人生的意義，均乏探索。經典對生命的幫助，至此可說微乎其微。在這一情境下，漢代以降的注解，全然被輕視，可以說是必然的事。

以故事的眼光，看待《周易》經傳，許多難以索解的卦爻辭，在此線索下，均被顧頡剛一一析明。然而在此前提下，經典的教化意義不再，只剩下歷史故事：

〈大壯・六五・爻辭〉：「喪羊于易，無悔。」〈旅・上九・爻辭〉：「鳥焚其巢，旅人先笑後號咷，喪牛于易。」顧頡剛引王國維〈殷卜辭所見先王先公考〉，在《山海經・大荒東經》有類似文句：「王亥託於有易，河伯僕牛。有易殺王亥，取僕牛。」郭璞《山海經注》引眞本《竹書紀年》、《楚辭・天問》均有類似記載（文繁不引）。因而斷定《周易》所記是殷先祖王亥的故事：有易乃地名，旅人即託於有易的王亥，初到有易，過著安樂的日子（先笑），先喪羊，無大損失（喪羊于易，無悔），後喪牛才碰到危險（喪牛于易，凶），最後是家破人亡（鳥焚其巢）。又據王國維考證，王亥曾作服牛，但在〈繫辭傳〉此事歸於黃帝、堯、舜，所以顧頡剛說：「卦、爻辭與《易傳》完全是兩件東西，它們的時代不同，所以它們的思想和故事也都不同，與其貌合神離的拉攏在一塊，還不如讓它們分了家的好。」〔註87〕王國維的作品本不在研

〔註85〕 《古史辨・四・序》，頁10。
〔註86〕 《景西雜記（四）・詩學家之成見》，《顧頡剛讀書筆記》，第1卷，頁363。
〔註87〕 〈周易卦爻辭中的故事〉，《古史辨・三》，頁5～9。

究《周易》，但顧頡剛卻很巧妙的將二者連結在一起，解釋了上引二條爻辭的故事，眼光之獨到，確實令人佩服。

〈泰‧六五‧爻辭〉：「帝乙歸妹，以祉，元吉。」〈歸妹‧六五‧爻辭〉：「帝乙歸妹，其君之袂，不如其娣之袂良，月幾望，吉。」顧頡剛引《詩‧大雅‧大明》以爲帝乙歸妹即文王親迎，至於殷商爲何嫁女與文王？顧頡剛解釋說：「自太王以來，商日受周的壓迫，不得不用和親之策，以爲緩和之計，像漢之與匈奴一般。」至於〈歸妹‧六五‧爻辭〉之意，可能是「文王對所娶的嫡夫人不及其媵爲滿意。」〔註 88〕簡單的文辭，背後卻有豐富的故事，顧頡剛釋此條，是以深刻的歷史知識爲背景，方得有此結論。

〈晉‧卦辭〉：「康侯用錫馬蕃庶，晝日三接。」顧頡剛引金文及《尚書‧康誥》以證康侯即衛康叔，康叔受封爲康侯，是周代第一個封國，就卦辭看，「當是封國之時，王有錫馬，康侯善於畜牧，用以蕃庶。」而晝日三接，「因文義實不易解，不敢妄爲之說。」〔註 89〕此條引金文及《尚書》以證明康侯的身分。

從上述三例，可略窺顧頡剛解《周易》的大概：引經證經、引史證經、引古文字以證經。其次將卦爻辭相同的文字，合併在一起以見其事件的本源。而其最大的成就，在以故事解釋《周易》，以故事的背景考定《周易》經傳的著成時代。這確是以往《易》學研究所缺乏的。

顧頡剛的結論是：「《易經》著作時代在西周，那時沒有儒家，沒有他們道統的故事，所以它的作者只把商代和商周之際的故事，敘述在各卦爻中。《易傳》的著作時代，至早不得過戰國，遲則在西漢中葉。」〔註 90〕這引發了二個附帶的觀念：一是古代聖王是子虛烏有，從而儒家所說的理想盛世也不在；二是《周易》經傳只剩下故事，不要說是義理，即連占卜之情，也很難得知。〔註 91〕

至於顧頡剛解釋《詩經》，從消極層面言，是將：「戰國以來對《詩經》的亂說都肅清了。」〔註 92〕亦即無論漢儒、宋儒、清儒，均在摧毀之列。此

〔註 88〕〈周易卦爻辭中的故事〉，《古史辨‧三》，頁 12～14。
〔註 89〕〈周易卦爻辭中的故事〉，《古史辨‧三》，頁 17～19。
〔註 90〕〈周易卦爻辭中的故事〉，《古史辨‧三》，頁 25。
〔註 91〕黃凡撰《周易——商周之交史實錄》（汕頭：汕頭大學出版社，1995 年 12 月），其實即擴大此一研究方法。
〔註 92〕〈詩經在春秋戰國間的地位〉，《古史辨‧三》，頁 310。

與前述痛斥漢儒，顯然更進一步，從批判漢儒，已擴展至批判歷代儒者——古代知識階層核心。因爲在其眼中，是儒者創建了中國傳統，尤其是漢代以降的傳統，而這正是中國衰落的原因。欲使中國由弱轉強，就要追尋未被儒者「扭曲」的傳統，這當然涉及許多問題，就《詩經》而言，顧頡剛是以「歌謠」回復其「眞相」：「《詩經》若不經漢人附會，則周代之歌謠也。」〔註93〕惟有藉著此一觀念，才能掌握《詩經》。此即顧頡剛《詩經》學的積極目的。

然而「歌謠」的確切含義究竟爲何？顧頡剛很簡捷的指出歌謠即能唱的詩：「古代智識階級做的是詩，非智識階級做的也是詩；非智識階級做的詩可以唱，智識階級做的詩也可以唱。」《詩經》即能唱的詩，以顧頡剛的語言形容：「三百多篇的《詩經》，就是入樂的詩的一部總集。」〔註94〕以〈國風〉而言：「〈國風〉所以先〈邶〉、〈鄘〉、〈衛〉，次之以〈檜〉、〈鄭〉者，即以鄭、衛之樂在各國中最發達之故，正如今日編集各地樂曲，必以北京、上海列首耳。」〔註95〕至於〈雅〉與〈頌〉：「詩之長短由於音樂。音樂簡單緩慢，則其篇幅短，其句字少；音樂複雜繁促，則其篇幅長，句字多。《詩經》中〈頌〉最短，〈頌〉之聲最緩也；〈雅〉最長，〈雅〉之聲較繁矣。」〔註96〕顧頡剛的分析，引發若干問題：（一）《詩經》有沒有非智識階級的詩？（二）智識階級與非智識階級的詩如何區分？（三）歌謠與非歌謠如何區分？（四）如何理解這些詩篇？

顧頡剛將歌謠分爲「徒歌」、「樂歌」二大類：徒歌只是單純口唱，沒有樂器伴奏；樂歌則有樂譜，且有樂器伴奏。徒歌佔《詩經》的一半，「給人隨口唱出來的，樂工聽到了，替牠們各各製了譜，使得變成『樂歌』，可以複奏，才會傳到各處，成爲風行一時的詩歌。」〔註97〕如此看來，徒歌、樂歌之分，一在音樂形式，二在來源。徒歌源自民間，樂歌則經由樂工譜曲；源自民間，應是非智識階級，樂工自是智識階級。此是徒歌、樂歌的第一項論點。

詩的來源有兩種，一是平民，一是貴族。「平民唱出來只是要發洩自己的感情，不管牠的用處；貴族作出來，是爲了各方面的應用。」平民唱出來者是民謠，「民謠的作者隨著心中要說的話說出，並不希望他的作品入樂；樂工

〔註93〕《景西雜記（五）・詩經賴漢人傳會而傳》，《顧頡剛讀書筆記》，第1卷，頁374。
〔註94〕〈詩經在春秋戰國間的地位〉，《古史辨・三》，頁312。
〔註95〕《滬樓日箚・國風次序》，《顧頡剛讀書筆記》，第4卷，頁2406。
〔註96〕《淞上讀書記（四）・頌、雅、騷與音樂》，《顧頡剛讀書筆記》，第2卷，676。
〔註97〕〈詩經在春秋戰國間的地位〉，《古史辨・三》，頁314。

替牠譜了樂，原意也只希望貴族聽了，得到一點民眾的味，並沒有專門的應用，但貴族聽得長久了，自然也會把牠使用了。」〔註98〕這裡很確定的指出徒歌來自平民，樂工譜曲之後入樂，但貴族所作之詩，有無入樂，並未交代，只知道貴族「應用」平民之歌謠，此是徒歌、樂歌第二項論點。

顧頡剛又指出：「〈國風〉中固然有不少的歌謠，但非歌謠的部分也實在不少。」「〈大雅〉和〈頌〉可以說沒有歌謠」，「〈小雅〉的樂聲，可以奏非歌謠，也可以奏歌謠。」〔註99〕至於歌謠與非歌謠的區別，在於這一首詩是否止於「應用」，凡是應用的詩，都不能列入歌謠。依顧頡剛分類，詩的應用有四大方向：典禮（祭祀、宴會），諷諫，賦詩（交換情意），言語（引用）〔註100〕。至於歌謠本身，凡是《詩經》裡的歌謠，都是已經成為樂章的歌謠，不是歌謠本相，歌謠的本相即徒歌。〔註101〕《詩經》中的歌謠都是樂歌。此是徒歌、樂歌的第三項論點。

綜合上述，歸納顧頡剛的論點：歌謠可分為徒歌與樂歌，徒歌的作者是平民，並不入樂，形式是直接敘述，內容是抒發感情。樂歌的作者是樂工加工，或貴族製作，可入樂，形式是迴環複沓，內容也是抒發感情。〔註102〕

顧頡剛又說：「我們讀《詩經》時，並不希望自己在這部古書上增進道德，而只是想在這部古書裡增進自己的歷史智識。」〔註103〕雖然指出歷史智識有周代的文學史、風俗制度史、道德觀念史等，似乎含蓋面甚廣，但仍局限於「周代」，亦即研讀《詩經》最主要的目的，是了解周代文化與歷史，這一進路，仍是歷史，而非文學，遑論經學。

所以顧頡剛治《詩經》（或其他經典），立場其實非常明確一貫。固然開創了經學研究的新路向，也不免有所限制：文學的涵泳、生命的感悟、價值的體會、意義的追尋，胥不在研讀《詩經》範圍之內，有的只是客觀歷史知識。其實這與考證學並無二致，視經典為客觀存在的文獻，輕忽了經典給予我們心靈的提升。這與錢玄同所說：「《詩經》只是一部最古的『總集』，與

〔註98〕　〈詩經在春秋戰國間的地位〉，《古史辨・三》，頁320～321。
〔註99〕　〈從詩經中整理出歌謠的意見〉，《古史辨・三》，頁589～590。
〔註100〕　〈詩經在春秋戰國間的地位〉，《古史辨・三》，頁322～336。
〔註101〕　〈從詩經中整理出歌謠的意見〉，《古史辨・三》，頁591。
〔註102〕　一如《辨偽叢刊》目錄，以故事分析《周易》對後來學術影響，以歌謠為《詩經》性質，也影響高亨（1900～1984）《詩經今注》、屈萬里先生（1907～1979）《詩經釋義》對《詩經》的看法。就此而言，顧頡剛開創學術典範。
〔註103〕　〈重刻詩疑序〉，《古史辨・三》，頁411。

《文選》、《花間集》、《太平樂府》等書，性質全同，與什麼聖經是風馬牛不相及的（「聖經」這樣的東西，壓根兒就是沒有的）。」﹝註104﹞也若合符節。

錢玄同又討論《春秋》的性質：「認它是孔二先生的大著，其中蘊藏著許多『微言大義』及『非常異義可怪之論』，當依《公羊傳》及《春秋繁露》去解釋它。這樣，它絕對不是歷史。認它是歷史，那麼，便是一部魯國底『斷爛朝報』，不但無所謂『微言大義』等等，並且是沒有組織，沒有體例，不成東西的史料而已。……我近年來是主張後一說的。但又以爲如其相信『孔子作《春秋》』之說，則惟有依前一說那樣講還有些意思。」﹝註105﹞此處錢玄同有一特殊傾向，即《春秋》若有大義，必依《公羊》、《春秋繁露》解釋。從此可推知，《春秋》未必全然無義；以《公羊》解《春秋》，才能見出《春秋》義理；追求經典義理，也可以是治經方向。經典所形成的傳統，仍在無形之中影響後代學術觀點，但錢玄同並未從此一方向發展，以其時學風而言，這是可以料知的。顧頡剛對此有回覆，主要論點是《春秋》所以成爲孔子所作的原因：「孟子等遂在《春秋》內求王道，公羊氏等遂在《春秋》內求微言大義。經他們的附會和深文周納，而《春秋》遂真成了一部素王手筆的經典。」﹝註106﹞顧頡剛確實道出《春秋》學或《公羊》學形成的過程，是在歷史中逐漸形成，因而很難指實真實的作者、原本的意義、學術的傳承，僅能從後世較完整的作品，發掘並體會微言大義。

對於經典性質，顧頡剛最後的結論是：《詩》是一部最古的總集。《書》似乎是「三代」時候底「文件類編」或「檔案彙存」，應該認它爲歷史。《儀禮》是戰國時代胡亂鈔成的僞書，《周禮》是劉（歆）造的，兩《戴記》中，十分之九都是漢儒所作的。《易》，原始的《易》卦，是生殖器崇拜時代底東西，孔丘以後的儒者借它來發揮他們底哲理。《春秋》是「斷爛朝報」、「流水賬簿」，孟子爲要借著孔丘，硬說它有「義」，硬說它是「天子之事」，一變而爲《公羊傳》，再變而爲董仲舒之《春秋繁露》，三變而爲何休之《公羊解詁》；穀梁氏文理不通；《左傳》是戰國時代一個文學家編寫的一部「國別史」，即是《國語》，劉歆將它改編，算做《春秋》底傳。﹝註107﹞傳統經學的意義，至

﹝註104﹞〈論詩經真相書〉，《古史辨‧一》，頁46。
﹝註105﹞〈論春秋性質書〉，《古史辨‧一》，頁275～276。
﹝註106﹞〈答書〉，《古史辨‧一》，頁278。
﹝註107﹞錢玄同：〈答顧頡剛先生書〉，《古史辨‧一》，頁76～78。

此已完全消失。

陸、結　論

　　古史辨派一方面高喊以科學方法整理國故，別一方面卻激情的要打倒傳統。觀念本身固然枘鑿，所得到的結論，也可推想而知。而顧頡剛也始終忽視去除歷史「蔽障」，不等於能見到歷史「眞相」，不同時代的解釋，意謂不同思想。漢人解釋孔子、宋人解釋孔子、清人解釋孔子，自是不盡相同。這不是用誤謬、離本可以概括，要探討的是爲何有此解釋？文獻是否完備？論證是否周延？有無其他解釋？不同解釋代表何種意義等。否定後代所發展的解釋，亦即否定後代的文化創造。

　　漢代經學，雖重「陰陽五行」及「讖緯」，但是思想本身一如具體生命，自會成長、變化，五德終始的歷史演變，可以視作思想歷程，陰陽、五行、五德逐步結合，是將宇宙、歷史、人事凝固於一大系統內，從此宇宙的構成可以得知，歷史的發展可以推測，人事的行爲可以規範。空間、時間、人，不再是了不相關的個別存在，人確實與宇宙融合。〔註108〕這些是漢人思想，或可逕稱之爲漢人想像，的確無法以實證方法證明，但漢人欲探究宇宙奧秘的企圖，卻可爲我們想見。我們可以不接受漢儒的宇宙觀，卻不能以一句迷信推倒一切。〔註109〕

　　至於下明人事，上推天道，正是漢初經學的特色，漢人就是以經典理解我人所存在的世界。經典成爲向外探索世界，向內反省人生的根據，漢人言必稱五經，必須從此處察知。

　　由於問題意識、史料擷取、詮釋進路等，我們所讀的歷史，並不是眞實

〔註108〕其後楊寬撰〈中國上古史導論〉，就以神話解釋古史，指出古史傳說出於神話的演變分化，各民族皆有其神話，民族相混，神話亦漸雜，中國古史傳說的醞釀與寫定，在商周之世，蓋無非東西二系神話之分化與融合而成，神話起於宗教，宗教又爲社會環境產物，見《古史辨·七》，頁 69，97，106，120，視野已較顧頡剛寬廣。從康有爲「託古改制說」、顧頡剛「層累造成說」至楊寬「神話分化說」，均見出晚清到民初方法意識的勃興，且從原始文獻分析得之，非如後世借西方現成文化思想理論，分析中國古典文獻。

〔註109〕英國學者魯惟一（Michael Loewe）從具體生命觀點指出：如果確定宇宙中某些長久的特徵，並且能説明自己在這些特徵的位置，那麼對人的短暫性，就不致茫然若失，見〈宗教和知識文化的發展〉，崔瑞德（Denis Twitchett）、魯惟一編：《劍橋中國秦漢史》（北京：中國社會科學出版社，1992年2月），頁 700。

的歷史事件，而是史家所重建的歷史，具體而言，是史家筆下的歷史，是歷史著作的歷史。由此而來的歷史，僅有部分的眞實，而非全部的眞實。顧頡剛等即在追求一完全眞實的孔子，卻又否定歷代學者也在追求眞實的孔子，且一如顧頡剛等以爲本身所詮解即是孔子眞貌。

顧頡剛等不承認經學思想在歷史中發展、形成、轉變的過程，堅持要回復本義。他們由懷疑傳統價值，而懷疑經典；由懷疑經典，而欲還原經典眞相；此時經典地位不再，經典所含藏的價值也不再，只成爲客觀研究的對象。經典或是文學作品，或是文獻檔案，或是古代風俗，或是古史編年，或是諸侯國史，主要內容與性質就是歷史。傳統經學意義，已不復存在。輕忽了經典給予我們心靈的提升。

附錄二：從經學到史學——顧頡剛春秋學初探

一、引 言

　　晚清經今文學發展至民國，呈現與原意完全相反的景象。以康有爲（咸豐 8 年～民國 16 年，1858～1927）經學思想爲例，本意在尊孔尊經，但早在光緒 17 年（1891），朱一新（道光 26 年～光緒 20 年，1846～1894）對康有爲所作《新學僞經考》即有如是疑懼：「竊恐詆詰古人之不已，進而疑經；疑經之不已，進而疑聖；至於疑聖，則其效可睹矣。」（〈朱侍御答康有爲第三書〉，蘇輿編：《翼教叢編》，卷 1，頁 8）朱一新的觀察的確敏銳，往後經學思想的發展，是依循此一路向。章太炎（同治 8 年～民國 25 年，1869～1936）於光緒 25 年（1899）也指出廖平（咸豐 2 年～民國 21 年，1852～1932）極爲推崇孔子：「而不知踵其說者，並可曰孔子之事亦後人所造也。」這一「後人」，章太炎更具體指明是：「安知孔子之言與事，非孟、荀、漢儒所造耶？」（〈今古文辨義〉，湯志鈞編：《章太炎政論選集》，頁 114，115）《古史辨》懷疑孔子思想、性格，即與此一思路相類。劉師培（光緒 10 年～民國 8 年，1884～1919）則從廣大的視野分析疑經與疑史的關連：「六經之所記者事也，舍事則無以爲經；然記事之最詳者，莫若古文之經，如《周官經》、《左氏傳》是也。」經典的內容是記事，懷疑經典結果是：「至近人創僞經之說，扶今文而抑古文，於漢代古文之經，均視爲劉歆之僞作，而後人人有疑經之心，於典章人物之確然可據者，亦視爲郢書燕說。吾恐此說一昌，則古文之經將廢，且非惟古文之經將廢已也，凡三代典章人物載於古文經者，亦將因此而失傳。非惟經學之厄，亦且中國史學之一大厄矣。」（〈漢代古文學辨誣〉，《左盦外

集》，卷 4，頁 1，《劉申叔先生遺書》，第 3 冊，頁 1613）由疑經而疑史，劉師培道出了朱一新未說出的「其效可睹」的憂慮。朱一新、章太炎、劉師培不約而同體會到懷疑經典所引致的不可測知的後果。

　　經典既不可信，由經典記載的史事，據這些史事所構成的歷史，由此歷史形構的傳統，自是根基動搖。晚清至民國經學思想的發展，即從懷疑經典開始，進而質疑孔子思想，再否定經典所載古史系統。由疑經而疑孔，由疑孔而疑古，汗漫無極。經典與古史所載的事件與意義，幾近瓦解，遂致傳統面臨崩潰的危機。這一危機的始點，即始於對經典認知的不同，或者說經典觀的轉變，開啓了傳統鉅變的序幕。在諸經典中，不論經今古文家都認與孔子最密切的經典，莫過於《春秋》及由《春秋》而衍生的三傳。本文即從顧頡剛（1893〔光緒 19 年〕～1980）《春秋》學觀察此一思想的具體演變。

　　研究《古史辨》或顧頡剛學者，均已注意此一現象，如施耐德（L.A. Schneider）：《顧頡剛與中國新史學》，第 6 章，〈從校勘至社會批評〉，頁 211～242，相關論述見頁 224；劉起釪：《顧頡剛先生學述》，4，〈來到五四新文化運動的中心〉，頁 38～84，相關論述見頁 46～48；王汎森：《古史辨運動的興起── 一個思想史的分析》，第 4 章，〈顧頡剛與古史辨運動〉，頁 209～291，相關論述見頁 209～218；彭明輝：《疑古思想與現代中國史學的發展》，第 1 章，〈儒學體系的疑古思想〉，頁 15～51，相論述見頁 32～43；陳志明：《顧頡剛的疑古史學──及其在中國現代思想史上的意義》，第 3 章，〈今文古文與尊孔詆孔的影響〉，頁 43～73，相關述見頁 64～67。但諸家論述側重思想史與史學史的演變，較少觸及經典本身的問題，本文即試圖研究此一不足。

　　顧頡剛有關《春秋》學的著作，一是《古史辨》第一冊綜論經典性質的作品；二是長期記載的札記，經顧潮編成《顧頡剛讀書筆記》，有關《春秋》的筆記；三是顧頡剛講述、劉起釪筆記《春秋三傳及國語之綜合研究》。本文即以上述文獻爲主，輔以《古史辨》第五冊討論《春秋》的作品，作爲研究範圍。

　　艾布拉姆斯（M.H.Abrams）以作品、藝術家、世界、欣賞者繪製三角形，說明其間複雜關係，世界即是作品所呈現客觀狀態，由人物與行動，思想與情感，物質與事件所構成。（《鏡與燈──浪漫主義文論及批評傳統》，第 1 章，〈導論：批評理論的總趨向〉，頁 5）劉若愚稍加改變，以宇宙、作家、作品、讀者構成循環往復的圓形，作家對宇宙有所感受，展示在作品，傳達予

讀者。(《中國文學理論》，第 1 章，〈導論〉，頁 13～14) 本文即從作者、作品、讀者三個角度，分析顧頡剛對《春秋》經傳的看法，及由此而來對經學與經學史的綜合見解。

二、聖人與史官 —— 神聖作者的消失

根據孟子所說，《春秋》作者是孔子：「世衰道微，邪說暴行有作，臣弒其君者有之，子弒其父者有之。孔子懼，作《春秋》。《春秋》天子之事也。是故孔子曰：『知我者其惟《春秋》乎！罪我者其惟《春秋》乎！』」(《孟子‧滕文公下》，焦循〔乾隆 28 年～嘉慶 5 年，1763～1820〕：《孟子正義》，卷 13，頁 452～456) 又云：「王者之跡熄而詩亡，詩亡而後《春秋》作。晉之《乘》，楚之《檮杌》，魯之《春秋》，一也。其事則齊桓、晉文，其文則史，孔子曰：『其義則丘竊取之矣。』」(《孟子‧離婁下》，焦循：《孟子正義》，卷 16，頁 572～576) 合而觀之，《春秋》是天子之事，這一天子之事的表現在義，義則是孟子所說：「孔子成《春秋》而亂臣賊子懼。」(《孟子‧滕文公下》，焦循：《孟子正義》，卷 13，頁 459～561) 亦即以《春秋》褒貶其時政治人物。這一理解，至司馬遷 (漢景帝中元 5 年～漢昭帝始元 1 年，前 145～前 86) 而未變：「故吳、楚之君自稱王，而《春秋》貶之曰：『子』。踐土之會，實召周天子，而《春秋》諱之曰：『天王狩於河陽。』推此類以繩當世，貶損之義，後有王者舉而開之，《春秋》之義行，則天下亂臣賊子懼。」(《史記‧孔子世家》) 一則確定《春秋》作者是孔子，一則認為孔子借《春秋》以行其褒貶。

除此之外，司馬遷還另有新解：「孔子閔王路廢而邪道興，……故因史記作《春秋》，以當王法。」(《史記‧儒林傳》) 趙岐 (？～漢獻帝建安 6 年，？～201)《孟子注》亦云：「其事，則五伯所理也。……其文，史記之文也。孔子自謂竊取之，以為素王也。孔子人臣，不受君命，私作之，故言竊，亦聖人之謙辭也。」(《孟子‧滕文公下》，焦循：《孟子正義》，卷 13，頁 574) 王法、素王，與褒貶大異。褒貶僅是借著隱微的言辭，記載歷史事件，並據以呈現作者的價值判斷。王法與素王，則隱含著《春秋》似有一完美的制度，可以指導當時政治，以臻於太平。〔註1〕 從褒貶到素王，從大義到王法，先秦

〔註 1〕 所以蔣慶認為孟子、司馬遷均傳承《公羊》學，見《公羊學引論 —— 儒家的政治智慧與歷史信仰》(瀋陽：遼寧教育出版社，1995 年 6 月)，第 2 章，〈公羊學的創立與傳承〉，頁 61～90，孟子、司馬遷分見頁 74～78，81～85。但孟子是否傳《公羊》學並無確證，只能說孟子對《春秋》的見解與《公羊》

至漢代，《春秋》的作者——孔子——地位日漸提升，其說足以爲漢代法。

至於依《春秋》所形成的三傳，在古代文獻中，均與孔子有密切關連。《左傳》的作者，據司馬遷記載：「魯君子左丘明，懼弟子人人異端，各安其意，失其眞，故因孔子史記具論其語，成《左氏春秋》。」（《史記·十二諸侯年表序》）左丘明既懼弟子人人異端，各安其意，所以《左氏春秋》之作，當然是根據孔子《春秋》本義而撰作。徐彦（？～？）說明《公羊傳》的來源：「孔子至聖，知秦無道，將必燔書，故《春秋》之說，口授子夏，度秦至漢，乃著竹帛。」（《公羊注疏序》，頁 2）據此《公羊傳》根本就是直接承自孔門。而《穀梁傳》也有極爲類似的傳承過程，楊士勛（？～？）云：「穀梁子名淑，字元始，魯人。一名赤，受經子夏，爲經作傳，故曰《穀梁傳》。」（《穀梁注疏序》，頁 1）《春秋》的作者是孔子，三傳之中，《左傳》則傳承自左丘明，雖然左丘明身分不明，但據孔子之義作《左傳》則可確定；《公羊》、《穀梁》直接傳承自孔子弟子子夏。是以《春秋》經傳，或直接來自聖人，或間接源自聖人；《春秋》經傳，自也有神聖性質。這正是顧頡剛首先所否定者。

顧頡剛再三指出《春秋》是魯史官所作，但《春秋》確有褒貶的筆法，顧頡剛對此解釋：「《春秋》不必爲聖人之經，然後惡叛人。以惡叛人的心理爲各國君主與貴族之所同，爲之服務之史官必秉是旨以命筆也。」（《泣籲循軌室筆記（一）·春秋惡叛人》，《顧頡剛讀書筆記》，卷 2，頁 748）褒貶不再是寄寓微言大義，只是史官書寫君主的價值判斷，其實就是君主的政治立場貫串於《春秋》之中。或者說《春秋》是一部政治著作，充滿君主的政治思想，而由史官寫出。根據此一講法，《春秋》的作者——史官——不過是君主的幕僚，猶如後世的記室。更嚴重的是此一史官完全喪失客觀獨立的地位，只爲滿足君主權力而存在。這一講法自有其漏洞，在分析魯君見弒者四，見逐者一，《春秋》均無記載，追究其因是：「趙盾殺君之得記，趙盾之容董狐也。崔杼弒君，南史氏之不屈也。魯之史官未必有董狐、南史氏之魄力，則魯史固宜無其文。」（《纂史隨筆（一）·魯史爲尊者諱》，《筆記》，卷 1，頁 428）趙盾弒君、崔杼弒君既明見《春秋》，顯然晉、齊史官並不如顧頡剛所

學者接近。司馬遷師承董仲舒，董仲舒又爲《公羊》學大師，從師承觀點而言，司馬遷的確傳承《公羊》學。但漢初《春秋》學一般均指《公羊》學，從思想觀點而言，《公羊》學既是其時主要的《春秋》學解釋系統，司馬遷解《春秋》近於甚或同於《公羊》，毋寧極爲正常，不能據以論斷司馬遷就是《公羊》學者。

說僅是爲君主服務，晉、齊如此，又何能推論史官均如此？至於以記載闕如而指出魯國史官是爲君主服務，一則並無明確文獻證據，二則忽略《魯春秋》與今傳《春秋》可能是兩種不同文本，即使《魯春秋》如此，也不能證明今傳《春秋》亦如此。三則也可反向推論《魯春秋》本有弑君、逐君的記載，但經聖人筆削致未能流傳後世。二、三兩項問題，涉及《春秋》的來源，事實上顧頡剛也認爲《魯春秋》是《春秋》的基礎：「《魯春秋》如日報，《春秋經》如斷代之大事記。日報材料太多，不能不契其綱要爲大事記。然去取之間，其標準有不能使人滿意者，或所定之標準本不嚴格者，此則時代、學力限之，不當盡以讀者之理想責之也。」（《蚪江市隱札記（三）·春秋經對于魯春秋之去取標準》，《筆記》，卷 4，頁 2615）從《魯春秋》到今傳《春秋》，顯然經過筆削，這一筆削者可能是孔子，也可能不是，都是合理的推測，但顧頡剛根本不考慮前者，反而加強論證作者不是孔子，《春秋》的作者仍是史官。且這些史官見識低陋，或誤刪魯史，如周莊王、僖王之死，不見於《春秋》經傳，其因是：「此蓋筆削魯史之時有所誤刪，否則魯已無視周王，故雖赴告而不錄耳。」（《景西雜記（二）·筆削魯史之誤刪》，《筆記》，卷 1，頁 294～295）或昧於局勢：「晉文納王爲春秋時一大事，亦晉文所以成霸之因由，而《春秋經》乃無之，足證當時晉與魯尚未通問，魯史官對於當時天下大勢亦殊不了了也。」（《蚪江市隱札記（三）·春秋不書晉文納王》，《筆記》，卷 4，頁 2601）

或畏於權勢：「《左傳》文十八年，襄仲殺叔仲惠伯，此魯國一大事，而經不書。……魯史何以多懦，不但不敢書篡弑，且不敢書殺大夫？」（《壬寅夏日雜鈔（二）·魯史官不敢書叔仲惠伯死》，《筆記》，卷 8，頁 6049）從歷史書寫觀點分析上述諸例，俱有可論。史家不可能盡知所有歷史事件；即使知道所有事件，也不可能全部書寫於史著之中；史家確有可能爲權勢所逼迫，在記載或解釋歷史時，有一定程度曲解；但也可能是時代或文化視野局限，記載及解釋歷史，與後世距離較大。其次，這一史官究竟是記載《魯史》史官，抑或改編《魯史》爲《春秋》的史官？如果《魯史》原本如此，據《魯史》成書的《春秋》自也如此，無庸深怪，惟有《魯史》本不如此，編《春秋》史官竟不如原本，才足深責。第三，顧頡剛雖反對聖人制作，但仍以聖人制作這一觀點評論《春秋》，《春秋》既是聖人所作，爲何出現如許缺失？隱藏於其後的信念，還是經典崇拜。不能接受聖人雖制作經典，並不意味經

典完美無缺。

　　然而即使《春秋》是史官所作，仍可發現其中隱含若干特殊價值判斷，顧頡剛曾舉出若干例證，歸納這些例證，大略有兩類：一是史實的增刪：「魯史官作《春秋》，已主觀矣。儒者修之，主觀又濃了不少。及《公羊傳》作則更濃矣。《春秋》一書在此三重主觀思想塗飾之下，又不知添出了多少新事實。莊公時特注意文姜之行動，成公時特注意伯姬之行動，皆其主觀處矣。」（《法華讀書記（三）‧春秋經三重主觀塗飾》，《筆記》，卷5上，頁2824）顧頡剛於此處僅指出「塗飾事實」；另一類是意義的增刪：「《春秋》上只有『楚子□卒』而無『葬楚□王』，何也？意者儒家因其稱王，嫌于民無二主，故刪去之與？」（《蘄閒室雜記（三）‧「楚子」與「楚王」》，《筆記》，卷2，頁1016）或是：「《禮記‧坊記》云：『《春秋》不稱楚、越王之喪。』讀此，使我深疑《春秋》中楚、吳、越王之葬係在《春秋》變爲儒家經典時所刪削者。」（《郊居雜記（一）‧春秋無楚、越王葬》，卷3，頁1302～1303）稱楚子不稱楚王、不書楚、越王喪，這已不是歷史事件的記載，而是對歷史事件的價值判斷。《春秋》學傳統，大致均從名稱、書與不書等去探討微言大義。亦即《春秋》除了事實問題，還有價值問題。這一價值的點出者，顧頡剛認爲是儒家。儒者未必是孔子，但也與史官有異。《春秋》這一雙重性質，其實正是《春秋》學日後發展的方向。但是顧頡剛儘管看到問題，卻迴避了問題：「隱、桓、莊三世距春秋末已甚遠，魯史簡冊不容不斷爛，一也。以魯《春秋》爲《春秋經》者，恣意刪削，前後不相照顧，體例不純，誤刪處不可索解，誤存處形同贅旒，二也。自有《春秋經》以至漢代，傳寫本互異，三傳說又不同，三也。」（《景西雜記（二）‧春秋爲「斷爛朝報」已成定讞》，《筆記》，卷1，頁296）《春秋》既是斷爛朝報，或可有事實的增刪，但絕不能有意義的增刪。且與其前的看法，大異其趣。以顧頡剛之博雅，跡近矛盾的見解，幾乎不可能存在。出現這一情況，只能從其文化意識探尋。

　　而《左傳》的來源，顧頡剛極力說明與聖人無關。考證其成書年代，差距頗大。指出《左傳》作者只見周之衰微，未及見周之滅亡。（《浪口村隨筆（二）‧《左傳》作者未見周滅》，《筆記》，卷4，頁2083）這時間約在春秋末期。另一處則指明《左傳》成書在戰國中葉。（《法華讀書記（十七）‧從衛遷帝丘之卜可證左氏書之時代》，《筆記》，卷5下，頁3579）是六國時人。（《纂史隨筆（一）‧左傳成于戰國》，卷1，頁484）又參考啖助的說法，分析《左傳》

成書歷經三個階段：「第一階段為春秋時周、晉、齊、楚諸國之史書，體例本不一致；第二階段為左氏搜羅各國史書傳其門人，本人未經動筆；第三階段為後代學者將國史書打通，編次年月，配合《春秋經》而為《春秋傳》。說為「後代學者」，見其與左丘明已距離一長時期，是亦幾幾知為漢人所作矣。」（《古柯庭瑣記（一）·啖助論左傳發展三階段》，《筆記》，卷6，頁4065）由是可知，《左傳》的作者廁身周代史官而未能，更何況是聖人。顧頡剛指出《左傳》作者是漢代人，這一作者可能就是劉歆。即使如此，《左傳》與其說有「作者」，不如說有「編者」；編者是劉歆，文獻也其來有自，並不能證明劉歆是偽撰。

《左傳》成書有春秋末期、戰國中期、西漢晚期三說，貫串近四百年時間，姑不論諸說可否成立，可以確定的是《左傳》作者與聖人無關。〔註2〕

在考定《公羊傳》、《穀梁傳》成書年代時，更絕口不提《公羊》、《穀梁》的傳承問題，只是說明：「《公羊傳》實成於戰國，而《公羊疏》引戴宏〈序〉，以為漢景帝時公羊壽及其弟子齊胡毋子都著於竹帛，恐是漢代古文家之謊言。《穀梁》時月日例更密於《公羊》，此即《穀》出《公》後之證。」（《滬樓日札·公羊、穀梁傳之時代》，《筆記》，卷4，頁2414）至於《公羊》成於戰國的證據是：「《公羊》莊十年《傳》：『「三月，宋人遷宿」。遷之者何？不通也，以地還之也。子沈子曰：「不通者，蓋因而臣之也。」』按子沈子所解之『不通』係在《傳》文中，知子沈子時已有《公羊傳》其書。」（《逍遙堂摭錄·戰國已有公羊傳》，《筆記》，卷4，頁2361）更確切的年代是：「昭十九年《公羊傳》，言及樂正子春之視疾，此說明《公羊傳》之作為曾子弟子以後之事。」（《蚪江市隱雜記（二）·公羊傳之時代》，《筆記》，卷4，頁2581）顧頡剛又說《公羊》於漢武帝時已定（《春秋三傳及國語之綜合研究》，頁28），與《左傳》成書年代相同，都出現不同的論證。《穀梁》亦然，一說三傳寫定次序是《公羊》、《穀梁》、《左傳》（《東山筆乘（二）·春秋三傳之次序》，《筆

〔註2〕顧頡剛對《左傳》來源，說法不一，指出《國語》出於魏，《左傳》也出於魏，傳合經文，造作偽史，見《逍遙堂摭錄·國語、左傳出于魏》，《筆記》（臺北：聯經出版公司，1990年1月），卷4，頁2379，並明確指出《左傳》作者將《國語》湊合《春秋》，見《浪口村隨筆（二）·國語與左傳》，卷4，頁2077，又說成帝時張霸已讀《左傳》，何待哀帝、平帝時劉歆表章，見《法華讀書記（二一）·成帝時張霸已讀左氏傳》，《筆記》卷5下，頁3790。對於劉歆偽作之說、《左傳》與《國語》分合，前後觀點不同。

記》，卷 2，頁 1107～1108）一說《穀梁》於漢宣帝始出。（《春秋三傳及國語之綜合研究》，頁 28）而其共同點都是既未論及《公羊》、《穀梁》與史官的關係，更未道及《公羊》、《穀梁》與聖人的關係。

三、記事與微言──宏深意義的式微

《春秋》經傳既源自聖人，聖人不空作，必有所指。孟子已指出孔子作《春秋》的文化背景是世衰道微。司馬遷則有更詳細的分析：「夫《春秋》上明三王之道，下辨人事之紀，別嫌疑，明是非，定猶豫，善善惡惡，賢賢賤不肖，存亡國，繼絕世，補敝起廢，王道之大者也。……《春秋》文成數萬，其指數千，萬物之聚散皆在《春秋》。」（《史記·太史公自序》）詳究其實，司馬遷認爲《春秋》就是一部討論王道的作品。

而與《左傳》關係密切的劉歆（？～王莽新地皇 4 年，？～23）研治《左傳》則是：「初，《左氏傳》多古字古言，學者傳訓詁而已。及歆治《左氏》，引傳文以解經，轉相發明，由是章句義理備焉。」〔註3〕（《漢書·劉歆傳》）古字古言與訓詁連稱，可以推知訓詁著重經典字詞解釋。訓詁又與章句義理對舉，則可推知章句著重篇章文句解釋，而在解釋篇章文句時，會觸及意義的追尋，此即義理。而由於義理從解釋章句而來，所以章句義理連言。〔註4〕

〔註3〕 劉逢祿據此而云《左傳》爲劉歆所附益，見《左氏春秋考證》（臺北：藝文印書館影印皇清經解春秋類彙編第 2 冊，1986 年 9 月），卷 1295，頁 4。康有爲更據此而云劉歆分《國語》而作《左傳》，仿《公羊》、《穀梁》而作義例，見《新學僞經考·漢書藝文志辨僞第三上》（北京：三聯書店，朱維錚、廖梅編校，1988 年 3 月），頁 87。引傳解經，是指傳文已存在，但劉歆引之以解釋經典，其中問題只有《左傳》是否傳《春秋》，與附益、僞撰，相距何止千里。劉師培則指出劉歆是引傳例以通他條之經，見《春秋左氏傳古例詮微》，頁 3，《劉申叔先生遺書》（臺北：華世出版社影印民國 23 年寧武南氏校本，1975年 4 月），第 1 冊，頁 390。章太炎亦云傳例由劉歆發揮，見《春秋左傳讀敘錄》，《章太炎全集（二）》（上海：人民出版社，1982 年 7 月），頁 828。其實引傳釋經，未必全爲條例，事件也在其中，劉師培、章太炎略有所偏。

〔註4〕 呂思勉指出章句最初類似後世符號，但去古漸遠，語法漸變，經義非復加符號所能理解，所以再增加說解，即後世所稱章句，見《章句論》（臺北：臺灣商務印書館，1977 年 3 月臺 1 版），引述見頁 1，4。林師慶彰說明章句是順著經文各章、各句脈絡，將所援引資料納入，然後再加以引申闡述，章句是當時經師解經方式，此種詮釋方式是由創立學派經師所傳，形成典範，就是師法或家法，見〈兩漢章句之學重探〉，原載《漢代文學與思想學術研討會論文集》（臺北：文史哲出版社，1991 年），頁 255～278，收入林師慶彰編：《中國經學史論文選集（上）》（臺北：文史哲出版社，1992 年 10 月），頁 277～

《漢書・五行志》雖有劉歆釋《左傳》六十餘條，但偏重在個別事件，未有整體經典觀。至杜預（魏文帝黃初 3 年～晉武太康 5 年，222～284）則否：「其發凡以言例，皆經國之常制，周公之垂法，史書之舊章。仲尼從而脩之，以成一經之通體。」（孔穎達〔陳宣帝太建 6 年～唐太宗貞觀 22 年，574～648〕：《左傳正義》，卷 1，頁 12）在杜預認爲《左傳》繼承《春秋》，都是言王道之大法。從劉歆到杜預，確定了《左傳》解《春秋》，且蘊含孔子寄寓的微言。

而《公羊》學更有所謂三世說。三世說最初僅是所見異辭、所聞異辭、所傳聞異辭，在《公羊傳》出現三次：第一次解釋何以未記載公子益師卒之日，根據傳文，是時代遠近不同，所以記載有缺。（《公羊傳解詁・隱公元年》，卷 1，頁 7）第二次解釋何以不諱桓公之惡，根據傳文，是時代久遠，所以可以直言桓公之惡。（《公羊傳解詁・桓公二年》，卷 4，頁 3）第三次解釋《春秋》始於隱公終於哀公之故，根據傳文，是以作者所處時代爲斷，上推及於父祖，下及於己身。（《公羊傳解詁・哀公十四年》，卷 28，頁 5～6）三世——所見、所聞、所傳聞——不同，記載——異辭——有異。這是因作者受限於時空，時代有遠近，見聞有廣狹，記載的文辭不同。至讀者則不然，董仲舒（漢文帝 4 年～漢武帝太初 1 年，前 176～前 104）本此而將之分爲三期：所見世辭義隱微，所聞世哀痛其禍，所傳聞世恩義漸輕，可以直書其事。（《春秋繁露義證・楚莊王》，頁 9～10）這是根據作者情感的等差、所處時代的遠近，記載歷史事件；時代愈近，愈是不忍直言其事，而以委曲的方式出之；時代愈遠，較能以客觀立場記事。何休（漢順帝永建 4 年～漢靈帝光和 5 年，129～182）進而將董仲舒據情感等差記事的三世說，賦予另一樣貌：所傳聞世是衰亂之世，所聞世是升平之世，所見世是太平之世。（《公羊傳解詁・隱公元年》，卷 1，頁 7～8）這就不再是與情感配合的寫作方式。歷史，從情感判斷、意義分期到理想寄託，導出對歷史發展的嚮往。從《公羊傳》到何休，理論的推導愈見精采深遠。

至於《穀梁》學雖不像《左傳》學、《公羊》學，直接提出一王之法等觀念，但從范寧（晉成帝咸康 5 年～晉安帝隆安 5 年，339～401）《穀梁傳集解・序》，也略可了解《穀梁》學也極力追尋作品意義：「《春秋》之傳有三，而爲經之旨一，臧否不同，褒貶殊致，蓋九流分而微言隱，異端作而大義乖。」（楊士勛：《穀梁傳注疏》，頁 7）而且這一作品意義只能有一種。范寧與劉歆、

297，引述見頁 280，288。

董仲舒、何休，解經內容或彼此互異；但對經典的態度其實並無不同。只是范寧更強調透過《穀梁傳》以追尋《春秋》本義。

深信《春秋》有特殊意涵，且經由三傳可理解《春秋》原意，這幾乎是三傳學者同的信念。

然而《春秋》既是史官所作，上述這些微言大義，則不能存在於《春秋》之中。所以《春秋》學者所最強調的書法，在顧頡剛看來，竟然是統治者壓迫被統治者的工具：「《春秋》筆法，昔人所謂『一字之褒，榮於華袞；一字之貶，嚴於斧鉞』者，從現在看來，只是史官站在周王與魯侯之立場上，禁止被統治者之反抗，抬統治者之地位於至高，抑反抗之被統治者之地位於至下，使讀之者凜於貶褒貶，不至於作叛逆之行爲耳。」（《湯山小記（十九）·春秋筆法》，《筆記》，卷7下，頁5606～5607）這一見解，與前述史官的功能相表裡，史官既是爲君主服務，由史官所編纂的史著自也爲君主服務。其次，書法不同，即是前後史官之異。（《法葦讀書記（二一）·春秋中不一致之書法即先後史官之異》，《筆記》，卷5下，頁3813）第三，則是史官曲說：「桓十一年，《春秋》書『宋人執鄭祭仲』。只緣稱其字而不稱其名，故生出《公羊傳》祭仲行權，君以生易死，國以存易亡之語。其實彼時鄭之國力尚盛，祭仲不與宋人盟而立突，則忽不出奔，鄭無可亂。徒以彼自己怕死，鬧出長期的變亂。說爲行權，萬分不妥。即此可見《春秋經》稱名稱字原無一定，只是後之傳經者解得一定而已。」（《法葦讀書記（三）·春秋稱名與字本無定，解經者曲爲說》，《筆記》，卷5上，頁2819～2810）顧頡剛此一評論甚值商榷，後人評論歷史事件，或正其誤謬，或補其缺漏，或推衍其價值；不能指出某事做或不作，會發生何種結果，因爲歷史是過往之事，無法重新複演，更無能驗證，否則人各異說，只是論述，並無實質意義。第四，是史料散亂：「至隱公世反能完整者，則以史官貯藏于乾燥之室，乃得免於蠹蝕。而惠公以前已散失零亂，不可復問，則編《春秋》者遂棄而弗錄耳。」（《讀左傳隨筆·春秋何以始隱公》，《筆記》，卷10，頁8105）此一講法，雖有其道理，然而也是推論多於實證。何以隱公史料能貯存於乾燥之室，惠公以前反不能貯存乾燥之室？第五，是史官好奇記異：「『西狩獲麟』、『有來朝』、『隕石于宋』同。當時史官喜紀異耳，原無大義也。」（《莊籥循軌室筆記（五）·獲麟與作春秋》，《筆記》，卷2，頁937）但是《春秋》多災異，不能盡以史官好奇記異論斷。第六，史法原本如此：顧頡剛指出西周較早記時法：「〈大

盂鼎銘〉，篇首云：『唯九月，王在宗周命盂』，篇末云：『盂用對王休，用作祖南公寶鼎，惟王廿水三祀』，月書於前，年繫於後，……」（《法華讀書記（五）‧西周記時法》，《筆記》，卷 5 上，頁 2911）較晚記時法則是：「〈曶鼎銘〉云：『惟王元年六月既望乙亥』，先年，次月，次日，與《春秋》一例矣。其第二段云：『惟王四月既生霸，辰在丁酉』，云『王四月』亦與《春秋》書法同，見得『春王正月』非孔子特定之書法。」（《法華讀書記（五）‧曶鼎紀時與春秋同》，《筆記》，卷 5 上，頁 2912）本條確有明證，足以證明《春秋》記時法淵源有自。亦即西周早期月在年先，後期年在月先，《春秋》顯承後期筆法記時。如果考量《春秋》原本即史書，記時承前代成規，本無足異；問題是在經過「改編」的《春秋》，「改編者」借記時以表達微言大義是否可能？一如《春秋》記事，「改編者」不能任意更動史實，必須借著事件表達其思想。《春秋》意義的失落，在於《春秋》為史官所作，而與孔子了不相關。但顧頡剛又說：「《春秋》本可信為魯史所作，但有了十又一月，庚子，孔子生（《穀梁》無「十又一月」四字。）一條，它信實的程度大減了，也許裡面很有許多是儒家所以求合于其所謂之「義」了。」（《東山筆乘（三）‧春秋經信實程度》，《筆記》，卷 2，頁 1113）合而言之，原始《春秋》——改本《春秋》，是《春秋》流傳的過程。原始《春秋》可信，但改本《春秋》則不可信。原始《春秋》書法是史官所為，改本《春秋》若干大義是儒者所為。既是如此，今傳《春秋》中的書法，可能是史官所為，也可能是儒者所為，但顧頡剛卻認定是史官所為，顯然難以自圓其說，此其一；既經儒者修改，不論是否孔子本意，也不論我們是否贊成，可以確定《春秋》確實有特殊意涵，而顧頡剛卻不予討論，又回歸史官撰作這一思路，這也難以自圓其說，此其二。

至於《春秋》與《左傳》的關係也出現類似困境：「《春秋經》只論名分，不理實力。《左傳》不管名分，只論實力，故奔趨勢利，遷就成敗。此二書大異處。如《左傳》逸亡，後人只見《春秋》，則於當時情勢全不了解矣。」（《郊居雜記（十四）‧春秋經與左傳立場不同》，《筆記》，卷 3，頁 1849）在另一處顧頡剛更隱約承認《春秋》與孔子有相當關連：「《春秋經》的立場是完全站在封建制度上面，所以看名分極嚴，實力如何是不管的。《左傳》的立場是完全站在當時實力者的方面，不管名分只論實力，目光勢利，一切就成敗立論。誰說孔子與左丘明好惡相同耶！故除非別有一左丘明，《論語》「左丘明

恥之」一章必出僞造。」(《蚪江市隱雜記(三)‧春秋與左傳立場不同》,《筆記》,卷4,頁2607)〔註5〕《春秋》既有名分,自應承認其有大義。

上述二則顧頡剛均未舉出例證,對《左傳》批評則不然:「《左傳》中屢記孔子之言,即欲使後人知孔子之微言大義具在《左傳》也。《公》、《穀》尚不如此,多記經師語,少記孔子語。」(《郊居雜記(十四)‧左傳中孔子語之作用》,《筆記》,卷3,頁1848)可是顧頡剛又認爲《左傳》中孔子語多不可信:「魯不敵齊,魯公不敵三家,而陳恆弒君,孔子請哀公討之,此等處足見其『知其不可爲而爲之』之精神。何以洩冶諫靈公君臣宣淫而被殺,《左傳》乃云:孔子曰:『《詩》云:「民之多辟,無自立辟」其洩冶之謂乎?』(宣九年)乃與己所行者牴牾至斯。即此一端,可見《左傳》所載孔子語不可信。」(《浪口村隨筆(一)‧左傳所載孔子語不可信》,《筆記》,卷4,頁2047～2048)《左傳‧宣公九年》記載孔子之語自是引人疑竇,而連結這兩則筆記,也可得知顧頡剛對《左傳》究竟有無微言大義的看法。對《春秋》究竟有無微言大義,前後不一;對《左傳》有無微言大義,則是全盤否定。

顧頡剛承認《春秋》時月日例有義,但其義僅與事實有關,亦即這是從記事思考時月日例,而非從微言思考時月日例,自與其一貫立場相同。《公羊》、《穀梁》對時月日例的說解,在顧頡剛看來只是:「寸寸而量之,幾何其不曲說也。」(《滬樓日札‧公羊、穀梁傳之時代》,《筆記》,卷4,頁2414)甚而指責《公羊》作者無聊(《蚪江市隱雜記(二)‧公羊說「陳公子招」之非》,《筆記》,卷4,頁2575)《穀梁》作者爲極端唯心。(《法華讀書記(四)‧穀梁謂莒滅繒非滅》,《筆記》,卷5上,頁2484)《公羊》、《穀梁》所稱微言大義,歷來討論者頗多,說法亦非一家,但基本上大致承認有一「義」存在,只是對此義的理解不同,與《左傳》相較,顧頡剛對《公羊》、《穀梁》的態度不僅是全盤否定,更是全盤貶抑。

四、經典與史料——規範後世的不再

先秦經典,遞衍至漢代,逐漸獲得學術主流的地位,考其背景,實有日漸深化的思想內涵。漢興,鑑於秦代享祚不永,知識分子致力反省此一歷史變局,而提出不同對策。叔孫通(?～?)制定朝儀:「采古禮與秦儀雜就之。」

〔註5〕顧頡剛判斷文獻眞僞,是因《春秋》與《左傳》出現意義的衝突,由此處可知,考證學並不完全從文獻比勘出發,意義的追尋也可是問題意識的來源。

但此舉只能令：「諸侯王以下，莫不振恐肅敬。」所以司馬遷譏其：「希世度務。」興造禮樂，並不足以罪叔孫通，關鍵在魯儒生的批評：「今天下初定，死者未葬，傷者未起，又欲起禮樂。禮樂所由起，積德百年而後可興也。」（均見《史記·叔孫通傳》）魯生所指禮樂，非立國宏規，正如班固所說實乃：「一王之儀。」（《漢書·叔孫通傳》）由此可推論，魯生所指禮樂，也應是仿周公制禮作樂，而非一王之儀。魯生重在撫恤人民，未能就制度層次分析歷史興亡之故。

陸賈（？～？）則不然，從民眾經濟生活出發，由五穀、宮室、闢土、漸及於刑賞、禮義與教化。（《新語·道基》）賈誼也指出秦之所以失敗，一在不施仁義，一在壅蔽傷國。（《新書·過秦論》）二氏均從人事省察，冀望漢主引前代之戒，開後世之基。此一反省，非僅僅為帝王威儀，而是建構治國理想。賈誼（漢高祖 6 年～漢文帝 11 年，前 201～前 169）更說：「初，誼以為漢興二十餘年，天下和洽，而宜改正朔、易服色、法制度、定官名、興禮樂。」（《史記》及《漢書》〈賈誼傳〉）建構立國宏規，卻要改正朔、易服色，這明明是法古以更新。開啟董仲舒復古更化的先聲。〔註6〕

董仲舒云：「為政而不行，甚者必變而更化之，乃可理也。」更化的前提是先王之道——經過重新解釋的先王之道，如此則與復古連結，而形成復古以更化的思考模式。這一「古」的概念，董仲舒追溯到《春秋》：「《春秋》大一統者，天地之常經，古今之通誼也。今師異道，人異論，百家殊方，指意不同，是以上亡以持一統，法制數變，下不知所守。臣愚以為諸不在六藝之科、孔子之術者，皆絕其道，勿使並進。然後統紀可一而法度可明，民知所從矣。」（均見漢書·董仲舒傳）亦即此一先王之道，存在於具體生活、歷史文化之中。是以《春秋》及所演化的三傳，對後世而言，絕非僅是歷史文獻，更在於在歷史事件中，發掘文化的意義，並以此文化意義，規範當代政治。

顧頡剛則全以史料視《春秋》，並別具慧眼鈔出隱公期內的《春秋》經文，從而得知春秋初期魯國與週邊國家邾、宋、戎、向、極、紀、莒、鄭、齊等戰爭或連合的關係。（《皋蘭讀書記·春秋初國際情狀》，《筆記》，卷 4，頁 1953

〔註 6〕 呂思勉就指出賈誼〈陳政事疏〉極言俗流失、政敗壞，賈山亦勸明帝立明堂、造太學，然則制度當正、教化當興，乃當時論治者之公言，非一二人之私意，見《讀史札記·漢儒盛衰上》（臺北：木鐸出版社，1983 年 9 月），頁 650～651。錢穆也指出西漢儒生欲通經致用，將經學變成當代興王致治之學，見《兩漢經學今古文平議》（臺北：東大圖書公司，1978 年 7 月），頁 257。

～1954）根據此一方式，可往下延伸至哀公，並歸納文獻，描繪春秋歷史分期。但是這一路向，與傳統《春秋》學大異其趣。這是顧頡剛以歷史方法研治《春秋》的最佳範例。

不但《春秋》如此，《左傳》亦然，顧頡剛分析《春秋》與《左傳》的關係云：「《春秋》爲魯史。孔子卒後，儒家以《春秋》爲經典。……《國語》與《春秋》本是各不相關的兩部史書。但經漢人看到，以爲可以釋經，遂依經文分析，而爲《左氏傳》。……」（《東山筆乘（三）・假定春秋經與左氏傳的經歷》，《筆記》，卷 2，頁 1114～1115）此處「孔子卒後，儒家以《春秋》爲經典」最可討論。一是孔子去世與儒家以《春秋》爲經典，其年代或時間距離。如果年代接近，後世所稱《春秋》大義，可能直接承自孔子，如果距離較遠，也至少承自孔門。二是儒家以《春秋》爲經典，豈不說明《春秋》學爲經學這一傳統，淵源甚早，不全爲後代儒者附益。三是《春秋》既爲儒家經典，就不僅是史事的記載，而有意義在其中。其中的異同，就是經典與史料的差異。面對這一情境，我們必須承認《春秋》學應同時並存經典與史料此一雙重性質。然而以《春秋》爲經典的思考路向，顧頡剛根本未予考慮。《春秋》如此，《左傳》當然更是如此，嘗提出治《左傳》步驟，徹底將經與史分離：「治《左氏》之法應分數步：第一步，去其釋《經》之語，使與《春秋》分開。第二步，試恢復其《國語》式之原來面目。第三，將其中豫言成分及閨門隱事、複沓記載刪去，俾見春秋時代之眞事實。此三步完成時，一部《春秋史》乃能不爲當時人之主觀所蔽，亦不爲漢代經學家所蒙也。」（《郊居雜記（十四）・治左傳之三步驟》，卷 3，頁 1847～1848）顧頡剛事實上在預設有一「原始」《左傳》的文本：此一原始文本結構並不釋經，而與《國語》接近；此一原始文本形式整齊，不記載豫言、閨門隱事、敘事精簡。然而問題是眞有這麼一部原始文本？古代著作有不能符合後代學術規範者，在所皆有，盡皆欲回復原始樣貌，事實上不可能，理論上也無此必要。何況這一原始文本言人人殊。這一問題又連接事件與解釋，顧頡剛認爲只要去除典籍「不當記載」部分，歷史眞相即可一望即知。以《春秋》三傳爲例，就知道這一講法大有疑義。三傳《春秋》經文相同之處，解釋卻大異。三傳學的差異，主要在解釋，而不在經文異同。〔註7〕至於當時人主觀之蔽、漢代經學家之蒙，

〔註7〕《春秋》經文異同涉及異文問題，參考趙坦：《春秋異文箋》，收入《皇清經解》（臺北：藝文印書館影印皇清經解春秋類彙編第 1 冊，1986 年 9 月），卷

更屬偏見，此處顧頡剛預設另一觀點，即有一完美無缺的歷史解釋，一旦尋找出此一解釋，歷史真相也隨之而出。而這一解釋者，就在顧頡剛所處時代。然而文獻或史料不會說話，會說話的是詮釋者。歷史向來不是客觀存在，且能自明其價值，歷史有待我們詮釋，如將歷史區分為二個層次：一是實際發生的歷史事件，一是經過史學家詮釋的歷史，我們會發現，我們所閱讀的歷史，並不是客觀事件，而是經過史家創造的歷史。如此論述，豈非在說歷史可以任意解釋，充滿主觀、不確定？不然，歷史解釋，須放置在「詮釋過程」中分析，才能理解其中微妙。有待研究的問題甚多，詮釋者為何選擇此而不選擇彼？這就涉及「問題意識」的來源，問題如果與其存在的感受無關，可能引不起詮釋者的興趣，但這並不是古為今用，而是問題必須有「意義」：能說明文化價值、能分析現狀淵源、能反省人生處境等，而這些問題，又根本離不開詮釋者所處的時代，於是在選擇的過程中，無可避免的會有強烈的主體意願。其次是架構的舖陳、史料的擷取。歷史史料，不可能完備無缺：人為疏失、天災人禍、自然淘汰，在在使史料不完全。即使如此，詮釋者不可能也不需要全納入，而是在一詮釋系統下，選擇並解釋史料，詮釋者理解歷史事件，絕非從虛無開始，其所處文化傳統、知識水準、物質條件，構成理解的整體結構，均影響其歷史解釋。〔註8〕顧頡剛忽略這些因素，以為身處時

1303～1315，李富孫：《春秋公羊傳異文釋》，收入《續皇清經解》（臺北：藝文印書館影印續皇清經解春秋類彙編第 4 冊，1986 年 9 月），卷 571。陳新雄全面分析《春秋》異文的原因有語言緩急之殊、同音通假、形音俱近、義近、音近相轉、字同體異、傳寫而誤、形似而誤、字形殘脫、脫文、衍文、名字相異、本名別稱、形近而誤、避諱而改、地有二名、魯人語音之殊，見《春秋異文考》（臺北：嘉新水泥公司文化基金會研究論文第 26 種，1964 年 11 月），〈春秋異文表〉，頁 241～263。金德建則以今古文觀念，分析《春秋》異文，歸納所析，《左傳》之《春秋經》是古文本，《公羊》是今文本，《穀梁》是不今不古本，見《經今古文字考・二・春秋經三家異文今古文分別考》，頁 26～41，主要論點見頁 26，39。但根據金德建分析，今古之分也非涇渭分明，而是《左傳》古文多於今文，《公羊》今文多於古文，《穀梁》今古各半。經今古文之爭，除文字、篇卷外，經典意義解釋更是爭論重心。三傳異同問題，參考顧棟高：《春秋大事表・春秋三傳異同表》（北京：中華書局，吳樹平、李解民點校，1993 年 6 月），本書先列經文，次列三傳，並加考證，經文一律，但三傳解釋，軌轍互異。

〔註 8〕 參考許冠三：《史學與史學方法》（臺北：萬年青書店，出版年月不詳），第 2 章，〈歷史知識之不完性〉，頁 29～47；龔師鵬程：《大俠》（臺北：錦冠出版社，1987 年 10 月），第 3 章，〈歷史的詮釋〉，頁 11～34，第 6 章，〈歷史研究的方法問題〉，頁 77～98；張汝倫：《意義的探究 —— 當代西方釋義學》（臺

代是歷史最高點，可以俯瞰整個歷史，從而做出最完整的解釋。以此觀點看待三傳，三傳作者各自可聲稱所做解經語已是最佳解釋，其餘解釋均是錯誤，至少是不完整。但是顧頡剛等不滿意於三傳，不正是時移世易，思想有異以致之。且顧頡剛理論一旦成眞，可尋得最後解釋，學術研究也就到此爲止。看似最廣闊的學術視野，實際卻造成最狹隘的學術規模。

《左傳》還有史料的價值，至於《公羊》、《穀梁》在顧頡剛龐大的筆記中，根本不提及二書的史料價值。對《春秋》經傳的綜合判斷更可視爲最後的定論：「作《春秋》者不勝其異，傳《春秋》者遂因其異而立說。……任情作解，使古事與古制度受其攪亂，所必當清除者也。」（《法華讀書記（四）·春秋傳因經文之異而立說》，《筆記》，卷 5 上，頁 2840）整個學術過程是經學成爲史學，史學成爲史料學。於是以史料眞僞判定歷史眞相，以爲去除僞史料，眞史事即可呼之欲出。

五、文化意識與經學思想

探究經學何以異化至此，可從顧頡剛自述得知：「我心中一向有一個歷史問題，竭想借此得一解決，即把這個問題作爲編纂通史的骨幹。這個問題是：中國民族是否確爲衰老，抑尚在少壯？」對民族前途的關心，構成其學術核心。這正是內向反省歷史，以外向探索世界的情境。研究者的生命問題——文化傳統有何意義，帶動研究對象的文獻解釋。對這一問題的答案是：「戰國時代，我國的文化固然爲許多民族的新結合，而非常健壯。但到了漢以後，便因國君專制和儒教的壟斷，把他弄得死氣沈沈了。」（《古史辨·一·序》，頁89）這一答案，形成日後研究的基本預設：中國之所以不如西方，全在於君主專制與儒家思想。前者關乎政治體制，後者繫連文化傳統。民國的文化思潮，所關注者不外此兩大問題。考辨史料的背後，均存在研究者文化意識與時代關懷。〔註9〕所以顧頡剛逸出經學傳統，視經學爲史料：「蓋戰國秦漢之

北：谷風出版社，1988 年 5 月），第 4 章，〈釋義學的本體論轉折〉，頁 85～110，第 5 章，〈哲學釋義學的興起〉，頁 110～161；歐因斯特·卡西勒（Ernst Cassirer）：《論人——人類文化哲學導論》（臺北：文星書店，劉述先譯，1959 年 11 月），第 10 章，〈歷史〉，頁 196～231。

〔註 9〕顧頡剛對漢儒的批評是：「漢人思想骨幹，是陰陽五行。」「本質是迷信，已不足供我們一擊，但這是漢人的信條，是他們思想行事的核心，我們要了解漢代的歷史時，是非先明白這個方式不可的。」見 1935 年上海亞細亞書局出版《漢代學術史略》（臺北：天山出版社，1985 年 6 月重印），頁 1，5，1954

世，化古史料爲經典，今日使命則復化經典爲古史料耳。」(《滬樓日箚‧經學之任務》，《筆記》，卷4，頁2411) 史料所以能成爲經典，在於不斷的賦史事以各種意義，俾爲我們的生命規範。顧頡剛並未分析古代史料何以能化爲經典，而是直接將之回復原貌：「竊意董仲舒時代之治經，爲開創經學，我輩生於今日，其任務則爲結束經學。」(《法華讀書記‧經學史》，《筆記》，卷5上，頁2788) 這一從經學到史學的過程，正可反映近代思想史的變動。由懷疑傳統價值，而懷疑經；由懷疑經典，而欲還原經典眞相；此時經典地位不再，經典所含藏的價值也不再，成爲客觀研究的對象。

由於經學的正式成立，是從漢代開始，欲化經典爲史料甚而結束經學，對漢儒自會抱持負面評價：「現在所見到的古書，沒有一部不是經由漢人所整理；現在所知道的古事，沒有一件不是經由漢人所編排。」但經由漢人整理編排之後，情況竟是：「經學裡不知包含多少違背人性和事實的說話。」(《古史辨‧四‧序》，頁21，10) 顧頡剛立志專門研究戰國秦漢思想史與學術史，目的是：「要在這一時期的人們的思想和學術中，尋出他們的上古史觀念及其所造作的歷史來。」剝除漢人所造的古史，才能建立眞正的古史，經學歷二千年所建立的價值體系，才能擊潰：「用文籍考定學的工具衝進聖道王功的秘密窟裡去。」(《古史辨‧二‧序》，頁6) 〔註10〕經學及其意義，幾難以立足於顧頡剛思想。

所以如此，不完全是因爲考辨古史，因而嚴格檢查經典，在眞偽的標準下，致使經典喪失傳統神聖地位；更在於對傳統的激烈批判。顧頡剛說：「『六經皆周公之舊典』一句話，已經給『今文家』推翻；『六經皆孔子之作品』一個觀念，現在也可以駁倒了。」(〈論孔子刪述六經說及戰國著作偽書書〉，《古

年改名爲《秦漢的方士與儒生》(臺北：里仁書局，1995年2月)，雖受政治因素影響，作若干修正，但基調不變。錢穆則認爲漢儒：「深信陰陽之運，五德轉移，本不抱後世帝王萬世一姓之見。」見《劉向歆父子年譜》，《古史辨‧五》，頁113。相同文獻，相反解釋，可說明人文學科研究者與研究對象複雜的關係，不是客觀中立可簡單處理。

〔註10〕 錢玄同亦云：「不把經中有許多偽史這個意思說明，則周代 —— 及其以前 —— 底的歷史永遠是講不好的。」見〈論詩說及群經辨偽書〉，《古史辨‧一》(臺北：明倫出版社，1970年1月)，頁52。美籍學者施耐德 (Laurence A Schneider) 指出顧頡剛希望以其學識矯正被扭曲的中國歷史，並糾正不當的思想方法，見《顧頡剛與中國新史學》(臺北：華世出版社，梅寅生譯，1984年1月)，〈導言〉，頁1～22，引述見頁3。可以很清楚的理解，被扭曲的中國歷史、不當的思想方法，均與經典有關。

史辨・一》，頁 42）〔註11〕背後的意識，何止於考定古史，而是要破解歷來儒者對經典的信仰，所以懷疑經典，不僅破壞經典所記載的歷史，更破壞歷代儒者借由解經所建立的價值系統，從疑古辨僞漸漸走向推倒傳統。

本來疑古辨僞，是爲尋求歷史眞相，並不預設打倒傳統；但在研究過程中，不能贊同漢儒經典崇拜、解經方法，遂致對根據漢儒治經規模所形成的經學傳統亦大表反對，終至形成反傳統思潮。然而反傳統若只是推倒一切，並不能構成古史辨派所指稱回復眞相，所以更重要的是重建傳統，形成一新的解釋系統——一如晚清經今文學者——經典方能呈顯其原貌。所以顧頡剛治經，立場其實非常明確一貫。固然開創了經學研究的新路向，也不免有所限制：文學的涵泳、生命的感悟、價值的體會、意義的追尋，胥不在研讀經典範圍之內，有的只是客觀歷史知識。其實這與考證學並無二致，視經典爲客觀存在的文獻，輕忽了經典給予我們心靈的提升。錢玄同曾討論《春秋》性質：「認它是孔二先生的大著，其中蘊藏著許多『微言大義』及『非常異義可怪之論』，當依《公羊傳》及《春秋繁露》去解釋它。這樣，它絕對不是歷史。認它是歷史，那麼，便是一部魯國底『斷爛朝報』，不但無所謂『微言大義』等等，並且是沒有組織，沒有體例，不成東西的史料而已。……我近年來是主張後一說的。但又以爲如其相信『孔子作《春秋》』之說，則惟有依前一說那樣講還有些意思。」（〈論春秋性質書〉，《古史辨・一》，頁 275～276）此處錢玄同有一特殊傾向，即《春秋》若有大義，必依《公羊》、《春秋繁露》解釋。從此可推知，《春秋》未必全然無義；以《公羊》解《春秋》，才能見出《春秋》義理；追求經典義理，也可以是治經方向。經典所形成的傳統，仍在無形之中影響後代學術觀點，但錢玄同並未從此一方向發展，以其時學風而言，這是可以料知。顧頡剛對此有回覆，主要論點是《春秋》所以成爲孔子所作的原因：「孟子等遂在《春秋》內求王道，公羊氏等遂在《春秋》內求微言大義。經他們的附會和深文周納，而《春秋》遂眞成了一部素王手筆

〔註11〕這還只是討論經典作者，用字雖嫌激烈，但態度尚稱持平。錢玄同則不然：「我以爲『經』之辨僞與『子』有同等重要——或且過之。因爲『子』爲前人所不看重，故治『子』者尚多懷疑之態度，而『經』則自來爲學者所尊崇，無論講什麼，總要徵引他、信仰他，故『僞經辨證集說』之編纂尤不容緩也。」見〈論編纂經部辨僞文字書〉，《古史辨・一》，頁41。又說：「我以爲推倒『群經』比疑辨『諸子』尤爲重要。」推倒群經之後，再推倒孔教：「我以爲不把『六經』與『孔丘』分家，則孔教總不容易打倒的。」見〈論詩說及群經辨僞書〉，《古史辨・一》，頁 52。

的經典。」（〈答書〉，《古史辨‧一》，頁 278）顧頡剛確實道出《春秋》學或《公羊》學形成的過程，是在歷史中逐漸形成，因而很難指實真實的作者、原本的意義、學術的傳承，僅能從後世較完整的作品，發掘並體會微言大義。但顧頡剛等不承認經學思想在歷史中發展、形成、轉變的過程，堅持要回復本義。

　　對於經典性質，可以以錢玄同所說為代表：《詩》是一部最古的總集。《書》似乎是「三代」時候底「文件類編」或「檔案彙存」，應該認它為歷史。《儀禮》是戰國時代胡亂鈔成的偽書，《周禮》是劉（歆）造的，《兩戴記》中，十分之九都是漢儒所作的。《易》，原始的易卦，是生殖器崇拜時代底東西，孔丘以後的儒者借它來發揮他們底哲理。《春秋》是「斷爛朝報」、「流水賬簿」，孟子為要借著孔丘，硬說它有「義」，硬說它是「天子之事」，一變而為《公羊傳》，再變而為董仲舒之《春秋繁露》，三變而為何休之《公羊解詁》；穀梁氏文理不通；《左傳》是戰國時代一個文學家編寫的一部「國別史」，即是《國語》，劉歆將它改編，算做《春秋》底傳。（錢玄同：〈答顧頡剛先生書〉，《古史辨‧一》，頁 76～78）經典或是文學作品，或是文獻檔案，或是古代風俗，或是古史編年，或是諸侯國史，主要內容與性質就是歷史。傳統經學意義，至此已完全消失。